JN093061

シリーズ・人間教育の探究③
梶田 叡一/浅田 匡/古川 治 監修

教育における評価の再考

人間教育における評価とは何か

浅田 匡
古川 治
［編著］

ミネルヴァ書房

「シリーズ・人間教育の探究」刊行のことば

「シリーズ・人間教育の探究」として，全５巻を刊行することになりました。このシリーズの企画・編集・執筆・監修に参画した方々と，何度か直接に集まって議論をし，またメールや電話等で意見交換を重ねて来ました。そうした中で以下に述べるような点については，共通の願いとしているところです。

教育の最終的な目標は，ともすれば忘れられがちになるが，人間としての在り方そのものを深く豊かな基盤を持つ主体的なものに育て上げることにある。そのためには，自らに与えられた生命を充実した形で送っていける〈我の世界〉を生きる力と，それぞれの個性を持って生きていく多様な人達と連携しつつ自らに与えられた社会的役割を果たしていける〈我々の世界〉を生きる力との双方を，十分に発揮できるところにまで導き，支援していくことが不可欠である。教育に関わる人達は，お互い，こうした基本認識を共通の基盤として連携連帯し，現在の複雑な状況において直面しているさまざまな問題の解決を図り，直面する多様な課題への取り組みを進めていかねばならない。

あらためて言うまでもなく，科学技術が日進月歩する中で，経済や文化面を中心に社会のグローバル化が急速に進みつつあります。このためもあって今の子ども達は，日々増大する重要な知識や技能を，また絶えざる変化に対応する思考力や問題解決力を，どうしても身につけていかねばなりません。さらには，そうした学習への取り組みを生涯にわたって続けていくための自己教育力を涵養していくことも要請されています。こうした大きな期待に応えるための教育を，社会の総力を挙げて実現していかなくてはならないのが現代です。アクティブ・ラーニングが強調され，ICT 教育と GIGA スクール構想の推進が図られ，外国語教育と異文化理解教育を重視した国際教育の充実強化が推進される，等々の動きは当然至極のことと言って良いでしょう。

しかしながら，これだけでは「かけがえのない生命を与えられ，人間として充実した生を生きていく」べき個々の子どもを教育する視点としては，決定的に不充分であることを忘れてはなりません。新たな重要知識や技能を習得し，力強い思考力や問題解決力を身につけ，生涯にわたってそうした力の更新を図っていくことのできる自己学習の力を備えたとしても，それだけでは「有能な駒」でしかないのです。自分自身の身についた有能さを自分自身の判断で使いこなす主体としての力，「指し手」としての力が不可欠なのです。同時に，そうした判断を的確なもの，人間性豊かなものとするための主体としての成長・成熟が不可欠なのです。

我々の志向する「人間教育」は，この意味における「主体としての力」の育成であり，「主体としての成長・成熟」の実現です。我が国の教育基本法が，制定当初から，そして改定された後も，「教育は人格の完成を目指し」と，その第１条にうたっているところを我々は何よりもまずこうした意味において受け止めたいと考えています。

今回「人間教育の探究」シリーズ全５巻を刊行するのは，この意味での「人間教育」の重要性を，日本の教師や親をはじめとするすべての教育関係者が再確認すると同時に，「人間教育」に関係する従来の思想と実践を振り返り，そこから新たな示唆を得て，今後の日本の教育の在り方に本質的な方向づけを図りたいからであります。こうした刊行の願いを読者の方々に受け止めていただき，互いに問題意識を深め合うことができれば，と心から願っています。これによって，我々皆が深く願っている人間教育が，この社会における現実の動きとして，学校現場から教育委員会や学校法人にまで，また教員の養成と研修に当たる大学にまで，そして日本社会の津々浦々での教育にかかわる動きにまで，実り豊かな形で実現していくことを心から念願するものであります。

2020年10月

監修者を代表して　梶田叡一

教育における評価の再考

——人間教育における評価とは何か——

目　次

プロローグ

人間教育におけるひとがひとを育てる評価

古川　治

（1）評価の役割はヒトが人になる教育機能を促すこと

本巻のテーマは「ひとがひとを育てる評価」である。哲学者カントは「人間は教育によってはじめて人間となる」と言ったが，カントはこの「人間」を生物的なヒトとしてとらえ，ヒトとしての人間も他の動物同様動物生物的存在として生まれてくると考えた。他の動物は特別な教育をうけなくとも，本能によって生を営み，動物として生きていくが，ヒトとして生まれたばかりの人間は，他の動物と違い，教育を受けなければたんなる生物的存在としてのヒトであり成熟した大人としての人間にはなれない。それゆえ，ヒトが人間として成長・発達していくためには教育が必要なのである。

そもそも，16世紀ラテン語の「education」には，植物の栽培，動物の飼育，人間の養育・教化という内容を意味したといわれている。つまり，人間の教化も植物の栽培，動物の飼育も同類であったということである。しかし，それゆえ誕生したばかりのヒトには，植物の栽培や動物の飼育と違い，ヒトを人間とする営みが必要であり，カントが「人間は教育されなければならない唯一の被造物である」というように，被造物である人間には，教育という行為が必要なのである。

16世紀のルネッサンス以後，ラテン語の「education」は「外に引き出す」「educere」と「外から引き出す」「educare」という相反する語義を含んでいた。このように「教育」という意味には「自ら成長する」という意味と，「外から教授する」という相反する二面性を含んでおり，それゆえ成長を促す教育の役割は大きいということになるのである。

次に，人を育てる教育における評価の役割について述べたい。これまで評価というと，学習の達成状況を測定し，学習成果を評価（ネブミ）することと考えられてきた。近年は文部科学省が実施する全国学力学習状況調査やOECD（経済開発協力機構）の「生徒の学習到達度調査」(PISA)，「国際教員指導環境調査」(TALIS)，大学版PISAと呼ばれる「高等教育における学習成果の評価」(AHELO)，「国際成人力調査」(PIAAC）など，従来の学力評価には収まり切らない新しい能力（リテラシー，コンピテンシー）を測定・評価しようとする動きなど，学習実態（アセスメント）やカリキュラムだけでなく，学習環境の実態把握まで含むものに広がってきた。

教育評価とは何かについて，梶田叡一は「教育評価の中核は一人ひとりの子どもが現実にどのような発達の姿を現し，どのような能力や特性を持っているのかを見取り，一人ひとりの子どもの個性的な姿を見取り，次の指導の前提とすることであり，次の教育活動を通して一人ひとりの子どもがどのように変容しつつあるかを子どもの姿として評価し，次の指導課題を考える土台を準備すること」であるという（梶田，1994)。

さらには，教育活動がどの程度成功したかを，子どもの姿自体から見て取り，子どもの示す態度・発言・行動について，どの点はそのまま伸ばしてやればよいのか，どの点は矯正すべきであるのかを判断し，指導の方略を立てる土台とするよう評価の役割は人間としての成長発達を促すことを考えていく必要がある。

教育評価の概念が狭義なものから豊かな教育的な概念にどのように変遷してきたかをタイラー，ブルーム，梶田叡一を通して簡単に振り返っておきたい。今から100年前のアメリカでは，ソーンダイク（Thorndike, E. L.）たちによる教育測定運動が流行した。ソーンダイクは「物は量として存在する。量として存在するならば，それは測定できる」(1914年）として，集団式の客観テストを採用し，テストの採点には正規分布曲線を基準とする相対評価法（たとえば，五段階の評価枠に子どもの成績を機械的に配分する）で測定した。それはネブミのための評価資料としての評定でしかなかった。

測定を批判し代わって「評価」という考えを1940年代に発展させたのが，「タイラーの原理」と呼ばれる評価の在り方を提言したタイラー（Tyler, R. W.）である。

タイラーは，20世紀初頭からアメリカで流行したデューイ（Dewey, J.）の経験主義教育の成果を調査する「進歩主義協会」の「８年研究」を通して，教育とは人の行動パターンを変化させ改善していく過程であり，そのためあらかじめ設定した教育目標と目標の実現状況を見取り，改善していくのが評価の役割であるとした。「タイラーの原理」の確立により，ただたんに能力や特性を測定してよしとするのではなく，教育的働きかけの結果として生じた教育目標の方向へ成長発達の評価を行うべきであるという教育性を強調する考え方が成立していった。

1950年代～60年代に入ると，タイラーの弟子のブルーム（Bloom, B.）は，子どもたちは学校学習に入るまでは個人差はあまり見られないが，学校学習に入ると個人差が途端に大きくなり，小学校高学年，中学校卒業時点では回復が無理なほど広がっていると，子どもたちの才能を開発する研究を報告している。このようなことから，ブルームは，「学校教育は組織的に子どもの自己概念を破壊し，一人一人に根強い劣等感や自己不全感を持たせる営みである」と批判し，マスタリー・ラーニング（完全習得学習）システムで授業を行い授業目標を達成するようにしてやれば，一部の学習に成功する子だけでなく成績下位の子どもたちが陥った「自分は落ちこぼれ」という劣等感を回復させ，「自分もやればできる」という積極的な自己概念を持ち，学ぶことへの興味と意欲を持ち，自ら努力するようになることができると考えた。

ブルームのマスタリー・ラーニングでは，授業途中にそのつど評価としての形成的評価を取り入れ，不十分な点を補充学習してやれば，すべての子どもたちが学習目標を達成することができ，自らの自尊感情を高めていくことができる。つまり，「すべての子一人ひとりが特別に扱われ，励ましと支えを学習のはじめから与えられ」，それを促進する重要な機能が教育評価であることを提言した。

ブルームたちは学習者があらかじめ習得すべき教育目標を認知的領域，情意的領域，精神運動的領域で能力が階層的に段階的に高度化して身に付くかを「教育目標の分類学」（タキソノミー：taxonomy of educational objectives）というモデルで構造化して示した。

以上のように，教育評価のあるべき意義を踏まえると，教育評価の役割は，その客観性と同時にむしろ人間を育てる教育性をこそ重視しなければならないということなのである。

（2）評価の目的はめざした学びと育ちの姿の実現状況を確認すること

教育評価の役割が人間を育てる教育性にあるとするならば，その育てるべき目標となるものが，ヒトを人として豊かに成長発達させるべき目的としての「豊かな人間形成」をめざしたものが，教育基本法の「人格の完成」ということになる。学校は「人格形成」と「学力形成」の両面を形成しなければならない役割を持ち，学校教育にしかない独自の役割は「学力形成」であり，学校教育の役割は，「学力形成」を通して人間教育を実現していくということになる。

この人間形成という教育の目的が，一人一人の子どもの育ちとして豊かに実現したかどうかを，育ちの確かめとして見取り，豊かな人間としての成長・発達に責任を持つという営みが教育評価という教育活動である。教育活動においては，目標としてめざすべき子どもの姿を明確に持ち，その目標の実現に向けた手立てを講じ，結果として当初めざした育ちの姿が実現できたかを確認し，次に進んでいくという営みが教育評価の役割なのである。

その意味で，指導者が育てるべき子ども像を学校の校庭の石碑にある理想の「理念目標」として掲げておくだけではなく，どのような育ちの姿を求めるかを到達目標や向上目標として明確に持ち設定することが重要になる。育てるべき目標や子どもの姿が明確であってこそ，その実現状況の見取り活動である評価も揺らぎのないものになるからである。

（3）ブルーム理論による相対評価から絶対評価へのパラダイム転換

戦後1948年に，文部省は戦前の学籍簿を児童指導要録に改めた。この作業に関わった小宮山栄一は，それまで「考査」と表現していた教育測定の考え方を反省して「教育評価」「エヴァリュエーション」という概念で論じた。小宮山は，教育測定と「教育評価」の違いについて，「教育測定が児童生徒がある教材をどれだけ学習したかという観点から行われていたのに対して，教育評価はその教材をどのように学習しているか，いかに児童生徒の人格をつくりつつあるのかということを学習者側から中心に問題にするものであり，教育評価は学習成果を判定するだけのものではなく，学習指導への改善へとつなげるものである」（小宮山，1949，まえがき）とした。

その後の1960年代～70年代は，受験競争による序列化教育の激化，「教育の現代化」による高度な科学技術教育についていけない子どもたちの学力低下である「落ちこぼれ」問題，相対評価批判等，学力と評価に関する教育問題が次々に生起し，絶対評価を誕生させるきっかけになった時代である。このような子どもたちの成績によって輪切り，選別していく相対評価重視を批判し，絶対評価（目標に準拠した評価）の考えを学校現場に根付かせたのがブルームから直接指導を受けた梶田叡一である。梶田たちはいち早く1973年にブルームの『教育評価法ハンドブック』（*Handbook on Formative and Summative Evaluation of Student Learning*）を訳出紹介した。ブルーム理論は，教育目標の分類学，指導と目標の一体化，形成的評価を用いてすべての子どもたちに学習目標を達成させる「マスタリー・ラーニング」（完全習得学習）等から構成されている。このブルーム理論は梶田たちの努力で，相対評価に代わって「目標に準拠した評価」（絶対評価）の理論と実践として全国の学校現場に浸透していった。梶田たちの主張は，1980年指導要録改革において評価観を根本的に転換するきっかけを作り，絶対評価に基づく「学習の評価欄」に観点別評価が導入され，教育評価は絶対評価へ転換するターニングポイントとなった。さらに，2000年の指導要録改訂では「目標に準拠した評価」を全面採用することになり，1980年から導入された「目標に準拠した評価」は完全に定着することになった。

梶田叡一たちは，1983年に教育評価研究協議会を組織し（1989年に人間教育研究協議会に改組），「学力保障と成長保障」という考えを打ち出し，教育評価の役割を人間形成を促すものとして教育評価の概念を深め，人間の成長発達を図るうえで重要な役割として，評価の教育的機能を重視した梶田理論を提言した。梶田によると，評価を重視するということは，結局のところ教育活動の成果を問題にすることであり，その成果を問題にするということは，教育活動がそもそも何をめざして行ってきたかという目標を問題にすることである。学校教育は，計画的な活動であり，それならば，教育評価を重視することは，この教育の成果と教育の目標への方向付けが正しかったかどうかを問うことでもある。当然，指導と評価の一体化の過程においては評価方法や評価技法の在り方について緻密で正確な方法を研究開発していかなければならないが，根本的に重要なことは教育的活動を教育実践の中にどのように位置付け，教育成果をより確かなものへと導いていくかという教育評価の機能や役割についての意義を明らかにしておくことである。その意味で，教育における目標論と評価論は金貨の裏表のような関係にあり，「目標と指導と評価の一体化」が求められるのは，そのためである。

教育評価をするということは，授業の結果がどうだったかという「ネブミ」をすることではないのである。あくまでも，学習者に設定した多様な教育目標がどの程度実現したかを見取るのが教育評価行為の意義なのである。学習者の成長や学習者の進歩を考えずに，点数をつけたり成績結果に基づいて評定を割り振っていき，結果として学習者のやる気や意欲を失わせるものになるなら，それは教育における評価とは無縁の「ネブミ」でしかない。教育評価にとって大切なことは，ただ客観的に数字や記号で学習者を冷たく評価することではなく，学習者自身のよさや成果を見取り，「あなたも頑張ればできるよ」と励まし，学習者自身の自己学習能力や意欲を高める「評価の教育性」を高めることが真の教育評価の役割でなければならない。評価は，厳密な測定方法で「信頼性」「客観性」「妥当性」を求めることだけではなく，あくまでも学習者に設定した多様な教育目標がどの程度実現したかを見取るのが評価行為の教育的意義である。

（4）新評価観点「学びに向かう力，人間性等」と自己評価能力の育成

時あたかも，2017年3月には文部科学省から新しい学習指導要領が告示され，ここでは改訂方針として「主体的・対話的で深い学び」の実現が求められ，その成果を見取る評価観点として現行の4観点の一つである「関心・意欲・態度」に代わり，「知識及び技能」「思考力・判断力・表現力等」「学びに向かう力，人間性等」の3観点に統合された。これは，従来の「関心・意欲・態度」の観点を含む点もあるが，学習者が自らの学習目標を立て，実践していく主体的な態度の在り方が問われるものである。自ら学習目標を立てるには，前提として自分の学習実態を把握し，学習の在り方を振り返り，学習計画を立てていく自己評価能力が求められる。つまり，自己学習能力を育成するには，自己評価能力の育成が前提になるのである。この自己評価が他者評価同様，重要であると自己評価理論の在り方を提言してきたのが，梶田叡一である。本巻では，評価の意義について，「教師の側から」「管理運営の側から」「学習者の側から」という観点から，評価の意義について各論者から論究されている。本巻の評価の教育的な役割の論及を通して，人間教育が一層豊かに実現されるならば幸いである。

引用・参考文献

梶田叡一（1983）『教育評価』有斐閣。
梶田叡一（1994）『教育における評価の理論』Ⅰ巻，金子書房。
梶田叡一（2016）『人間教育のために』金子書房。
小宮山栄一（1949）『教育評価の理論と方法』日本教育出版社。
文部科学省（2019）「小学校・中学校・高等学校及び特別支援学校等における児童生徒の学習評価及び指導要録の改善等について」（通知）。

第Ⅰ部　学ぶこと教えることの評価の基礎・基本

第 1 章

教育評価の基本
——教育の質を保証するために——

西岡加名恵

1　教育評価とは何か

（1）教育評価の意義と目的

教育評価とは何であろうか。こう問われて多くの人々が真っ先に思い浮かべるのは，テストを行い，成績を通知表につけるといった作業であろう。進級や進学の可否を決定するための評価の場面を思い浮かべる読者もあるかもしれない。しかしながら，教育学における教育評価は，教育を評価する行為として定義される。教育とは，子どもたちの成長・発達を助けるために行われる意図的な働きかけの営みである。したがって，そのような働きかけがどの程度，成功しているかについて，実態を把握するのが教育評価である。

教育という働きがどの程度，成功しているのかについては，どうすれば評価できるのだろうか。ここで求められるのが，「目標に準拠した評価」である。教育という働きかけをする際には，どのような成長・発達をもたらしたいのかを考え，目標を設定する。能力一般ではなく，意図的な働きかけによって伸ばしたいと設定された目標に対応する部分の能力，とりわけ認知能力を指すのが，「学力」という用語である（中内，1976）。教育の成果である学力を評価することによって，意図された働きかけの成否を捉えることができる。

教育の成果の評価を踏まえて，教育という働きかけを評価する場合，その第一の主体は，働きかけを行っている教育者（具体的には，個々の教師や教師集団が担っている学校）であろう。また，その目的は，何よりもまず教育の改善に役立てることである。その際，教育のさまざまな側面が評価の対象となる。具体的には，個々の授業や単元，教科や特別活動などの領域，カリキュラム全体，学校の在り方などが評価の対象となる。教材や教具，指導方法や学習活動，評価方法だけでなく，必要な場合には設定されている教育目的や教育目標そのもの，さらには教育条件についても問い直すことが重要となる。

（2）教育評価に関わる政策の変遷

ここで，戦後日本における教育評価に関する政策の変遷を見るために，指導要録に注目してみよう（詳細については田中，2008参照）。指導要録とは，「学籍並びに指導の過程及び結果の要約を記録し，その後の指導及び外部に対する証明等に役立たせるための原簿」（文部科学省通知）である。

指導要録においては，長らく相対評価（「集団に準拠した評価」）が用いられてきた。相対評価の典型的な形態は，正規分布曲線に基づき５段階ないし10段階に子どもを配分するものである。戦後の日本において相対評価が採用された背後には，米国の「測定」運動からの影響があった。「測定」運動とは，知能を生得的に決定されているものとして捉え，正規分布曲線を規準とするテストによって測定しようとするものである。指導要録の前身にあたる戦前の学籍簿においては，教師の判断による「絶対評価」（認定評価）が行われていた。絶対評価とは，教師という「絶対者」が行う判断を規準とする評価であり，本来は教師の専門性に裏付けられたものである。しかし，実際には個々の教師の勘や直感に基づく判断が用いられることによって，いわば「教師の胸先三寸」で子どもの成績がつけられる恣意的な評価が横行することとなった。戦後の指導要録において採用された相対評価は，戦前の主観的な絶対評価に比して科学的で客観的なものとして受け止められたのである。しかし，相対評価は，必ずできない子がいることを前提とする点，排他的な競走を常態化する点，学力の実態ではなく集団における子どもの相対的な位置を示すに過ぎない点から，教育評価と呼ぶには値しない。

そのような相対評価の非教育性に対して批判の声が寄せられる中，政策的には微調整が行われた。1971年の指導要録改訂においては，「あらかじめ各段階ごとに一定の比率を定めて，児童をそれに機械的に割り振ることのないように留意すること」とされた。さらに1991年の改訂では，小学校低学年で評定欄を廃止し，中・高学年では絶対評価を加味した相対評価に基づいて評定欄をつけるようになった。しかし，このような改訂では，教師の恣意的な評価に逆戻りすることになるという懸念が残った。

戦後の指導要録には個人内評価の欄も見られる。個人内評価とは，一人一人の子どもを規準にして，その子どもの発達を継続的・全体的に見ようとするものである。一人一人の子どもに即して成長を見ようとする個人内評価の意義は大きいものの，相対評価が最重要視され続ける中では限定的な位置付けを与えられるにとどまった。

一方，1970年代には，相対評価を批判する立場から，学校現場において到達度評価運動が興隆した（梶田，1979；稲葉，1984）。到達度評価とは，到達目標を規準とし，それに到達しているかどうかで子どもたちを評価するものである。到達目標とは，「……がわかる」「……ができる」といったように，目標内容が到達点として示されるものである。さらに，到達度評価は，教育評価は教育を改善し，すべての子どもたちに学力を保障するためにこそ行うべきであるという主張を展開した点で，先進的なものであった。

このように，民間の運動としては評価改革を進める動向が見られたものの，指導要録における「目標に準拠した評価」の全面的採用は，2001年改訂を待たねばならなかった。

（3）「目標に準拠した評価」の意義と課題

教育評価政策において「目標に準拠した評価」が全面的に導入されたのは，やっと2001年の指導要録改訂においてであった。その方針を打ち出した教育課程審議会答申（2000）は，「学習指導要領に示す目標に照らしてその実現状況を見る評価（いわゆる絶対評価）を一層重視し，観点別学習状況の評価を基本として，児童生徒の学習の到達度を適切に評価していくことが重要となる」と述べた。また，「児童生徒一人一人のよい点や可能性，進歩の状況などを積極的に評価する」個人内評価の重視をうたっている。その背景には，個人内評価と到達度評価の「内在的な結合」を提唱した田中耕治（1996）の影響があった。

「目標に準拠した評価」には，子どもたち全員に保障されるべき教育内容を教育目標として明確化していくことを促す点，そうして設定された教育目標に子どもたちが到達できたかどうかを教師たちに点検させる点，さらに到達できていなければ教育実践の改善を迫る点で，大きな意義が認められる。

また教育実践の効果を見るために，実践の開始時に診断的評価，途中で形成的評価，終わりに総括的評価を行うことが求められる。「診断的評価」とは，ある単元を始める前に，その単元に対する子どもたちの学習への準備状態（認知面と情意面の両方）を把握しておくことである。「形成的評価」とは，教育の過程において成否を確認するものである。その結果に基づいて，指導の改善が図られる。「総括的評価」とは，実践の終わりに評定をつけるものである。

しかしながら，「目標に準拠した評価」を実践しようとすれば，次のような課題に直面することとなる。第一に，教育目標・評価規準（基準）をどのように定めればよいのか。第二に，どのような評価方法を用いればよいのか。第三に，それぞれの子どもに個性や学力格差がある中で，「目標に準拠した評価」と個人内評価とを，どのように結合すればよいのか。

そこで，以下では，2017年改訂学習指導要領における目標論を確認するとともに，具体的にどのような評価方法を用いることによって，「目標に準拠した評価」を実践すればよいのかを検討していこう。

2　2017年改訂学習指導要領における目標論

（1）「資質・能力」の育成

学習指導要領の2017年改訂（高等学校については2018年改訂）にあたっては，従来の学力の範疇にとどまらない「資質・能力」を育成するという方針が打ち出された。改訂に向けた議論において，当初，「資質・能力」として注目されていたのは，意欲や創造性といった人格特性，問題解決・論理的思考・コミュニケーションといった汎用的スキル，メタ認知などであった。その背景には，2000年を前後するころから国内外においてコンピテンシーや21世紀型スキルが議論されたことがある（松尾，2015；松下，2010）。そこでは，グローバル化やICTの革新といった変化の激しい現代を生き抜く力の育成がめざされていた。「資質・能力」を育成するという方針は，これからの社会において生きていくために必要な力を保障する上で一定の意義があるものと期待される。

一方で，「資質・能力」論については，主として経済界の要請に教育を従属させるものである，そういった能力は従来の学力以上に社会的な格差を反映してしまう，さらに人格特性まで目標として位置付ければ子どもたちの全体的な能力が絶えず評価にさらされることになりかねない，といった批判も寄せられた（本田，2005）。また，「資質・能力」育成の方途としてアクティブ・ラーニングが強調されたことについて，教科の内容知識の保障がおろそかになるのではないかという疑問の声も投げかけられた（松下・京都大学高等教育研究開発推進センター，2015）。

さまざまな議論を経て，2017年改訂学習指導要領においては，育成すべき「資質・能力」が次の三つの柱で捉えられている。すなわち，①「何を理解しているか，何ができるか」（生きて働く「知識・技能」の習得），②「理解していること・できることをどう使うか」（未知の状況にも対応できる「思考力・判断力・表現力等」の育成），③「どのように社会・世界と関わり，よりよい人生を送るか」（学びを人生や社会に生かそうとする「学びに向かう力・人間性等」の涵養）である（中央教育審議会，2016）。また，「資質・能力」の育成のために，「主体的・対話的で深い学び」（「アクティブ・ラーニング」）の視点からの学習過程の改善が推奨されている。ただし，授業において，「主体的」で「対話的」な学習が行われていたとしても，「深い学び」が実現できているとは限らない。教科の内容に即した「深い学び」の実現が課題となっている。

表1-1 「検討会」の論点整理において示された方針

②育成すべき資質・能力に対応した教育目標・内容について

・現在の学習指導要領に定められている各教科等の教育目標・内容を以下の三つの視点で分析した上で，学習指導要領の構造の中で適切に位置付け直したり，その意義を明確に示したりすることについて検討すべき。ア)～ウ) については，相互のつながりを意識しつつ扱うことが重要。

ア）教科等を横断する汎用的なスキル（コンピテンシー）等に関わるもの
　①汎用的なスキル等としては，例えば，問題解決，論理的思考，コミュニケーション，意欲など
　②メタ認知（自己調整や内省，批判的思考等を可能にするもの）
イ）教科等の本質に関わるもの（教科等ならではの見方・考え方など）
　例：「エネルギーとは何か。電気とは何か。どのような性質を持っているのか」のような教科等の本質に関わる問いに答えるためのものの見方・考え方，処理や表現の方法など
ウ）教科等に固有の知識や個別スキルに関するもの
　例：「乾電池」についての知識，「検流計」の使い方

（出所）育成すべき資質・能力を踏まえた教育目標・内容と評価の在り方に関する検討会（2014）

（2）教科等ならではの「見方・考え方」

「深い学び」を実現するために，2017年改訂学習指導要領では，「見方・考え方」が強調されている。すなわち「特に，各教科等において身に付けた知識及び技能を活用したり，思考力，判断力，表現力等や学びに向かう力，人間性等を発揮させたりして，学習の対象となる物事を捉え思考することにより，各教科等の特質に応じた物事を捉える視点や考え方（以下「見方・考え方」という）が鍛えられていくことに留意し，児童が各教科等の特質に応じた見方・考え方を働かせながら，知識を相互に関連付けてより深く理解したり，情報を精査して考えを形成したり，問題を見いだして解決策を考えたり，思いや考えを基に創造したりすることに向かう過程を重視した学習の充実を図ること」が推奨されている。

ここで言う，教科等の特質に応じた「見方・考え方」が強調された背景には，学習指導要領改訂を議論した中央教育審議会の設置に先だって行われた「育成すべき資質・能力を踏まえた教育目標・内容と評価の在り方に関する検討会（以下，「検討会」)」での議論があった。表1-1のイ）の例が示す通り，「検討会」の「論点整理」では，教科等ならではの「見方・考え方」は，「教科等の

本質的に関わる問い」に対応するものとして構想されていた。

このような「検討会」の提案の根底には，「逆向き設計」論の考え方がある。「逆向き設計」論とは，ウィギンズとマクタイが『理解をもたらすカリキュラム設計』(2012) という著書の中で提案しているカリキュラム設計論である。そこで以下では，「逆向き設計」論の基本的な考え方を確認するとともに，日本における今後の展望を考えよう。

3　「逆向き設計」論に基づくカリキュラム設計

（1）「知の構造」と評価方法の対応

「逆向き設計」論では，単元や長期的な指導計画を設計する際に，「求められている結果」（目標）「承認できる証拠」（評価方法）「学習経験と指導」（授業の進め方）を三位一体のものとして考えることが提唱されている。

「逆向き設計」論は，タイラー（Tyler, R. W.）による「タイラー原理」（タイラー，1978）をより精緻にしたものである。「タイラー原理」とは，カリキュラム編成にあたって，①教育目的を設定する，②目標を達成するために必要な学習経験を明確にする，③これらの学習経験を効果的に組織する，④学習経験の効果を評価する，という四つのプロセスをたどることを提案するものである。「タイラー原理」と「逆向き設計」論は，教育目標を明確にし，教育目標に照らして評価を行うということを提案している点で共通している。しかしながら「逆向き設計」論は，図 1-1 のように「知の構造」と評価方法を明瞭に整理している点で前進している。端的に言えば，カリキュラムにおいて「深い理解」を保障するために，パフォーマンス課題を用いることが提案されている。以下，詳細を紹介しよう。

（2）パフォーマンス課題

図 1-1 において，一番低次には「事実的知識」や「個別的スキル」がある。より重要な知識・スキルとして「転移可能な概念」と「複雑なプロセス」が位

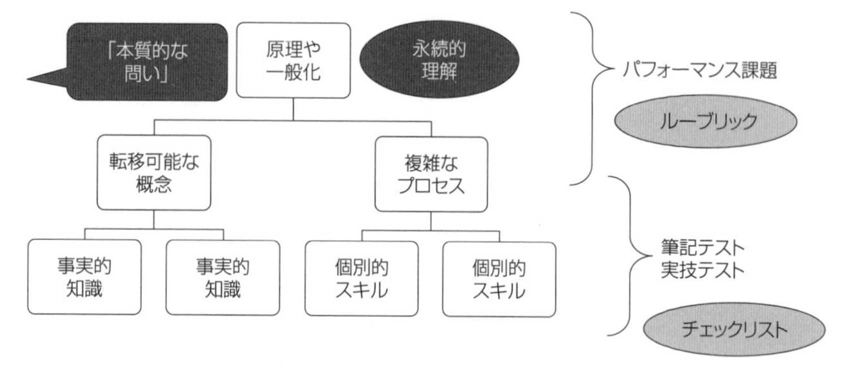

図 1-1　「知の構造」と評価方法・評価基準の対応

（出所）McTighe & Wiggins（2004）などをもとに筆者作成。西岡（2016）82頁。

置付けられている。さらにそれらを総合したところに，その教科の中核に位置するような「原理や一般化」があると考えられている。「原理や一般化」は，「本質的な問い」に対応するものとして捉えられている。「本質的な問い」に対応する「原理や一般化」こそが，「永続的［に］理解」すべき重要な目標だと考えられており，それに対応させてパフォーマンス課題を用いることが提案されている。

パフォーマンス課題とは，複数の知識・スキルを総合して使いこなすことを求めるような課題であり，図 1-2 に示した「学力評価の方法」では，最も複雑な評価方法に位置付いている。パフォーマンス課題には，筆記によるものと実演によるものがあり，たとえばレポートやプレゼンテーションなどを求める課題が考えられる。

たとえば，「健康的な食事とは何か？」という「本質的な問い」に対しては，「食事の必要条件は，年齢，活動レベル，体重，全体的な健康状態によって一人ひとり異なる」といった「永続的理解」が想定される。そのような理解が身に付いているかどうかについては，「野外キャンプ体験のために，３日間の食事と間食のメニューを作る」というパフォーマンス課題によって確かめられる（ウィギンズ&マクタイ，2012，28-29頁）。

この例が示すように，「逆向き設計」論において，「永続的理解」は「本質的

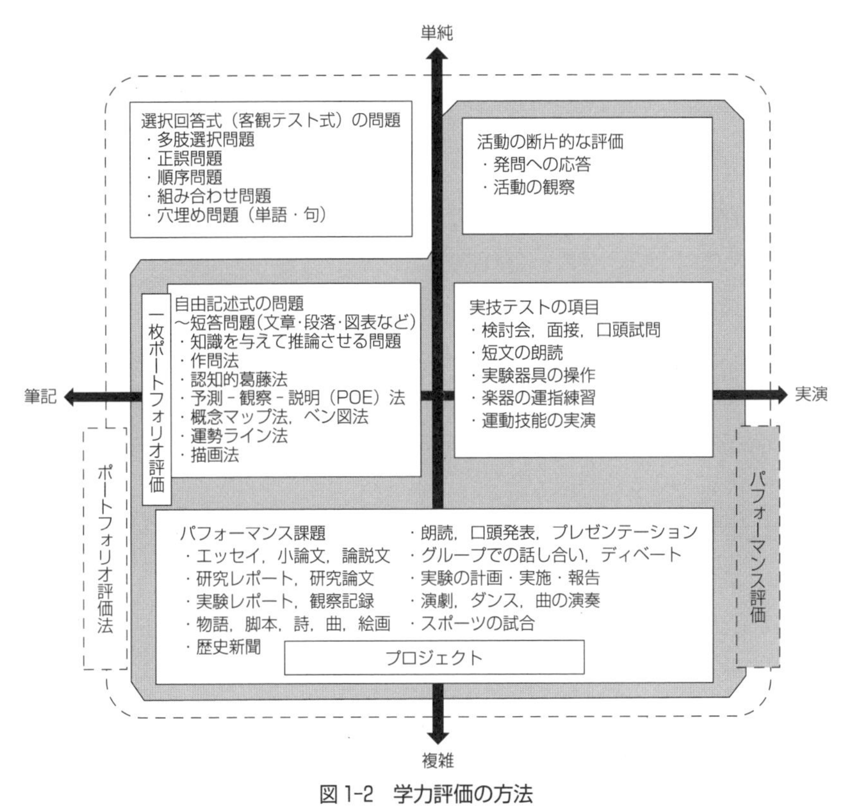

図 1-2　学力評価の方法

（出所）西岡（2009）9 頁の図に一部加筆。

な問い」に対応する形で文章化することが求められているため，どの概念について，どんな複雑なプロセスを発揮できるような理解を想定しているのかが明確になる。このことは，教育目標の設定に際し内容かスキルかという二項対立を乗り越える方途を示す点で，大変意義深いと考えられる。

なお，ウィギンズらは，「真正の評価」論の立場に立っている。「真正の評価」論とは，現実世界において人が知識や能力を試される状況を模写したりシミュレーションしたりしつつ評価することを主張するものである。「真正の評価」論に基づき，米国においては，1980年代，パフォーマンス評価の考え方が登場した。パフォーマンス評価とは，知識やスキルを使いこなすことを求めるような評価方法の総称である。パフォーマンス評価は，従来のような筆記テスト，とりわけ客観テストによって測られる学力は限定的なものだという考え方から提唱されるようになった。

（3）「理解」と「本質的な問い」の重要性

このような「逆向き設計」論の背後には，アメリカにおけるカリキュラム論や評価論の蓄積がある。ウィギンズらは，経験主義のカリキュラムに見られる活動主義と，系統主義のカリキュラムに見られる網羅主義は，ともに「理解」(understanding) を保障できていない点で，共通する問題があると捉えている。「逆向き設計」論は，原著のタイトルに言う通り『理解をもたらすカリキュラム設計』をめざすものである。

このように「理解」を重視する背景には，デューイやブルーナーからの影響がある。著書『理解をもたらすカリキュラム設計』の第２章では，デューイの『思考の方法』から，次のような個所が引用されている。「物や出来事，または状況の意味を把握するとは，それを他の物事との関係の中において見るということである。……手段－帰結という関係は，すべての理解の中心であり，核心である」(デュウイー，1950，142，152頁。なお，翻訳については一部加筆修正している。以下同様)。

また，ブルーナーの『教育の過程』からは，「基本的な原理と観念の理解が，適切な『訓練の転移』に通ずる王道であるように思われる。あるものが，より一般的な事例の特殊な例であると理解することが，より基本的な原理または構造の理解の意味である」という引用が見られる（ブルーナー，1963，31-32頁)。

さらにウィギンズらは，「理解」を「説明する」「解釈する」「応用する」「パースペクティブを持つ」「共感する」「自己認識を持つ」という「６側面」で捉えることを提案している。「説明する」「解釈する」「応用する」「パースペクティブを持つ」といった認知的な側面は，ブルームによる「教育目標の分類学」(Bloom, 1956) に着想を得たものである。ただし，ブルームの分類学では，understanding に該当する「分析」・「総合」・「評価」がヒエラルキーの上位に位置付けられていたのに対し，ウィギンズらは「理解」を「素朴な理解」から「洗練された理解」まで深まっていくものとして捉えている点が大きく異なる。なお，「共感する」という側面は女性の道徳性発達を研究したギリガン（1986）から影響されたもの，「自己認識を持つ」という側面はソクラテスからの影響である（西岡，2013）。

「逆向き設計」論のもう一つの大きな特長は，「問い」を持つ力を身に付けさせることを目標に位置付けている点にある。著書『理解をもたらすカリキュラム設計』において，ウィギンズらは，内容を過度に網羅するカリキュラムとなってしまうことを避け，深い理解を実現するカリキュラムを作るために，解決しきれない問いを中心に学業を組み立てることが重要だと主張している。そのことに関連して引用されているのは，ブルーナーの『認識の心理学』である。ブルーナーは，組織する働きをする「問い」は，「個別・特殊の中に一般的・全体的に見るパースペクティブを……持ち込む」という機能，ならびに，生徒たちが「どれぐらい十分に理解しつつあるのかを判定するための規準」としての機能を持っていると論じている（ブルーナー，1978，219頁）。

このような「本質的な問い」の入れ子構造は，ブルーナーが提唱した螺旋型カリキュラムを発展的に継承したものである。ブルーナーは，「どの教科でも，知的性格をそのままに保って，発達のどの段階のどの子どもにも効果的に教えることができる」という「ブルーナー仮説」を提唱した。「すべての科学と数学の中心にある基礎的観念や，人生や文学を形成する基礎的テーマ」，これをブルーナーは「構造」と呼んだ。そういった基礎的観念は「強力であるが同時に単純なもの」であり，「これらの基礎的諸観念をわがものにし，それらを効果的に活用するためには，次第により複雑な形でこれらの諸観念を活用できるように学習することによって，これらの諸観念の理解を絶えず深めることが必要である」と考えていた（ブルーナー，1963，15-16頁）。

さらに，『理解をもたらすカリキュラム設計』の第12章では，次のようなデューイの『経験と教育』からの引用も見られる。「問題は思考を促す刺激となる。……こうして獲得された新しい事実と新しい観念は，新しい問題が提示されてくるさらなる経験の基礎となる。そのプロセスは，絶え間のない螺旋である」（デューイ，2004，127-178頁）。デューイのいう「問題」の原語は problem ではあるものの，問題の繰り返しを螺旋として捉える発想は，「本質的な問い」の繰り返しを螺旋として捉える「逆向き設計」論に通じるものだと考えられる。

（4）カリキュラムの全体的展望

『理解をもたらすカリキュラム設計』の第12章では，カリキュラムの全体的展望についても論じられている。そこでは，「本質的な問い」がしばしばカリキュラムの境界を飛び越えることが述べられている。たとえば，「パターンは何か？　そのプロセスは第一義的には直観的なものなのか？」といった「本質的な問い」は，数学の問題解決でも，芸術的な表現にも関連するものだと指摘されている。

さらに，より普遍性を高めたレベルでの「本質的な問い」にも言及されている。具体的には，次のような例が示されている。まず，デボラ・マイヤーが創設した「セントラル・パーク・イースト中等学校」では，次のような「本質的な問い」をカリキュラムに位置付けることによって，「知性の習慣」を身に付けさせることがめざされていた。たとえば，下記のような問いである。

・私たちは誰の視点から見たり読んだり聞いたりしているのだろうか？　どのような角度や観点からか？

・私たちは，自分たちが知っている場合をどのようにして知るのか？　証拠は何か，そしてそれはどのぐらい信頼できるのか？

・物事，出来事や人々はどのように互いに関連しているのか？　何が原因で，何が結果か？　それらはどのようにお互いに適合するのか？

また，国際バカロレアの「初等学年プログラム」の単元では，次のような「本質的な問い」を扱うことが求められていると紹介されている。

・それはどのように機能するのか？

・それは，他の物事とどのようにつながっているのか？

・私たちの責任は何か？

・どのように私たちは知るのか？

こういった教科横断の「本質的な問い」は，問題解決や論理的思考といった，いわゆる「汎用的スキル」を身に付けさせる効果を持つものと言えよう。

それでは，こういった教科横断の目標と，各教科の「本質的な問い」や「永続的理解」は，どのような関係にあるのだろうか。ウィギンズらは，2007年の著書『意図的設計による学校教育』（*Schooling by Design*）において，「ミッションに基づくカリキュラムの枠組み」を提案している（Wiggins & McTighe, 2007）。そこでは，学校教育を設計し調整する際に念頭に置く「長期的なゴール」として「知性の習慣」や批判的思考力などの「学問横断の転移するゴール」がより明瞭に位置付けられている。こういった「汎用的スキル」等については，個々の教科でパフォーマンス課題に取り組むことを通して，カリキュラム全体で育成することが構想されている。カリキュラム設計にあたっては，教科や科目，さらにはカリキュラム全体といった「マクロな設計」と，各単元や授業といった「ミクロな設計」を往還しつつ，改善していくことが構想されているのである。

4　日本における展開と今後の課題

（1）「理解」と「本質的な問い」の重要性

日本においても，すでにこのような「逆向き設計」論に基づく単元開発の共同研究を進められている。その中では，子どもたちが「本質的な問い」に対応するパフォーマンス課題に取り組む中で，各教科固有の概念や方法論に関する理解を深めた事例が生み出されている。

たとえば，中学校の社会科では，「歴史的にみて，社会はどのように変化してきたのか？　社会の変化はどのように捉えられるのか？」という「本質的な問い」に対して，社会の変化について論説するパフォーマンス課題を繰り返し与えた。図 1-3 に示した作品は，ある生徒が「戦争はなぜ起こるのか，どうすれば戦争はふせげるのか？」について論じたものである。この生徒は当初，政

全ては平和の為に―。

条約、同盟を有効的に使う!!!

58期生　社会科通信　ワークシート　NO57

組　番氏名

・戦争の起こる原因・

第二次世界大戦を例にとってみると、この戦争の起こった一番のきっかけは"ベルサイユ条約"であると言える。ベルサイユ条約では、アメリカ、イギリス、フランス、日本（協商国）の利益を優先させ、戦いに敗れたドイツ（同盟国）には国家収入の17倍の賠償金等が課せられた。（→資料1）その結果世界恐慌によって経済が混乱し、ドイツは財政が苦しくなりそこへヒトラーが出てきてナチスの一党独裁を展開し、"ベルサイユ条約"の破棄やドイツ国民に民族的な優越感を持たせる為にユダヤ人迫害を行った。（→資料2）●このように戦争が終わっても敗戦国だとして『条約』というもので不当な扱いをされ、その中で苦しんでいる人々が「どんな手を使ってでも自国を平和にしたい」という気持ちから、また戦争へとつなげてく『戦争への連鎖反応』をつくり上げてしまう。（ただ直接戦争につなげていった、ヒトラーは経済的に苦しいドイツを助ける為に出てきて様々な政策をし、最終的には国民の指示を得てトップに立っているのだから『経済的な要因』であるととらえることもできる。）この連鎖反応が起こるきっかけはまさしく『条約』があるからで、時によって『条約』が対等に結ばれたり、"ベルサイユ条約"のような一方が得をしても一方が損をするという条件であったりする。ただ、ナチスによるユダヤ人虐殺の背景には、『民族・宗教』も絡んでいると思う。ユダヤ人は、自分達は神から選ばれた民族だという意識を持っていて、おそらくナチスにとってこれをほおっておくのは、国民の非難を浴びる＝政権が倒れるということだったので、このような政策が行われたのではないかと考える。●また、ドイツ、イギリスの間で結ばれた"宥和政策"と、ドイツ・ソ連の間の"独ソ不可侵条約"でも同じことが言える。"宥和政策"により、軍備の拡張を急速に行うドイツに対し、自国を傷付けたくはないという思いから、行動を食い止めることすらできなかったイギリス。ドイツのまさかの"独ソ不可侵条約"破り（1939年のポーランド侵攻）。●これらの出来事からも分かるように、それぞれが自国に有利になるように『条約』を結んでも、何かしら自国に不都合になるものは必ず出てきてしまう。それを人々がしっかり把握できていないことで、ただ自分勝手に事を進めているだけの流れに社会全体がなっていくのである。●ただドイツが"独ソ不可侵条約"を破り第二次世界大戦を始めたのは、『人間の欲』が一番関係していることだと思う。いくら『条約・同盟』でそれが叶ったとしても、『欲』というのは次々と出てくるものである為、『欲』を第一に考えて行動していれば、それだけにとらわれてしまい、冷静に物事を考え、処理していくということができなくなり、その結果、このような大惨事を招くことになり兼ねない。

ベルサイユ条約　1919年　資料1

ウィルソン

ドイツの代表

ベルサイユ条約の調印

1 ドイツは賠償としてザール炭坑をフランスにゆずる。
2 ドイツはポーランド、チェコ、デンマーク、フランス、ベルギー、リトアニアに領土をゆずる。（領土の6分の1）
3 ドイツは海外領土・植民地を全部失う。
4 ドイツは陸軍兵力10万人、海軍力軍艦総トン数10万トン、その他の制限。
5 賠償金1,320億金貨マルクを支払う（1921年）。

主要国の工業生産額

↑ドイツは資本主義国であった為、世界恐慌によって工業生産額が一気に落ち込み、それがドイツの財政を苦しめることとなったのではないか。

← 全て協商国に有利になるようなもので、ドイツは世界的にも低く見られてしまうことが分かる。

資料2

ドイツ・イタリアの侵略

↑ドイツは様々な口実や条約破りをして植民地を広げていったが、この時のドイツは財政の苦しさにより、こうすること以外に打つ手は一つもなかったのではないか。

・平和になる為には…・

まず、『条約・同盟』を結ぶ時は、お互い対等な立場で、決して利益を求めて行わないことだ。何かあった時に『条約・同盟』をきっかけにして戦争を起こすという、『条約・同盟』の扱い方自体が間違っているのだということを、それぞれの国の指導者はもちろん、一人ひとりの国民にも知ってもらわなければならないと思う。人間の『欲』は誰にも止められないものであるし、そういったものを政治に影響させないように気を付けていても我慢の限界というのはある。しかし、その『欲』によって人々が支配されてしまうことはなんとか避けねばならず、今、私達に要求されているものは、冷静に平和について考えることではないだろうか。今まで起こしてきた戦争をこうして振り返ることで、様々な問題が浮上し、またその中で共通している問題点（課題）というのもあるはずだ。『条約・同盟』は、あくまで今の平和な状態をこれからもずっと保ち続けよう、またはお互い協力し合いながらよりよい生活を送っていこうなどの独自のルールを一緒に守っていこうというもので、決して損得という低レベルの問題で結ばれるものではないと思う。「世の中を平和にする為にはどうすればよいか」という関心を一人ひとりが持ち、『条約・同盟』の本当のあり方について真剣に考えていけば、「平和」は実現するであろう。昔の誤ちを二度と繰り返さない為にも、また、国際連盟の設立に向けて全力を尽くしたウィルソン大統領や、アメリカのルーズベルト大統領とイギリスのチャーチル大統領との間の"大西洋憲章"（1941.8）などの行動からも分かるように、平和に向けての運動を積極的に繰り広げる、これが一番大切なことだと思う。

図 1-3　中学校社会科におけるパフォーマンス課題の作品例

（出所）三藤（2010）26頁。cf. 西岡（2016）98，107頁。

治的要因・経済的要因・文化的要因を分離したものとして捉えていたのに対して，図 1-3 の作品ではそれらの要因が複雑に影響し合っていることが捉えられるようになっている。また，当初は歴史的な事実を踏まえて論じる点でも課題が見られたのに対して，図 1-3 の作品では具体的な史料を引用しつつ，歴史的な事実を踏まえて説得力のある論述が行われている。この生徒の場合，「社会は，政治的な要因，経済的な要因，文化的な要因が複雑に影響しあって変化する。そのような変化をとらえるには，複数の資料から原因や結果を考えると良い」という「永続的理解」，すなわち歴史的なものの「見方・考え方」を身に付けたと言えるだろう。

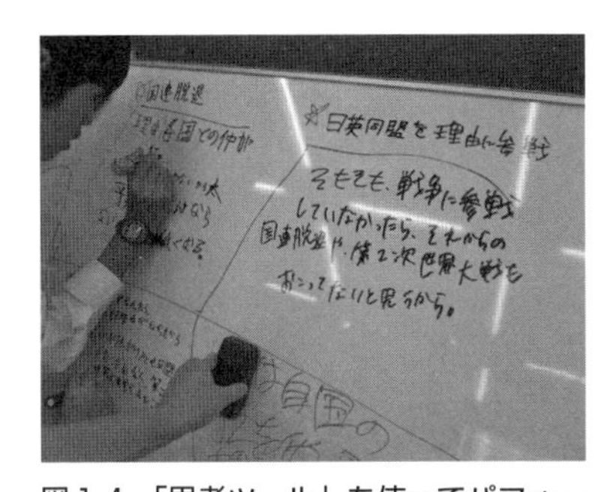

図 1-4 「思考ツール」を使ってパフォーマンス課題に取り組む生徒たち
（出所）田村，京都市立下京中学校（2018）35頁。久保田守先生の実践。

ただし，「逆向き設計」論と学習指導要領では，厳密には「見方・考え方」の解釈に違いも見られる。「逆向き設計」論に言う「永続的理解」は，概念とプロセスを総合した「原理や一般化」として位置付けられている。一方，学習指導要領では，「各教科等の特質に応じた見方・考え方を働かせながら，知識を相互に関連付けてより深く理解」とあり，「見方・考え方」はややプロセスに傾斜して解釈され直されている。

さて，パフォーマンス課題に向けた学習を進めるにあたって，思考スキルなど「汎用的スキル」の指導を取り入れている例も見られる。たとえば図 1-4 の実践では，「なぜ，戦争はなくならないのか」について検討するパフォーマンス課題に取り組むにあたって，それまでに学んだ複数の思考ツール（田村，京都市立下京中学校，2018参照）のうち，自分たちが使いたいものを選んで思考を整理することが求められた。このように，「逆向き設計」論に基づくカリキュラム設計と，思考ツールとの指導を組み合わせることによって，教科の内容理解と教科横断の「汎用的スキル」の習得が効果的に進むことが期待される。

（2）ポートフォリオ評価法

一方で日本においては，「逆向き設計」論の範疇に収まらないカリキュラムとパフォーマンス評価の展開が見られることにも注目しておく必要がある。すなわち，「総合的な学習の時間」におけるポートフォリオ評価法の活用である。

ポートフォリオとは，子どもの作品や自己評価の記録，教師の指導と評価の記録などをファイルや箱などに系統的に蓄積していくものを指す。ポートフォリオ評価法とは，ポートフォリオづくりを通して，子どもが自らの自己評価を促すとともに，教師も子どもの学習と自分の指導を幅広く，深く評価しようとするアプローチである（西岡，2016）。

ポートフォリオについては，残す作品や評価規準の決定権を誰が持つかによって多様な展開が見られる。しかしながら，いずれの場合にせよ，学習者と教師が「何のために作るのか」「何を残し，どのように活用するのか」といった見通しを共有する，蓄積した作品を何らかの形で編集する機会を持つ，定期的にポートフォリオ検討会を行う，といった指導のポイントを押さえつつ，活用することが重要である。

米国においてポートフォリオは，パフォーマンス評価の方法の一つとして登場した。米国におけるポートフォリオは，主として，教科教育における「目標に準拠した評価」の充実，あるいはカリキュラム全体での子どものアイデンティティやキャリアの形成をめざして活用されていた（西岡，2003）。

しかし，日本においてポートフォリオが普及したのは，1998年改訂学習指導要領において「総合的な学習の時間」が導入されたことが大きな要因である。「総合的な学習の時間」の導入により，「評価といえばテスト」という一般的な見方が大きく揺さぶられ，代替の評価方法が模索される中でポートフォリオ評価法が衆目を集めた（加藤・安藤，1999；田中・西岡，1999など）。

こうして，日本においては，「総合的な学習の時間」において子どもたちの「探究的な学習」を促進するために，ポートフォリオ評価法を活用する実践が開発された（宮本他，2004）。そこでは，子どもたちの学習の成果の資料を残しつつ，検討会を行うことによって，子どもたち自身が自分で探究したい「問い」を発見していく実践が生み出されている。

一方で，ポートフォリオに幅広い資料を残すことにより，子どもたちのキャリア教育に活かす動向も見られる。最近では，高大接続改革の動向の中で，ポートフォリオを活用した大学入試も登場している（楠見他，2016）。ポートフォリオは，カリキュラム全体で，あるいは学校の外の活動において，自分自身がどのような人物として育っているのかについて，子どもが発信することを可能にするものと言えるだろう。

（3）残されている課題

以上の展開を踏まえると，2017年改訂学習指導要領については，次のような課題も残されていることに気づく。

第一に，中央教育審議会での議論の過程で「見方・考え方」という言葉が解釈し直されたことによって，「逆向き設計」論が重視する「深い理解」の保障という発想はやや後退することとなった。「逆向き設計」論においては，知識とスキルを総合したものとして「理解」が捉えられている。「検討会」において，「見方・考え方」は，そのような「理解」を指すものとして位置付けられていた。しかしながら学習指導要領には，「見方・考え方を働かせながら，知識を相互に関連付けてより深く理解［する］」とあることから，「見方・考え方」はスキルに傾斜して定義されていることがうかがわれる。したがって，「見方・考え方」を強調することによって，知識の理解が後退する懸念がある。

第二に，「検討会」での議論は，カリキュラムの「領域」ごとの特質や「カリキュラムの枠組み」に関する検討には至らなかった。「資質・能力」の三つの柱については，たとえば教科は主として「知識・技能」の習得と「思考力・判断力・表現力等」の育成を担う，「総合的な学習の時間」や「特別活動」では，学習者自身が「どのように社会・世界と関わり，よりよい人生を送るか」という「問い」により直接的に取り組む，といった領域ごとの役割分担が有効であろう。「学びに向かう力・人間性等」の涵養については，カリキュラム全体でめざす「長期的なゴール」として位置付けることが妥当だと考えられる。

しかしながら，そういった領域ごとの固有性の議論は，今後の課題として残されていると言えよう。

さらに学びたい人のための図書

田中耕治（2008）『教育評価』岩波書店。

▶戦後の日本における教育評価論の歴史的な変遷や理論的到達点を理解する上で，必携の１冊。

西岡加名恵（2016）『教科と総合学習のカリキュラム設計』図書文化。

▶「逆向き設計」論の基本的な考え方，パフォーマンス評価を活かしたカリキュラム改善の進め方を説明している。

古川治（2017）『ブルームと梶田理論に学ぶ』ミネルヴァ書房。

▶戦後日本の教育評価論の変遷について，ブルーム理論の受容や梶田叡一の功績に焦点を合わせて論じている。

引用・参考文献

Bloom, B. S. ed.（1956）*Taxonomy of Educational Objectives. Handbook I: Cognitive Domain*, David Mckay, Co.

ブルーナー，J. S.／鈴木祥蔵・佐藤三郎訳（1963）『教育の過程』岩波書店（原著は1960年）。

ブルーナー，J. S.／平光昭久訳（1978）『認識の心理学（下）』明治図書出版（原著は1957年）。

中央教育審議会（2016）「幼稚園，小学校，中学校，高等学校及び特別支援学校の学習指導要領等の改善及び必要な方策等について（答申）」。

デュウイー，J.／植田清次訳（1950）『思考の方法』春秋社（原著は1933年）。

デューイ，J.／市村尚久訳（2004）『経験と教育』講談社（原著は1938年）。

ギリガン，C.／生田久美子・並木美智子訳（1986）『もうひとつの声』川島書店（原著は1982年）。

本田由紀（2005）『多元化する「能力」と日本社会』NTT 出版。

育成すべき資質・能力を踏まえた教育目標・内容と評価の在り方に関する検討会（2014）「論点整理【主なポイント】」。

稲葉宏雄編著（1984）『基礎からの到達度評価』あゆみ出版。

梶田叡一編著（1979）『到達度評価の展開と教育革新』明治図書出版。
加藤幸次・安藤輝次（1999）『総合学習のためのポートフォリオ評価』黎明書房。
楠見孝・南部広孝・西岡加名恵・山田剛史・斎藤有吾（2016）「〈実践報告〉パフォーマンス評価を活かした高大接続のための入試――京都大学教育学部における特色入試の取り組み」京都大学高等教育研究開発推進センター『京都大学高等教育研究』第22号，55-66。
教育課程審議会（2000）「児童生徒の学習と教育課程の実施状況の評価のあり方について（答申）」。
松尾知明（2015）『21世紀型スキルとは何か』明石書店。
松下佳代編著（2010）『〈新しい能力〉は教育を変えるか』ミネルヴァ書房。
松下佳代・京都大学高等教育研究開発推進センター編著（2015）『ディープ・アクティブラーニング』勁草書房。
McTighe, J. & Wiggins, G. (2004) *Understanding by Design: Professional Development Workbook*, ASCD.
三藤あさみ（2010）「パフォーマンス課題のつくり方」三藤あさみ・西岡加名恵『パフォーマンス評価にどう取り組むか』日本標準。
宮本浩子・西岡加名恵・世羅博昭（2004）『総合と教科の確かな学力を育むポートフォリオ評価法　実践編』日本標準。
中内敏夫（1976）『増補　学力と評価の理論』国土社。
西岡加名恵（2003）『教科と総合に活かすポートフォリオ評価法』図書文化。
西岡加名恵（2009）「パフォーマンス課題の作り方と活かし方」西岡加名恵・田中耕治編著『「活用する力」を育てる授業と評価　中学校』学事出版。
西岡加名恵（2013）「研究ノート　『逆向き設計』論との出合い」京都大学大学院教育学研究科教育方法学講座『教育方法の探究』第16号，1-8。
西岡加名恵（2016）『教科と総合学習のカリキュラム設計』図書文化。
田村学著，京都市立下京中学校編（2018）『深い学びを育てる思考ツールを活用した授業実践』小学館。
田中耕治（1996）『学力評価論入門』京都・法政出版。
田中耕治（2008）『教育評価』岩波書店。
田中耕治・西岡加名恵（1999）『総合学習とポートフォリオ評価法　入門編』日本標準。
タイラー，R. W.／金子孫市監訳（1978）『現代カリキュラム研究の基礎』日本教育経営協会（原著は1949年）。
Wiggins, G. & McTighe, J. (2007) *Schooling by Design*, ASCD.

ウィギンズ，G. &マクタイ，J.／西岡加名恵訳（2012）『理解をもたらすカリキュラム設計』日本標準（原著の初版は1998年。翻訳の原著は増補第2版，2005年）。

第2章

評価基準として教育目標を考える

浅田　匡・遠山孝司・細川和仁

1　なぜ教育目標が評価基準なのか

教育評価を考えようとすれば，教育目標を明確にしなければならないと言われる。なぜ教育評価は教育目標との組み合わせで考えなければならないのだろうか。そのためにまず，教育評価の基本的性格を考えておきたい。

教育評価という言葉で意味されるさまざまな評価活動は，実態把握的性格の強いものから価値判断的色彩の強いものまでさまざまである。その基本的性格をみてみると，以下の四つの類型に区別できる。

①実態把握

問題となる領域あるいは側面に関してできるだけ多くの情報を集めようというものであって，情報の次元性や目標到達性の吟味，あるいは対象自体の持つ価値についての値踏みなどといったことには必ずしもこだわらない。具体的には，子ども一人一人の持つ主観的世界をよりよく理解するために個別的面接を行ったり，作文を書かせたりするというものや，成育歴や家庭環境に関する事実を収集するというものなどがこれに当たる。一般に，教育活動を展開していく上での基礎を明らかにするための評価は，ここで言う「実態把握」的性格を持つと言ってよい。明確な形での評価基準を欠いた情報収集活動までも一応「評価」という言葉に含めて考えるのは，志向する目標を前提として情報収集の領域や収集すべき情報の内容が定められてくる，という条件のゆえである。つまり，このような実態把握的活動であっても，それが教育活動との関連においてなされる場合には，その基盤として，目標と実態を結ぶ大局的な次元性が潜在的に含まれていると考えられるからである。

②測定

学習者の諸特性を何らかの次元上において数値的に表示しようとするもの，言い換えるならば，個々の学習者を各特性次元上に位置付けようというものである。典型的なものとしては，標準学力テストや知能検査などいわゆる標準化されたテストがこれに当たる。このような測定的な評価の場合には，評価用具や評価手続の標準化と数値化に当たってどのような論理と基準が採用されているかが重要な問題である。

③目標到達性の把握

特定の教育目標あるいは教授・学習目標群を，それぞれの学習者がどのように達成しているかを表示しようとするものである。巨視的に言えば，最終的な目標到達点と目標志向的活動の開始点とを結ぶ順次的達成系列上に，それぞれの学習者が示す教育成果を位置付けようとするものであり，また微視的には，設定された個々の教授・学習目標をそれぞれの学習者が達成しているかどうか，あるいはどの程度達成しているか，を示そうとするものであると言えよう。最近では，通知表や指導要録における成績評価の場合にもこのような性格付けのはっきりした到達度評価中心の方法に切り換えられつつある。

④査定

学習者の現状について，なんらかの基準に基づき，その価値を妥当な形で値踏み，あるいは表示しようとするものである。その典型的なものとしては，各種の表彰や資格認定などがこれに当たる。

（梶田叡一〔1992〕『教育評価［第２版］』有斐閣双書，4-7頁より引用）

この教育評価の基本的性格の類型をみてみると，評価を行うには何らかの基準を設けることが必要であると考えられる。それは，教育評価が教授学習活動に組み込まれているとすれば，評価活動は設定した教育目標を変えたり指導法や学習活動の展開を変えたりすることと繋がる。このことは，授業改善を進めるために「指導と評価の一体化」として展開されてきたことである。すなわち，

PDCA（Plan-Do-Check-Action）サイクルとしてよく知られている考え方に基づいているのである。基本的性格③に示されているように，教育目標を達成しているかを問うことが，教育評価の主な機能の一つと考えられる。したがって，教育目標を評価基準とすることが必然になる。教育目標を評価基準として捉えるとすると，以下のことをさらに考えていかなければならないだろう。

(1) 教育目標は，学力観，能力観を反映しているか……教育目標として表現されるものは，学習者がめざすべき姿，身に付けるべき能力等である。教育者が考える「学習者にどのようになって欲しいか」という目標は，たんに個人の信念や理想像を示すのではなく，学力，能力に対する考え方が反映された上で，身に付けるべき学力や能力として目標化される必要がある。

(2) 教育目標と学習目標とはどのような関係なのか……教育目標は，教師の側から見た子どもに期待する姿である。教育は教育者によってのみ行われるものではなく，教育を受ける学習者との相互作用の中で行われ，学習者の学習の成果が教育の成果と関連するものとして評価されるというシステムの中で，教育目標は学習者の学習目標とも関係付けられ，整合性があることが好ましい。つまり，教育目標をたてる際，それが学習者の立場からどのように見えるかについても心を配る必要がある。

2　「学力」を評価すること

学校教育の成果を問われると，一人一人の子どもがどのような学力を身に付けたか，が問題とされる。しかしながら，「学力とは何か」ということは簡単な問題ではなく，これまでもさまざまな学力論が展開されてきた。そのことは同時に学力をどのように測定するかという問題でもあったと考えられる。すなわち，学力をどのように評価するか，という問題である。

●小学校の問題例
下のいろいろな物で，電気を通すものはどれでしょうか？
それぞれの物について，どちらかの番号を○でかこんでください。

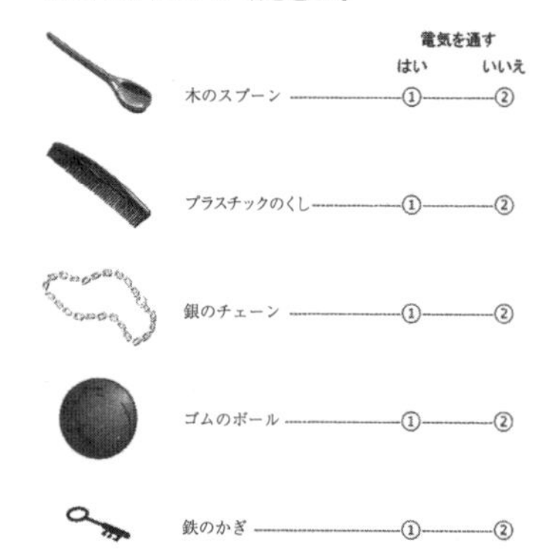

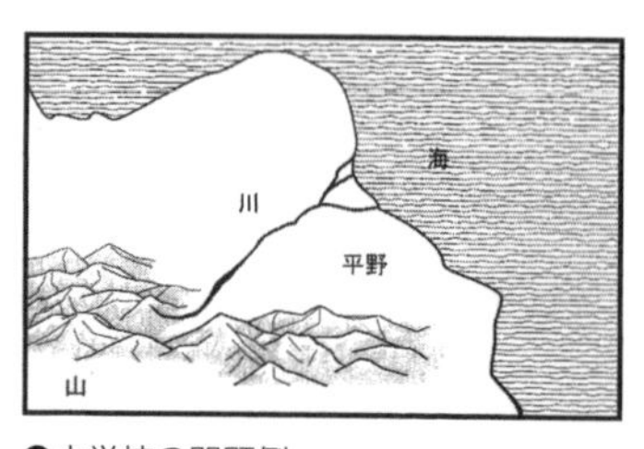

●中学校の問題例
上の地図を見てください。
地図の中に，川が流れている方向に矢印を書き入れなさい。
なぜ川がその方向に流れているのか，その理由を説明しなさい。

図 2-1　TIMSS2015の評価問題例

（出所）国立教育研究政策研究所（2015）

（1）学校教育の成果としての「学力」

学校教育の成果としての学力が低下しているという指摘がなされて久しい。一つは，『分数ができない大学生』（岡部他，1999）として指摘された，学生が高校修了までに習得した学力の低下の問題である。すなわち，教科書を基本とする学習内容・能力の習得レベルが少なくとも学習指導要領に定められたレベルに到達していないということである。また，国際教育到達度評価学会（IEA）において実施されてきた学力の国際比較調査であるTIMSS（Trends in International Mathematics and Science Study，国際数学・理科教育（動向）調査）においても日本の順位は1995年以降低下している。この調査も学校教育で獲得された知識や技能がどの程度習得されているかを評価するものである。

この議論の中で論じられる「学力」の評価基準とは「義務教育での基礎的な学習内容の定着度」であり，この評価基準の背景にあるのは「学習内容を忘れず，問題を解く力が落ちないようにする」という教育目標である。たとえば，図 2-1 に示したTIMSS2015の問題をみていただきたい。学校で学習した内容の習得レベルを評価する問題となっている。

右の「流星体とクレーター」を読んで，下の問いの答えを1つクリックして下さい。

⑴ 流星体が地球とその大気に接近すると，流星体の速さが増します。それはなぜですか？

◎流星体が地球の自転に引っ張られるから。
◎流星体が，太陽の光に押されるから。
◎流星体が，地球の質量に引きつけられるから。
◎流星体が，宇宙の真空空間にはじかれるから。

⑵ 惑星の大気は，惑星の地表にできるクレーターの数にどのような影響を与えますか。

惑星の大気が厚いほど，地表にできるクレーターの数が（選んでください▼）なります。なぜなら，大気中で燃え尽きる流星体の数が（選んでください▼）なるからです。

地球の大気中に突入する宇宙の岩石を流星体と呼びます。流星体は高熱化し，光を発しながら大気中を落下していきます。ほとんどの流星体は，地表に衝突する前に燃え尽きてしまいます。流星体が地表に衝突すると，クレーターと呼ばれる穴ができる場合があります。

図2-2　PISA2015の問題例

（出所）国立教育政策研究所（2016）

（2）現代社会に求められる「学力」――PISA調査

PISAで測られる学力は，前述の学力低下論で問題となった「義務教育での基礎的な学習内容の定着度」ではなく，読解力，数学的リテラシー，科学的リテラシーの3分野について，「知識や技能を，実生活のさまざまな場面で直面する課題にどの程度活用できるか」という基準で測られたものである。この学力観は，OECDのDeSeCoプロジェクトによる「キー・コンピテンシー」の考え方をベースとしている。「キー・コンピテンシー」とは，「異質な集団で交流する」「自律的に活動する」「相互作用的に道具を用いる」の三つであるが，その基盤にあるとされる「リフレクティブネス」(reflectiveness）にも着目する必要があるだろう。さらに，PISA調査では2018年には「グローバル・コンピテンス」が新たに評価として加えられた。PISAにみられる学力観は，15歳児が持っている知識や技能を実生活のさまざまな場面で直面する課題にどの程度活用できるか，ということである。

したがって，このキー・コンピテンシーという学力観は，「子どもたちが将来社会全体として幸せに生きていく，そのために必要な力」であるという教育目標として表現できると考えられる。すなわち，「知識や技能を身に付けるだけでなく，活用することに大きな意義があり，知識や技能を身に付ける力と，身に付けた知識を活用する力の両方を伸ばす」ということである。問題の例として図 2-2 に PISA2015より示しておく。

このように学校教育で培う学力は，どのような社会を考え，また一人一人の子どもがどのように学ぶのか，といったことによって変化してきている。しかしながら，少なくともその学力を測定・評価するためには評価基準となる教育目標を明確にし，どのように評価するかを考えることが求められることになる。

3　評価基準としての教育目標を考える

評価基準として教育目標を明確にすることは，学校教育の成果としての学力を教育目標として表すことである。学力をどう捉えるかは，社会の変化とともに変わっていることは簡潔にみてきたが，教育目標として学力を記述することは，学校教育，あるいは１時間１時間の授業において一人一人の子どもに保障すべき学力を表現することであり，学校教育の説明責任を果たすアカウンタビリティという観点からも求められることである。

そのためには，教育目標をいかに記述するか，を少なくとも義務教育における学校教育の成果として体系的に示す必要がある。それには，評価基準として教育目標を明確化することを意味するとともに，教育目標の体系としての理論的枠組みが必要とされる。

（1）ブルームらの教育目標の分類学（タキソノミー）

教育活動を通じて追求されるべき目標の全体を，学校教育の最終的な目標達成にまで行きつく過程でどのような目標の系列をたどっていくことになるのかという観点から体系的に目標の明確化を図ろうとした試みが，「教育目標の分類学」（taxonomy of educational objectives）である（表 2-1）。

表2-1　教育目標のタキソノミーの全体的構成

6.0	評　価		
5.0	総　合	個性化	自然化
4.0	分　析	組織化	分節化
3.0	応　用	価値づけ	精密化
2.0	理　解	反　応	巧妙化
1.0	知　識	受け入れ	模　倣
	認知的領域	情意的領域	精神運動的領域

（出所）梶田（1983）

ブルームら（Bloom et al., 1956）は，高校修了段階までの教育活動を通じて到達することが求められる教育目標は，認知的領域，情意的領域，そして精神運動的領域の三つに大別されるとした。目標を分類する基準は，教育的妥当性，論理的一貫性，心理学的基盤，の三つであったとされる。さらに，教育目標となるものは当然，社会的に是認されるものでなくてはならないため，この条件に反する行動は目標分類に含まれてはいないこと，また教育的働きかけによる変化の可能性があることを前提に教育目標を設定するため，社会的に是認される行動であっても，自然的で非社会的なものは目標分類に含まれないことが，目標分類の基本的な考え方である。

もっとも具体的なレベルでの目標設定に関しては，できるだけ明確かつ一義的な形でその目標の達成が確認できるよう，外的客観的な目標の形で表現し，それに対応した評価項目例が示されている。このことは，教師が授業あるいは単元の目標を設定するということはその目標の達成をどのように評価するか，ということを考えていなければならないということを意味するのであり，教育目標が評価基準となるだけでなく，どのように評価するか，という評価方法も同時に教師は考えなければならないのである。教育目標の分類学は，教師の目標設定と目標の達成を評価するための基盤になると考えられる。

具体例として認知的領域を詳しくみてみよう。認知的領域は，知識のレベルとそれより高次の知的能力や技能に関わる諸レベルに大別される。知識が基本的には記憶として考えられているのに対し，知的能力や技能は問題などを扱うための体系的な操作方法や一般化された技法に関係するものと考えられる。観点別評価での知識・理解と思考力・判断力として評価観点が示されたことと対応すると言えるだろう。また，認知的領域の六つの下位領域は階層性が想定されている。すなわち，知識を獲得しはじめて理解することが可能になり，理解することができて応用ができるようになるということである。言い換えれば，知的な能力の獲得過程が仮説として想定されている。このように，教育目標の分類学は学校教育において培うべきであると考えられる学力を教育目標としてできるだけ明確に，かつ一義的な形で目標達成が確認できるように表現するだけでなく，学習者がその能力を獲得するプロセスが想定されているのである。

他の情意的領域，精神運動的領域も同様の考え方で作成されている。情意的領域においては，一定の態度・価値観がどのような段階を追って内面化していくのか，という観点から作成されている。言い換えれば，一人一人の子どもの個性化のプロセスにおいてチェック・ポイントとなる点を系統的に設定していると捉えることができる。しかしながら，そのプロセスは我が国にそのまま適用できるプロセスではない。したがって，情意的領域においては興味・関心，態度が中心に教育目標として考えられてきたのであろう。

また，精神運動的領域は技能とも捉えられるが，神経系と筋肉系との間の協応を達成していくことに関わっている。熟達研究における自動化ということと捉えることができるかもしれない。精神運動的領域については決定的な体系が示されてはいないが，最も実際的と言われるダーベ（Dave, 1969）を本章では取り上げている。

（2）改訂版タキソノミー

ブルームら（1956）による教育目標の分類学における知的な能力の獲得過程は，行動主義心理学の影響を受けた学習の考え方に基づいていると思われる。認知科学の台頭とともに新たな学習の考え方が提唱され，それに基づいて認知領域における教育目標の分類学の改訂版がアンダーソンら（Anderson & Krathwohl, 2001）によって作成された。クラスウォール（Krathwohl, 2002）によれば，ブルームらの教育目標の分類学は累積的階層的な枠組みであるのに対し，改訂版タキソノミーは２次元の枠組みである。それは，知識と認知過程との２次元である。知識次元は，ブルームらのタキソノミーの知識の下位カテゴリーにたいへん類似している。具体的には，「事実的知識」「概念的知識」「手

表2-2　改訂版タキソノミーのタキソノミー表

知識次元	認知過程次元					
	1．記憶する	2．理解する	3．応用する	4．分析する	5．評価する	6．創造する
A．事実的知識	特定の議会法令を記憶する（例：タウンゼント法）					植民地の特性を選び，法令への立場を述べる説得力のある論説を書く
B．概念的知識		さまざまな植民地への議会法令の結果を説明する			論説を自分で，あるいは仲間で編集する	植民地の特性を選び，法令への立場を述べる説得力のある論説を書く
C．手続き的知識						
D．メタ認知的知識						

＊下線は，目標を分類する際に注目した点
（出所）Krathwohl（2002）をもとに筆者作成。

続き的知識」「メタ認知的知識」の四つである。認知過程次元は，ブルームの認知的領域のカテゴリーとほぼ対応するが，「総合」に対応する「創造する」と「評価」に対応する「評価する」の順序が入れ替わった階層になっている。改訂版タキソノミーでも知識次元も認知的過程次元も階層構造として組み立てられているが，ブルームの分類学ほど厳密な階層というわけではない。

これら2次元の組み合わせによるタキソノミー表は，目標や活動あるいは評価を分類することに活用すれば，ある特定の授業や単元を明確に，簡潔に，そして視覚的に表現することができる。教師は，その表に基づいて中核的な目標は何か，カリキュラム上どのように関連しているか，あるいはカリキュラム上何が欠けているかといったことを検討でき，指導計画や単元計画，あるいは指導法のどこをどのように改善するかを決定することができる。

具体例として，説得力のある記述を行うことを組み入れたアメリカ独立戦争前の植民地時代の歴史の単元の目標を位置付けたタキソノミー表を示す（表2-2）。

この具体例から考えると，ブルームの分類学が内容目標×能力目標という2次元マトリクスによる目標分析から目標構造図を作成し授業（単元）過程を組み立てようとしたことに対し，改訂版タキソノミーでは内容目標を大きくは四つの知識次元で分類し，認知過程次元，すなわち能力目標との2次元マトリクスであるタキソノミー表による教育目標の明確化を図っていると捉えられるだろう。したがって，教育目標の明確化とそれによる評価基準および評価方法という枠組みはブルームの分類学の枠組みから必ずしも発展しているわけではないと思われる。

（3）タキソノミーと「開・示・悟・入」

ブルームらの示した教育目標の分類学および改訂版タキソノミーは，これを基盤として単元ごとの目標分析を行い，授業設計や形成的評価のために用いるという展開が，教育実践的には大きな意義を持っている。しかしながら，ブルーム自身（1972）が強く主張していたように，文化が異なれば教育目標として重視される点や学校教育の果たすべき基本的役割についての考え方が異なるのは当然であり，我が国の状況に適合したタキソノミーがなくてはならない。情意領域については，とりわけ社会・文化によって大きく影響される。梶田（1980）による「周囲へのとらわれ」から「自己へのとらわれ」そして「とらわれからの解放」という自己解放である人間的成長の軸と調和・一体化志向（没我）と自立・個別化志向（我執）の軸により示された人間的成長の過程を考えるならば，価値観の内面化という軸を中心に組み立てられた情意領域は日本人の成長過程に必ずしも適合していない。かかる問題に対して，梶田（1983）は仏典『妙法蓮華経』方便品にみられる「開」「示」「悟」「入」という内面化のプロセスの切り方に注目し，タキソノミーと対応させている（表2-3）。

それによれば，ブルームの分類学では「開」が一般に扱われていないだけでなく，情意的領域で扱われている「開」は感性自体，意志や自己統制といった

表2-3　開・示・悟・入とタキソノミーの主要次元

主要指導目標		タキソノミーの主要次元		
		認知的領域	情意的領域	精神運動的領域
開	・目を開かせる ・心を耕す		1．受け入れ 2．反　応	
示	・ポイントをわからせる ・一応できるようにさせる	1．知　識 2．理　解	3．価値づけ	1．模　倣 2．巧妙化
悟	・自分なりに納得するところまで持って行く	3．応　用 4．分　析 5．総　合	4．組織化	3．精確化 4．分節化
入	・生活や人柄の一部となるようにさせる	6．評　価	5．個性化	5．自然化

（出所）梶田（1983）153頁。

面が位置付けられていない。それゆえ，梶田（1983）は情意的領域を，さらに「情」と「意」の二つの領域に分けている。また，「開」「示」「悟」「入」は教育指導をしていく際の基本的4段階のことであり，教育の基本原理として尊重されるべきものであると述べ，有島重武氏のメモ「開示悟入に想う」を引用し，「開」「示」「悟」「入」の意味するところを示している。メモでは，ブルームの分類学ではほとんど扱われていない「開」ということについては以下のように述べられている。

「開く」ということについては，衆生の中にもともと生命力があるのだ，仏の知恵，仏の慈悲があるのだという前提があります。あるのだから開いていけばいい，というわけです。衆生が本来持っているものを開き，示す，それを自覚させる，それを通じて，仏の知見と大宇宙の生命の鼓動，人間の生命の鼓動，さらにはもっとミクロな細胞の鼓動に至るまでひとつのつながりになる，そして生きたり死んだり，成長したり行き詰まったり，しながら大きく広がっていく。そういう生命そのものの基本的なあり方を開いていくのだ，ということになります。もともとから中身の詰まっていた箱を開こうということであって，何も中にないからの箱をこじ開けて何か注入しよう，ということではないのです。（中略）

日常私たちは，物を覚え込んでいって，だんだん何かを成就していく，という形をとります。しかし，これは方便です。（中略）仏教の中でも，法華経以前の考え方では，勉強や修行を積み上げてはじめて何かが分かる，ということだったようです。しかし法華経になると，本来備わっている無限の可能性を開いていく，発揮していく，という点が強調されるのです。とりもなおさず「知る」ということであり，「分かる」ということであると考えることはできないでしょうか。開も示も悟も入も，「知る」「分かる」ということのそうしたあり方を言ったものと考えてよいのではないでしょうか。　（梶田，2014，2-3頁）

このように「開」「示」「悟」「入」は，ブルームの分類学に示された目標・指導・評価の総合的な理論的枠組みを，日本的な感覚に根ざす枠組みへと組み換えている。また，タキソノミーによって示される個々の目標や目標間の階層的な関係は，あくまでも現実の学力の分析的把握のための枠組みである。したがって，タキソノミーは子どもの現状や成長の実態を分析的に把握し，位置付ける，という意味での学力評価のために考え出されたものであると捉えられなければならない。

（4）SOLO 分類学

これまで述べてきたブルームの教育目標の分類学を源流とするタキソノミーが仮説構成であるのに対して，SOLO 分類学は現実の子どもの課題に対する反応（Structure of Observed Learning Outcome：SOLO）の分類に基づいて開発された教育目標の分類学である。SOLO 分類学が開発された理由は，デカラージュといわれる同じ発達段階にある子どもでも課題の内容や形式により反応のレベルが異なるからである。すなわち，発達段階は子どもを分類するものであるが，その子どもを分類することでは実際の学校教育においてさまざまな教科領域で特定の内容を教えるためには意味がないことになる。それゆえ，特定の課題への子どもの反応を分類することが必要なのである。SOLO 分類学は，制限付きでピアジェの発達段階説を受け入れながらも，構造主義ではなく情報処理能力という観点から発達を考える新ピアジェ派の発達理論をベースとしている。さらに，学習の評価は一つの教授モデルの中に組み込まれ，教授目標あるいは

表2-4　認知発達段階と反応の種類（SOLO）

発達段階（最少年齢）	SOLOの種類	1 容　量	2 操　作	3 一貫性および閉鎖性
前操作（4～6）	前構造	最小：手がかりと反応が混同されている	否定，同語反復，転導推理，特定のものに縛られている	一貫性の必要性を感じていない。 問題を考えもせずに閉鎖する。
具体的初期（7～9）	単構造	小：手がかり＋一つの関連データ	一つの側面によってのみ「一般化」が可能	一貫性の必要性を感じず閉鎖が早すぎる。一つの側面に関してだけで結論を出すために非常に一貫性に乏しい。
具体的中期（10～12）	重構造	中：手がかり＋孤立した関連データ	少しの限られた独立した側面によってのみ「一般化」が可能	一貫性はあるが，孤立したデータに基づいての閉鎖が早いために矛盾も起こりうる。同じデータから違う結論が出ることもある。
具体的一般化（13～15）	関係的構造	大：手がかり＋関連データ＋相互関係	帰納：関係のあるいくつかの側面を用いて与えられている文脈内で「一般化」が可能	そのシステム内では一貫性があるが，閉鎖が独自のものなので，システム外では矛盾が起きる。
形式的操作（16＋）	拡張抽象	最大：手がかり＋関連データ＋相互関係＋仮説	演繹と帰納：経験されていない状況への「一般化」が可能	矛盾はなくなる。結論は開放性で論理的に可能な別の道を認めている。

（出所）Biggs & Collis（1982）に基づく，岩田（1984）69頁を改変。

教師の意図にどれほど到達したかという目標に準拠した評価でなければならないとする（Biggs, 1976）。それは，発達段階は，子どもに何が教えられるか，どんな反応が期待できるかという情報を提供するだけなのであるが，教師の関心は子どもの課題への反応の構造（SOLO）にあり，どのような教授行動によって子どもの何がどのように変えられるか，にあるからである。

SOLO分類学は，学習成果の構造の複雑さのレベルによって，子どもの反応を分類し，評価する体系である。構造の複雑さは，容量（情報処理能力），操作の種類，一貫性および閉鎖性（closure）の次元で決定される。容量とは，必要な作業記憶の量あるいは注意の範囲である。反応のレベルが高くなるほど，要求される処理する情報量が増え，同時に多くのことに注目しなければならない。操作とは，手がかりと反応とを相互に関係付ける方法である。最後に，閉鎖性

表 2-5　理解のレベルと学習の成果（SOLO）

レベル	学習の成果	使用される動詞
前構造	バラバラの情報が示されているだけで組織化されていない	
単構造	単純な概念の構造が一つの関連事項として示されている 他の構造に対する意味などは示されていない	定義する 同定する，など
重構造	複数の独立した概念の構造が示されているが，まとまっておらず，それぞれが全体に対してどのような意味を持つのかが示されていない	描写する 説明する，など
関係的構造	複数の概念の構造が結びついており，全体としての意味まで示されている	並べ替える 比較対照する，など
拡張抽象	結びついた概念の構造が示すものを一般的な話として，他の領域の概念の構造にも当てはめたり，繋げたりして考えることができる	一般化する 仮説を立てる，など

（出所）Hook & Mills（2011, 2012）より筆者作成。

とはともかく何がしかの結論を出すことであり，一貫性とはデータと結論，結論同士の矛盾がないことであり，それゆえ閉鎖性と一貫性は競合関係にある。子どもの反応（学習成果）は，これらの次元により前構造から，単構造，重構造，関係的構造，拡張抽象のレベルへと単純な構造から複雑な構造に分類されることになる（表 2-4）。

SOLO 分類学を用いるには，教師は授業実践を行い，意図する反応が期待できるような方式で課題あるいは質問を課す。その方式はオープン・エンドな方式が多い。それら子どもの反応を，教師が課した課題の課題分析により明らかにされた適切な構成要素，関連概念，原理に基づいて SOLO 分類学のレベルにしたがって評価を行うということになる。たとえば，知識や技能の理解の深さを測る指標として学校教育の中で SOLO 分類学用いたフックやミルズ（Hook & Mills, 2011, 2012）は，理解の程度によって学習アウトカムの構造化のレベルが異なり，理解のレベルが上がることによって使用する動詞が「定義する」や「同定する」から「一般化する」「仮説を立てる」「理論化するなど」に変わるとして表 2-5 のような理解レベルと学習成果との対応を示している。

（5）教育目標の分類学と教育評価

タキソノミーが開発され，教育目標が具体的で明確に示され，基準に準拠した評価が学校においても行われるようになった。また，到達度評価において基準をさらに細分化する教育目標に対する到達度を測定するためにルーブリックによる評価が提唱された。ルーブリックとは，学習の到達度の度合いを示す数値的な尺度とそれぞれの尺度にみられる認識や特徴を示した記述語からなる評価指標である（表2-6）。ルーブリックは，ブルームによる教育目標の分類学の発展と捉えられているようであるが，ルーブリックによる評価と教育目標の分類学による評価基準に基づく評価とは基礎となる考え方が異なる。タキソノミーは，認知領域では人間の思考・判断のプロセスを教授学習過程としていかに実現するかという考え方に基づいている。一方，ルーブリックは観点としては教育目標の分類学に基づいているようであるが，それぞれの観点ごとには教育測定の考え方（評価における信頼性）が強く反映していると捉えられる。それゆえ，教育目標の分類学では，たとえば，認知領域の下位領域ごとにルーブリックにみられる尺度（レベル）を設けることはできないことになる。したがって，ルーブリックによる評価とこれまで示してきた教育目標の分類学とは似て非なるものである。

それでは，これまでみてきたいくつかの分類学はどのような関係があるのだろうか。これに関して，岩田（1984）は，子どもの発達と学習という視点からSOLO分類学，ブルームの分類学に加え，ガニエの知的技能そしてギルフォードの操作の種類を取り上げ，それらの関係を整理している（表2-7）。必ずしもそれぞれの段階がきちんと対応しているわけではないが，子どもの学習と発達の過程を教える側からのプロセスと対応付けられていると捉えてもよいと思われる。すなわち，教育目標の分類学は子どもの認識の発達あるいは学習として捉えられる発達を位置付けていると考えられる。すなわち，SOLO分類学では関係的反応から拡張抽象反応へと展開していくことが発達段階の移行であり，それは子どもが他の分類学での「総合」「問題解決」「拡散的思考」ということができるようになれば発達の移行が起こるということである（岩田，1984）。ブ

表 2-6　ルーブリック表の例

			〈教師・児童生徒用〉資質・能力ルーブリック			
			レベル1 概ね小1～2	レベル2 概ね小3～4	レベル3 概ね小5～6	レベル4 概ね中1～3
学びに向かう力・人間性	主に【目指すべき目標の・評価基準の設定】【主に主体的な学びの視点】との関わり	自律的活動（好奇心）	・身の回りのことについて，「知りたい」「不思議だな」と思う。 ・「なぜ？」「どうして？」と言葉に出して尋ねたり，自分で調べてみたりする。	・身の回りのこと以外にも興味が広がり，「できるようになりたい」「知りたい」「わかりたい」と思う。 ・興味を感じたことにとことん取り組む。	・知ることや考えることを楽しむことに加え，興味を感じたことを，さらに探求や目標につなげていくようになる。 ・興味の範囲や深さが増す。 ・自分の興味の対象について没頭する。	・自分にとっての学ぶ意味や興味のある分野を発見する。 ・興味の範囲や深さが増す。
		自律的活動（目標を持つ）	・自分が達成したいことへの見通しや意思を自覚するようになる。（比較的短期のこと）	・自分の中に意識づけられた目標を持ち，達成したいと思う。（レベル1よりも中長期的な達成意識）	・自分の日々の生活や学習活動の中で，自分なりの意味や目的を持つようになる。	・自分の日々の生活や学習活動の中で，自分なりの意味や目的を持ち，（具体性，可能性）も加味して目標を持つようになる。
		自律的活動（挑戦）	・自分の得意・不得意を自覚しながら，できることは進んで挑戦する。 ・失敗しても大丈夫だと感じて，少し苦手なことにも挑戦してみる。	・未経験なことや少し難しく感じたことでも挑戦してみる。	・自分にとって難しいことでも挑戦しようとする。 ・行動することの価値を知り，行動してみる。	・自分をより高めようとする気持ちを持ち，目標を持って挑戦する。 ・目標に挑戦しながらも，理想と現実のギャップを理解しながら取り組もうとする。
	主に「主に対話的な学びの視点」「深い学びの視点」との関わり	自己理解（主体性・自立）	・自分のやりたいこと，良いと思うことなどを考え，進んで取り組む。 ・自分の考えたことを，人に確認しながら（必要なヒントはもらいながら）実行する。	・自分で決めて，自分で行ったという「気持ちよさ」を認識し始める。	・自分なりの価値観が芽生え，主張・行動をし始める。	・人の考えも聞きながら，自分で判断して行動しようとする。 ・保護者に何かをしてもらうという依存から，徐々に卒業する。
		文化理解・社会倫理	・具体的な活動や体験を通して，ごく限られた身近な家族や身のまわりの生活の範囲において，関心を示す。（学校とその周りの地域社会）	・関心の対象が具体的に見える範囲以外にも広がり，それらに関心を示す。（地域／市や都道府県）	・関心の対象が日本全体や外国・世界など直接観察しにくい対象や範囲に広がり，それらに関心を示す。	・外国と日本を，共通点，相違点，関係性などの視点で捉えようとする。 ・事柄の意味をさまざまな立場や視点から捉えようとする。 ・自分が所属する社会に貢献したい気持ちを持ち，何ができるか考え始め，組織でできる活動に参加する。
	主に「深い学びの視点」「学びの評価・振り返り」との関わり	学習観	・できないことでも学習したり努力したりすれば，少しずつできるようになることを知る。 ・わかること，できることが「おもしろい」と感じることができる。	・学ぶことを通して，それが他のことに役立っていることや，自己の成長を実感し，学習の大切さを感じる。 ・学習によって，自己の能力は伸ばすことができる意識を持つ。（成長マインドセット） ・模倣や失敗からも学べることを理解する。	・学習によって，自己の能力は伸ばすことができる意識を持つ。 ・結果だけでなく，途中のプロセスも大切であることを理解する。	・学習は自分で高めていけるものだと考え，その目的に向けて成長していく意識を持つ。 ・なぜ，勉強するのかを考え始めている。

（出所）戸田市教育委員会（2017）より一部引用。

表 2-7　観点の異なる各分類学間の関係

SOLO 分類学（Biggs）	タキソノミー（Bloom）	学習成果（Gagne）		知　能（Guilford）
前構造				弁　別
単構造	知　識	具体概念	言語情報	記　憶 認　知
重構造	理　解	定義概念	言語情報	認　知
関係的構造	応　用 分　析	ルール	認知的方略	認　知 集中的思考
拡張抽象	総　合 評　価	問題概念	認知的方略	拡散的思考 評価

（出所）岩田（1984）74頁。

ルームの分類学では，子どもがこれまで学んだ知識を結合して一つのまとまったパターンや構造を構成することができ，また，それらを目的に照らして評価できるようになると，子どもは次の段階へと成長していくことができる。したがって教育目標の分類学は，教える側が意図する学習の到達度を明確化すると同時に，子どもの実態・成長を子どもの発達段階に位置付ける枠組みであると考えるべきである。

4　子どもの学習をすべて評価できるのか

教育評価において，教師による評価は子どもの学習をすべて評価することができるのかという問題がある。これまで述べてきたPDCAモデルに基づく指導と評価の一体化という考え方だけでは，子どもの学習をすべて評価できない。教育目標を明確化し，その目標を評価基準として子どもの達成度を評価することは，教える側の論理としてアカウンタビリティ（説明責任）という点からも重要なことであるが，現実の授業や学校生活の中で子どもは教師の意図しないことも多く学んでいる。そして，その学びは子どもの成長発達にとって重要な意味を持つものである。一人一人の子どもの学びに即した授業や教育実践を展開することは，学校教育の目標を定め，その方向性の中での現実の子どもの学びを評価することが求められる。それを具現化するアプローチの一つが学校を基盤としたカリキュラム（School-based Curriculum）である。そこでは，ゴールフリー評価が中心となる。

（1）ゴールフリー評価

ゴールフリー評価は，これまで述べてきた目標分類に基づく目標の明確化，そして基準に準拠した評価である到達度評価とは異なった評価である。学校を基盤としたカリキュラム開発（SBCD）の二つのアプローチを示したアトキン（Atkin, J. M.）によれば，SBCDには羅生門的アプローチが必要であり，そのアプローチにおける評価のあり方がゴールフリー評価であると述べている（アトキン，1975）（表2-8）。前節で述べてきた教育目標の明確化に基づく基準に準拠した評価は，カリキュラム開発のアプローチでは工学的アプローチに位置付けられるが，ゴールフリー評価においても学校教育あるいはカリキュラムの一般目標を設定するまでは同じである。羅生門的アプローチでは，一般目標をより明確にするのではなく，目標からはいったん離れた子どもの学習に関する記述が求められる。目標が何であったにせよ，その教授・学習活動によって引き起こされたすべての出来事（events）を観察し記述することが求められる。その記述を，一般目標に照らして教師だけでなく子ども，保護者，あるいは異なる視点を持つさまざまな人々による評価を行い，それらの評価も尊重する。さまざまな視点による認識（評価）の相対性を認めるために，このアプローチは羅生門的アプローチといわれる。このアプローチは，間主観的アプローチということもできるだろう。

ゴールフリー評価の考え方の基盤には，カリキュラムの評価には意図された結果だけではなく，意図されていなかった効果，あるいは気づかれさえもしていない効果，といったことが重大な教育的意義を持ちうるという考えがある。その考えには，明確化した目標を達成するために効率だけを追求するという「目標潰し」といわれるような授業に陥らないということがある。

表2-8　工学的接近と羅生門的接近の対比

工学的接近（technological approach）	羅生門的接近（rashomon approach）
一般的手続き	
一般的目標（general objectives） ↓ 特殊目標（specific objectives） ↓ 行動的目標（behavioral objectives） ↓ 教材（teaching materials） ↓ 教授・学習過程（teaching-learning processes） ↓ 行動的目標に照らした評価（evaluation based upon behavioral objectives）	一般的目標（general objectives） ↓ 創造的教授・学習活動（creative teaching-learning activities） ↓ 記述（description） ↓ 一般的目標に照らした判断評価（judgement against general objectives）
評価と研究	
目標に準拠した評価 一般的な評価枠組み 心理測定的テスト 標本抽出法	目標にとらわれない評価 さまざまな視点 常識的記述 事例法
目標，教材，教授，学習過程	
「行動的目標を」「特殊であれ」 教材のプールからサンプルし，計画的に配置せよ 規定のコースをたどる 教材の精選，配列	「非行動的目標を」「一般的であれ」 教授学習過程の中で教材の価値を発見せよ 即興を重視する 教員養成

（出所）文部省（1975）

（2）ポートフォリオ評価

ポートフォリオ評価におけるポートフォリオとは，子どもの作品や自己評価の記録，教師の指導と評価の記録などを系統的に収集したファイルなどのことである。西岡（2003）によれば，ポートフォリオには3タイプある。基準準拠型，基準創出型，最良作品集型である。基準準拠型ポートフォリオは，教師があらかじめ設定した評価基準に基づいて子どものさまざまな学習活動の記録を収集していく。一方，最良作品集型ポートフォリオは子どもが自分自身にとって重要な作品を自由に選んで収集していく。基準創出型ポートフォリオは，教師と子どもとによって，収集した学習活動の記録のどの資料を残していくかを決めていく。ポートフォリオ評価は，教育目標の明確化による目標に準拠した評価においてより多様な評価情報を活用することができるということだけでなく，子どもの視点に基づき，子どもに意味ある資料が蓄積される。このことによって，ゴールフリー評価における教師による記述をさらに厚い記述にすることができるかもしれない。すなわち，教師が記述した資料をさまざまな視点から評価するだけでなく，教師が記述しなかった，あるいは記述できなかった一人一人の子どもの視点からの資料も評価対象となるということである。

ポートフォリオ評価は，知識やスキルを使いこなす（活用・応用・統合する）ことを求める評価方法であるパフォーマンス評価と関連付けられているが，まさに子どもの学習過程の成果を一人一人に即してできる限り評価しようとするためには不可欠なアプローチと思われる。したがって，この評価はポートフォリオをさまざまな視点から検討し解釈することが求められる評価であり，教師と子どもとの協働によってはじめて成り立つ評価であるだろう。

5　自分自身を高める評価の役割とは

（1）自己評価の考え方

これまで教育評価では教育目標を明確化し，それを基準として教授・学習を評価していくことが教育活動において重要であることを述べてきた。しかしながら，一人一人の子どもの学習を教師など子どもの外側からすべて評価（外的評価）できるわけではないことも示してきた。したがって，一人一人の子どもが自らの学習を評価することができることが求められることになる。人間教育という視座から，自らが設けた評価基準，つまり教育目標に基づいて自らを評価することが重要である。

自己評価は，「関心・意欲・態度の評価」が課題とされて以来，自己評価活動として授業に位置付けられるようになってきた。それは，情意領域の評価などは子ども一人一人が自分自身で点検・吟味することが教師にとって手軽で便

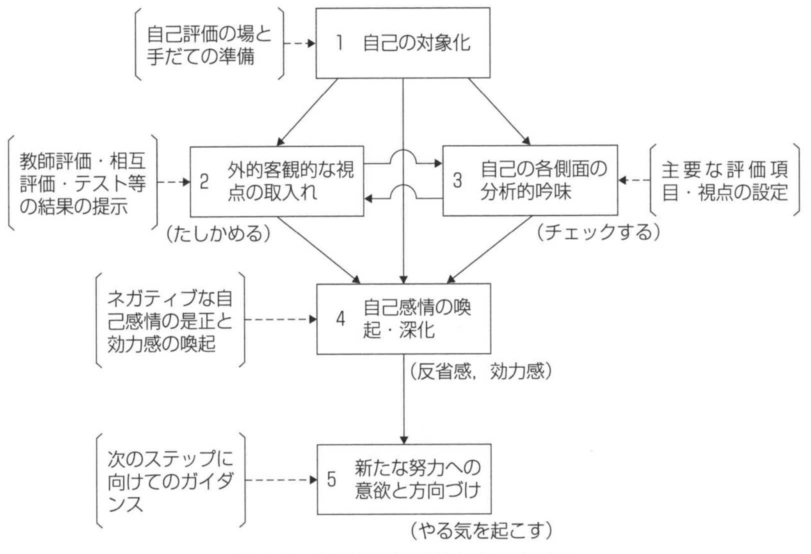

図 2-3　自己評価的活動の心理的過程

（出所）梶田（1983）より。

利な評価手法ということかもしれない。しかしながら，自己評価は教育そのものの重要な手立てとして，とくに人間形成の上で土台になる部分の教育を進めていくための手立てとして，本質的な意味を持つであろう。すなわち自己評価は，人間教育を進める上で以下に示すような意味を持つのである（図 2-3 参照）。

①　自己評価が自分自身を振り返って自分なりに吟味してみる機会を提供する

②　外的な評価の確認を伴った形でなされるならば，独りよがりでない客観的な妥当性を持つ自己認識を成立させていく上で貴重なきっかけを与えてくれるものになる

③　自己評価のために設定された項目や視点に沿って自分自身を振り返ってみることによって，自分のあり方を分析的に吟味し，これまで意識していなかった面に新たに気づき，またそこに潜む問題点があれば，それをはっきりさせることができる

④　自己評価は自己感情を喚起し，深化する

表 2-9　自己評価すべき主要な側面

主要な評価側面	項目・視点の内容例
1．授業・活動への参加状況	・頑張ってやった　・工夫して取り組んだ　・面白かった　・満足した
2．向上・成長の状況	・〜ができるようになった　・〜がわかるようになった ・〜を感じ取れるようになった ・これからもさらに〜をやっていきたい
3．学習に関する習慣・態度	・予習をやっている　・あまり気を散らすことなく勉強できる ・復習をやっている　・嫌なことでも必要なことなら頑張れる
4．対人関係のあり方	・先生によくわかってもらっている　・親によくわかってもらっている ・よくわかってくれる友だちがいる ・気の合わない友だちとも何とか協力していける
5．自分自身の全体的あり方	・今のままの自分でよいと思う　・明るい将来が待っていると思う ・自分に自信と誇りを持っている　・〜の点ではもう一人前だと思う

（出所）梶田（1983）より一部抜粋。

⑤　一人一人が自分の次のステップについて新たな決意，新たな意欲を持つ

このように自らを成長させていくために自己を評価できるには，具体的には学校教育の場でどのように自己評価活動を行っていけばよいだろうか。人の成長・発達にとって自己を評価することは多面的であり，学校教育の場で自己のすべての側面を評価できるわけではない。それゆえ，少なくとも表 2-9 に示す五つの側面を自己評価する対象として考えておきたい。

まず，授業や活動への参加状況である。頑張ってやったか，工夫して取り組んだか，面白かったか，あるいはその授業や活動に満足したか，ということが評価の視点になる。さらに，それらの評価を踏まえて「次の授業や活動では〜するようにしたい」という次への意欲や目標まで考えることができるように支援することも求められる。次に，自分がどれだけ向上したか，成長したか，である。これは，教師があらかじめ設けた目標を基準に子ども自身が自らの現状を評価することや自分なりに設定した目標を基準に評価することである。いずれにせよ，子どもは「〜ができるようになった」「さらに〜をやっていきたい」というように，設定した基準に達成しているかどうか，あるいはさらにやっていくべきことを評価することになる。第三の側面は，学習に関する習慣や態度

である。具体的には，予習や復習をきちんとやっているか，といった家庭学習の評価や積極的に嫌なことにも取り組むか，という学習におけるセルフコントロールといったことを評価することになる。第四は，対人関係のあり方である。先生によくわかってもらっているか，よくわかってくれる友だちがいるか，あるいは親によくわかってもらっているか，のように教師との関係，親との関係，友人との関係のあり方を評価することになる。協働的な学習においては，とりわけ対人関係が重要になることを考えると，社会的スキルとして問題とされるだけでなく学習の基盤として対人関係は自己評価の重要な側面の一つである。最後に，自分自身の全体的なあり方があげられる。たとえば，自分の現状に満足なのか，自分自身に自信と誇りがあるのか，自分には明るい将来が待っていると思うのか，といった自己概念あるいは自己意識のあり方を評価することである。

（梶田叡一〔1992〕『教育評価［第2版］』有斐閣双書，183-192頁より抜粋・要約）

（2）人間教育における評価

このように評価基準としての教育目標を考えてみるならば，一人一人の子どもが自らの評価基準を創り上げ，その基準を絶えず変えながらも自らの学習を評価していくことが人間教育に求められる評価ではないだろうか。そのために，教える側は少なくとも社会において求められる学力を想定し，その学力を評価する基準を示すために教育目標の分類学に基づく教育目標の明確化をはかっていかなければならない。さらに，子どもの学びは多面的であり，その学びの経験が一人一人の自己を形成していくことに意味があるために，その学びをできるだけ評価できるようにしなければならない。それが，ゴールフリー評価やポートフォリオ評価の本来の意義であるだろう。たとえば，鈴木（2000）が指摘するポートフォリオ評価の4機能，①子どもが達成したことが何であるかを子ども自身に明確に伝え，②どうしてそれが高く評価されることなのかをわからせ，③子どもの達成感や自尊心，あるいは自己効力感を高め，④次の課題が何であるかを示して自分の学習活動をコントロールするためのメタ認知を育てることを意図するものである，とはその本来の意義を述べたものであろう。

したがって，評価基準としての教育目標を考えるとは，一人一人の学習者が自らの学習をきちんと評価し，次の学習を考え実行していくことができるようになるためのプロセスとして，教える側からは社会で必要とされる知識や技能を評価するための基準が教育目標として示される，また一人一人の学習者が自己評価と示された評価基準とを比べることによって自己評価が妥当であるかをチェックできるような機会を設ける，といったことが教授学習過程に組み込まれるということである。加えて，ゴールフリー評価やポートフォリオ評価も教授学習過程に組み込むことによって学習者が自らの新しい側面を発見したり自らの考え方（価値観や信念など）に気づいたりすることになるだろう。

このように，人間教育を促していく評価とは，教授学習過程において自らの評価基準に照らして自らの学習を評価し，「次に何をすべきなのか」と考えていくことができるように，教師による評価，仲間による評価，自分自身による評価など，多面的にかつ多次元的な評価を経験することを保障することが求められる。結果として，一人一人の学習者は絶えず自らの評価基準を問い直し，その時点その時点での評価に基づき自らの成長を図っていくことができるのである。

さらに学びたい人のための図書

梶田叡一（2010）『教育評価［第２版補訂２版］』有斐閣　初版（1983）の改訂版。

▶教育評価についての包括的な理論や考え方がわかりやすく書かれた教科書と位置づけられる必読書。

B. S. ブルーム他／梶田叡一他訳（1973）『教育評価法ハンドブック――教科学習の形成的評価と総括的評価』第一法規出版。

▶教育目標の分類学及び形成的評価が示され，到達度評価では必読書。実践には学習評価法ハンドブックも必読。

永野重史（1984）『教育評価論』（教育学大全集24）第一法規出版。

▶スクリバンの形成的評価を含め，教育評価についてブルーム理論以外にも包括的に示された書。

佐伯胖（1982）『学力と思考』（教育学大全集16）第一法規出版。

▶認知科学の視点から，学力研究のこれまでと認知プロセス（思考過程）を中心とした論考。

引用・参考文献

Anderson, L. W. & Krathwohl, D. R. (2001) "A revision of Bloom's taxonomy of educational objectives," *A Taxonomy for Learning, Teaching and Assessing*, New York: Longman.

アトキン，J. M.（1975）「カリキュラム開発における教授・学習過程と評価」文部省『カリキュラム開発の課題――カリキュラム開発に関する国際セミナー報告書』154-161。

Biggs, J. B. (1976) "Educology: The theory of educational practice," *Contemporary Educational Psychology*, 1(3), 274-284.

Biggs, J. B. & Collis, K. F. (1982) Evaluating the quality of learning: The SOLO Taxonomy, New York: Academic Press.

Bloom, B. S., Engelhart, M. D., Hill, W. H., Furst, E. J., & Krathwohl, D. R. (1956) "Taxonomy of Educational Objectives: The Classification of Educational Goals," Handbook 1: Cognitive Domain., New York: David Mckay.

ブルーム，B. S.（1972）「インタビュー：ブルーム教授に教育評価理論を聞く」『学校経営』9月号（インタビュー 梶田叡一）。

Dave, R. H. (1969) "Taxonomy of Educational Objective and Achievement testing," In K. Ingenkamp ed., *Educational Testing*, London: Unix Press.

Hook, P. & Mills, J. (2011) SOLO Taxonomy: A Guide for Schools Bk 1: A common language of learning. Laughton, UK.: Essential Resources Educational Publishers Ltd.

Hook, P. & Mills, J. (2012) SOLO Taxonomy: A Guide for Schools Bk 2: Planning for differentiation, Laughton, UK.: Essential Resources Educational Publishers.

岩田茂子（1984）「認知発達理論の教育評価への応用――SOLO 分類学」『慶應義塾大学大学院社会学研究科紀要　社会心理学教育学』24，67-75。

梶田叡一（1980）『自己意識の心理学』東京大学出版会。

梶田叡一（1983）『教育評価』有斐閣双書。〔梶田叡一（1992）『教育評価［第2版］』有斐閣双書〕

梶田叡一（2014）「「開」「示」「悟」「入」の教育思想とその実践化」『人間教育学研究』第

２号，1-8，奈良学園大学。
国立教育政策研究所（2015）「国際数学・理科教育動向調査（TIMSS2015）のポイント」［https://www.nier.go.jp/timss/2015/point.pdf］。
国立教育政策研究所（2016）「OECD 生徒の学習到達度調査〜PISA2015年調査問題例〜コンピュータ使用型・科学的リテラシー問題」［https://www.nier.go.jp/kokusai/pisa/2015/04_example.pdf］。
Krathwohl, D. R. (2002) "A Revision of Bloom's Taxonomy: An Overview," *Theory Into Practice*, 41(4), 212-218.
文部省（1975）『カリキュラム開発の課題――カリキュラム開発に関する国際セミナー報告書』文部省大臣官房調査統計課。
西岡加名恵（2003）『教科と総合に生かすポートフォリオ評価法』図書文化。
岡部恒治・戸瀬信之・西村和雄（1999）『分数ができない大学生』東洋経済新報社。
鈴木克明（2000）「中学校での総合的な学習の時間を考える（３）：総合的な学習の時間をどう評価するか〜ポートフォリオ，フィードバック，アカウンタビリティ〜」『放送教育』54(6)，44-45。
戸田市教育委員会（2017）「戸田市版アクティブ・ラーニングに関する実践研究　事業完了報告書」［https://www.city.toda.saitama.jp/uploaded/life/61813_113278_misc.pdf］。

第3章

授業の評価

河野麻沙美

1 「授業の評価」を支える行為

(1) 評価の前に——「授業を見る」

授業の評価を行う際には「観察」という手法を用いることが考えられる。それが授業評価の全体にどれほど寄与するのか，観察で得られる記録がどのようなものなのか，などにはさまざまな考えがあるにしても，授業観察を抜きに授業を評価することは考えづらい。おおよそ共有できる評価手法の一つが観察であるといえる。しかし，この観察という手法にも多様性がある。たとえば，ランパート（Lampert, 2001）は，授業を構成する要素として，教師（teacher）・学習者（learner）・内容（content）の三者を同定し，三角形でその関係を示している（図3-1）。我々は授業を観察する際に意識的に，もしくは，無意識のうちに何らかの評価の視点を持っている。これら三つの要素をもって，授業という営みが成立すると考えると，この枠組みを参照すると自分の視点や関心がどこにあるのか，その判断をどの要素から始めているのかといったことを自覚的に，また，分析的に見直すことができる。このように，ランパートの枠組みは，評価の焦点の所在が多様にあることを明らかにしてくれる。つまり，観察者が何に関心を持ち，授業という営みをどのように捉えているのかという認識によって，同じ空間で同じ授業実践を見ていても，その観察の焦点は異なる対象に向けられている可能性を示唆しているのである。

観察時に，教師のふるまいや発言，指導法に着目するのか，学習者の発言や

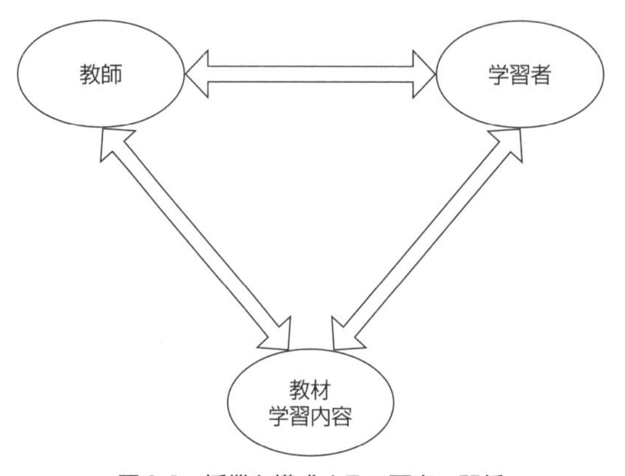

図3-1　授業を構成する三要素の関係

（出所）Lampert（2001）

理解に着目するのか，教材や指導法の効果に焦点をあてるのか，といった授業を観察・評価する側の関心に強く影響を受ける。これらの三つの要素を分析視点にすると，観察者の中心的なテーマが顕在化する。しかし，授業をより深く理解しようとする実際においては，また，さらにより詳細・緻密に観察しようとした場合には，一要素だけを他の要素と切り離して取り出し，理解するということはむしろ困難なことであるに気づく。たとえば，教師の発言やふるまいをとりあげれば，その教師はどのような子どもの発言に応答したのかを捉えようとし，やりとりの文脈を捉えようとするだろう。また，教材の有用性を検討しようとする際にも，それを使用した教師はこの教材や内容をどのように理解して指導しているのか，というような授業者の背景を含みこんだ視点が生まれてくる。このように観察の対象を明確にし，より詳細に授業を捉えようとすると，授業という営みを構成する三つの要素は複雑に絡み合っており，その様相を語るときには三つの要素が相互に影響していることを無視できない。

観察に影響を与えるのはこうした関心の違いであり授業の評価に際しての心理的ポジショニングの違いとなる。加えて，観察時に教室などの空間でどこにいるのか，という空間的ポジショニングの違いで，評価につながる観察が変わってくるのである。次項では，授業の評価に先立って行われる，観察，「授業を見る」という行為に着目し，空間的ポジショニングと心理的ポジショニングの違いで生まれる授業評価の前提としての観察を考える。

（2）「授業を見る視点」

授業を観察する際に，どの位置から何を見るのかという空間的ポジショニングによって観察を通して得られる情報が変わってくる。また，教師の指導行為に関心があるのか，それとも，児童生徒の学習に関心があるのか，それとも，よりダイナミックな教室という場で生起する事象を見出したいのか，などの関心や目的によって観察対象が異なる。このポジショニングが異なることで，同じ授業を見ていても抽出される情報は変わる。そして，これらは相互に影響を与え，受けながら，授業に期待する「学び」の捉え方にも反映されてくる。まずは空間的なポジショニングによって，どのような情報が得られるのかを，立ち位置とその視界のとり方に着目して解説する。

教室の後方から教室前方にある黒板や教師と対面するような位置から授業を観察する際には，黒板にかかれている内容や教師のふるまいが中心となる視界となる。保護者参観や教育実習時の実習生がとる位置取りに近い。これを同じ位置から座位となると，子どもたちの，とくに後方に着席している子どもたちの視界と類似してくる。視界の中心は，黒板や教師の動きとなるが，後方に着席する子どもたちの視界が，前方に着席している他の子どもたちの頭部によって遮られている様子が分かる。

また，観察時の立ち位置を教室の窓際とした場合には異なった光景が見えてくる。教室前方から後方に視線を与えると，子どもたちの表情が見えてくる。比較的ではあるが，教師からの視界に近い。一方，同じ立ち位置で教室前方に視界をとると，黒板はより近くに見え，教師の動きがよく見える。しかし，この視覚をとると，最前列に座る子どもがかろうじて捉えられるだけとなる。このように，授業を見る際に，空間的ポジショニングと視界の設定で観察者が得られる情報に影響を与える。

次に，心理的ポジショニング，つまり，観察者が何を見ようとしているのか，授業という営みの中で何に関心があるのかによっても得られる情報が異なる。とくに観察時には視界から入る情報だけでなく，発話や相互作用の様子，教室の関係性や雰囲気といった洞察的な情報にも影響を与える。

教師のふるまいに関心があれば，教師の言動に意識が向き，その発言の仔細や視線といった行為の機微に目が向く。とくに教師の場合は，黒板に何を書いたのかといった板書に着目したり，子どもの発言をどのように拾ったか，といった教師を中心としたやりとりやその影響（相互作用）の様相を捉えようとする。一方，子どもに関心があれば，子どもの発言や視線，ノートへの記述に着目したり，子ども同士のやりとりや相互作用を中心に観察していく。関係性に着目して相互作用そのものを捉えようとする視点もあれば，協働的な学習の過程に着目し，他者とのやりとりが学習対象の理解深化にどのような影響をもたらしたのか，といった視点もある。

教室での観察の際に，空間的ポジショニングは，心理的ポジショニングに影響を与えるし，その逆もある。つまり，教師がよく見える位置にいることで，教師への関心が高まるということもあるし，子どもの表情がよく見える位置にいることで子どもの学習に意識が向くようになることもある。授業を見る際に，自身の関心や観察の目的に対して意識的になることによって適切な空間的ポジショニングをとることができ，自らの観察視点に意識的になることで心理的ポジショニングとしての関心の所在を明らかにすることができるのである。

（3）授業に求める「学びの成果」は何か

授業には，教科等のねらいがある。一方で，教科等の学習対象や内容の理解だけがめざされているのではなく，集団や他者との関わりの中で生じる社会性に関わる学びも授業では生起している。こうした学びの目標が輻輳し，多層化して授業は成立しており，学習形態や学習環境，授業観，教師や学習者の特性などが複雑に絡み合い授業という実践は構成されている。

近年，対話を通した学習や協働的な学習の在り方に対する学術的・実践的関心は高まり続けている。とくに学習者間での相互作用（やりとり）を通して学習をすすめる授業の在り方が注目される。授業での学びの様相や詳細な過程を明らかにするために，教室でのやりとり（教室談話）を分析する研究から，さまざまな知見が蓄積されており，授業過程の分析・評価が行われている。

この授業のねらいについて，対話を通した学習や協働的な学習の在り方を検討した教室談話研究の知見を参照すると，その理論的背景や学習観の違いから二つのメタファーを用いて「何を学習とみなしているのか」を説明をすることができる（Sfard, 1998）。一つは，個人の認知過程に着目し，知識を獲得する行為を学習とみなす学習観である。どのようにして知識や概念の理解を深化させていくのか，または，そこで獲得される概念や知識を分析の対象とするかである。知識獲得・理解深化過程を「学習」とみなすアプローチを「獲得メタファー」に基づくと指摘する。もう一つは，個人の社会化過程に着目し，個人と社会の接合や関係性の変容などを分析対象とする。コミュニティの構築や十全な参加やあるコミュニティのメンバーとなることを学習とみなす学習観である。状況論的な学びに着目している「参加メタファー」に基づく。

参加メタファーでは，この二つの区別の仕方は，「個人か社会か」といった区別とは異なっている点に留意したい。なぜならば，獲得メタファーにも社会的相互作用の影響や要因としての検討がないわけではなく，社会的相互作用を通して知識が獲得されていく過程を捉えようとしているからである。研究の主眼が異なるためであり，それは教室談話の記述から，複雑な事象としての授業や人の学び，教育という営みを描き出そうとする研究課題の違いである。

こうした学習を捉える視点の違いは，学習研究でも見られる。認知科学者のアプローチのように，質問や刺激への応答，問題解決，テキスト学習などの個々の活動から，情報構造を検討する「認知的アプローチ」に対し，エスノメソドロジーや談話分析，記号的相互作用論といった複数の領域において，ある共通の活動に人々が参加し，行為を調整するときの相互作用のパターンから参加構造や参加者構造を明らかにしてきた「相互作用的アプローチ」である（Greeno, 2006）。教室談話研究においても，学習研究においても，「学習」に対する捉え方が異なるアプローチがあり，それぞれに研究が展開していることが示唆されている。

先述のように，授業には多様な学びが生起している。授業観察時の空間的・心理的ポジショニングの違いに加えて，何を「学び」とみなすのかという理論的背景の違いが評価に影響を与える。

2　学びの質的転換と授業の評価

(1) 授業を取り巻く環境の変化——情報化とグローバル化

「授業を評価する」ということは，何らかの甲乙の判断基準があり，それに基づいて行われているということである。その判断基準はどこにあるのだろうか。また，「授業を分析する」という行為にも，多かれ少なかれ，授業の良し悪しを判断する基準や「どのような授業を良い実践とみなすのか」といった価値観が内在しており，それが研究テーマや方向性，分析手法やデータ収集の方法を左右している。分析とは異なり，評価するという営みには，この判断基準や価値観が明示されるべきであるという点に留意したい。

時代の流れとともに，人々に「良いとされる授業」は，外からの影響を受け変化しているように思われる。まず，学校での学びの在り方に焦点化された教育改革の国際的動向がある。次に，国際的な学力調査の結果に基づく国際比較がもたらす影響がある。さらに，学校での学びに変容をもたらそうとしてきた学習研究やICTを用いることを中心とした教育の情報化の流れとその影響がある。こうした流れが教育課程改革に影響を与えている。時代を超えて共感的に捉えられる実践の在りようがある一方で，学習環境の変化も含めて，優れた実践とみなされる授業は変化してきているのである。

国際的な学力調査の結果から比較が行われ，学力定義のグローバル化が起きており，これが「優れた実践」の基準や評価に影響を与えていると考えられる。たとえば，子どもたちはさまざまな学力テストを経験しており，数値によってその結果が示される。数値で示される成果に結びつく授業，よりよい結果をもたらす授業は肯定的に評価されやすい。学力テストは得点化され，明確な評価基準を保持していることから，その比較が容易であるのも事実である。近年，こうした学力テストでの評価対象は獲得された知識・技能にとどまらない。しかも，学力調査を通して国際的に比較可能なまでに広がりを見せていることからますます関心が高まっている。

近年，資質・能力を基盤とした教育課程への転換が，国際的トレンドとなり，知識獲得から資質能力の育成へと授業改善の軸を移行させている。学習内容を配し，それをどのように学ぶのか，といった視点（コンテンツベース）から，どのような力（コンピテンシー）を身に付けるべきかという視点に移行している（奈須，2017)。約10年ごとに学習指導要領を改訂してきた日本でも同様の動向が見られる。こうした国際的動向の背景となるコンピテンシー（資質・能力）に関連する概念として，1997年から経済協力開発機構（OECD）が，グローバル化が進む知識基盤社会において要求される能力概念を定義するために組織したDeSeCo（Definition and Selection of Competencies）プロジェクトによる「キーコンピテンシー」や2009年に研究者，企業，教育政策関係者のパートナシップ“ATC21S”によって結成された「21世紀型スキルの学びと評価プロジェクト」が提唱した概念である「21世紀型スキル」がある。

社会構造の変化やそれに伴う学力論の変化，学習研究の射程拡大，そして，学習研究の成果が教育政策に生かされ，教育課程のグローバル化をもたらした。先進国を中心に教育課程の構成原理は資質・能力の育成にあり，各国の背景や課題を取り入れながら教育政策と連動させ，教育課程改革を進めている。以前は内政的に決定される傾向が強かった教育課程が国際的動向に強く影響を受けるようになってきた。指導法の開発や改善はこれまでも行われてきたが，今，学びを捉える視点の質的転換が求められている。資質能力を育成する教育課程の実践化は，学習者の学びの姿と理解過程に基づき，授業の在り方を再検討していくことが必要になる。そこで，次項ではどういった学びが新たな方向性として求められているのか，授業における学習研究からの示唆を得る。

（2）新たな学習の志向性

学校教育における学びの在り方に質的転換が起きている。それは授業での目標や課題を変容させていくことになる。具体的にはどのような変化が求められているのだろうか。算数・数学を例に典型的とされる教室での学びから転換が求められる姿を捉えていく。

リチャード（Richard, 1991）は学校教育における算数・数学学習の特徴的な談話形態を，親学問である数学と区別して「学校の数学」としている。こうした「学校の数学」を実践する一般的な教室では，教師の定めたルールに従い，教師の発問に対して，ルールを正しく用いて答えることを通して成立する教師主導の学習と談話のスタイルがあると指摘する。これに対して，数学の議論に参加し，数学的に行為をする「探求の数学」や数学や科学の専門家たちによる話し言葉で行われる「研究の数学」との大きな違いを指摘し，学校教育の次代の目標として，新たな学習観に基づき，教師と学習者が数学の知識を構築していく「探究的な学校数学」へと転換することを求めている。

「探究的な学校数学」の授業では，学習者は，数学的な議論に参加する中で，他者に自身の解釈や思考，推論を説明し，相互にコミュニケーションを図ることが求められる。さらに，学習者は情報の受信者ではなく，知識を構築していく談話の能動的な参加者とみなされる。教師も学習者も，授業への参加の在り方を変化させることで，談話の質を変容させることが重要であると指摘されている（Cobb et al., 1992）。それは，「意味理解」か，それとも「技能習得」か，を議論してきた学校数学からの脱却でもある。学習者に深い数学理解を導く教室談話では，他者と相互に関わる社会的な活動が中心となり，教室は，個人が集合し，単独で学習する場ではなく，数学を学習するコミュニティとして位置付けられることになる。そのビジョンを具体的な実践で体現するランパート（Lampert, 2001）は，学校数学における教室談話を数学の学問コミュニティにおける議論の水準に近づけていくために，数学の議論をすることを通して形成する「ディスコースコミュニティ」を築く実践を強調する。

効率の良さを追求し洗練されてきた知識伝達を重視する教育方法や授業は，現代社会において要求される資質・能力の育成という観点からは，十分とはいえない。近年，国内では学習指導要領の改訂（平成29年告示）によって「アクティブ・ラーニング」と呼ばれる能動的な学びの在り方が注目され，学習者が主体的に学びに取り組むこと，対話や協働によって，より深く概念を理解し，獲得された知識の活用を行うことが期待される。新たな知の創造・探究が学校教育における学習に期待されており，授業やその目標も質的転換が必要となる。

（３）教室での学び——教室談話研究からの示唆

教室での学び，授業の在り方について質的転換を求めるならば，今，教室で何が起きているのか，授業はどのように実践されているのか。こうした問いに対しては，授業過程の分析をすることでそこで生じる事実を実証的に捉えることが重要である。これについてよりよい実践を分析し，そのメカニズムを捉えようとした教室談話を対象とした研究があり，その成果が示唆的である。たとえば，教師の知識伝達を主とする教室では，教師と学習者の発話ターンがあり，発問への応答の正否を評価するという IRE 構造が見出され，それは教室固有の談話展開における教師の権威性といった教室での参加構造が明らかにされている（Mehan, 1979；Cazden, 1988）。

このような教室でのやりとりを分析の対象とする教室談話研究では，カテゴリー分析による定量的アプローチや，事例研究として質的に談話を記述し解釈的に分析を行う定性的アプローチがあるが，いずれも教室談話が表象する教室固有の事象やその変容を明らかにできる。たとえば，小学校に入学した児童が学校における教師と児童の１対多のコミュニケーションの在り方（表現や決まりを含めた教室ディスコース）に適応していく様相とその支援の様相が４月と７月の朝の会での教室談話を比較することから明らかにされている（清水・内田, 2001）同様に，石黒（2016）は小学１年生の４月と７月の国語の授業を観察し，そこでのやりとりの変化を捉え，教室での秩序の成立，維持という観点からの考察を行っている。このように，教室談話から相互作用や参加構造，教室における教師や学習者の社会的力学を描き出す参加者構造が明らかにされており，こうした教室固有の関係性や学びの在りようの質的転換に向けた教師－児童生徒間の相互作用や関係性の再考に示唆を与える。また，教師－児童生徒間の適切な関係構築は授業という営為には欠かせないものであるから，参加者構造といった視点を授業の評価に取り入れるかどうかといったことも考える必要がある。

一方，教授学習の様相や過程に焦点化し，児童生徒が教科の内容を理解していく様相が教室談話から明らかにされている。たとえば，河野（2005）では，算数授業を対象に，協働的な学習過程の様相を教室談話から描き出している。そして児童が協働的な学習活動の中で自身の理解を他者と説明し合うことを通して，教科書で使用される図的表現と学習概念の理解深化が相乗的に生起していることを明らかにしている。佐藤（1996）は，国語科教材「ごんぎつね」を題材に，対話を通した理解深化の様相や，他者との相互作用がもたらす読解変容過程を明らかにしている。こうした研究は対話や協働を取り入れた授業において，学習者間の相互作用が理解深化に効果的であることを実証的に示したものであり，一方的な知識伝達を行う教授では得られない学習の過程と成果があることを談話の詳細な分析とともに示している。近年は協働的な学習は肯定的に捉えられているが，知識や技能の習得が単独で重視された時世においては，その学習過程は時間を要することや児童生徒の思考に委ねた授業の展開を非効率的であるとし，批判されることも少なくなかった。

教室談話の分析を通して学習者の理解を明らかにしようとする研究に対して，指導中の教師の発話を分析し，教授学習に対する信念を明らかにするだけでなく，教師が説明している数学概念の正確さから教師の保持する知識レベルを評定し，それらと生徒の学習成績との関連を明らかにする研究（Hill et al., 2008）がある。談話研究の定量的分析と学習者の学業成績との相関を捉え，学習に効果的な授業に寄与する教師の専門性を変数に加えている。こうしたアプローチから授業の評価へと展開する研究がある。

3　評価を生かし，実践を改善するプロセス

（1）授業の評価と改善の営為

授業の評価を改善や質的向上に生かすという営みには，学校現場に根付く実践的方法としての「授業研究」と呼ばれるものがある。「授業研究」とは，授

業改善を目的に，教員同士が授業を相互に参観し，その在り方を実践の実際を通して学び合う教師の成長や専門性開発に寄与する現場型の研修スタイルであり，教育実践研究の方法論といえる。日本発祥とされ，百年以上の歴史を持つ。近代学校の成立した際に，実物提示や一斉教授の方法を模範として示し，広く普及をめざした師範授業を参観するための方法としてあった。また，学校経営の中核に子どもたちにとっての学びの場として「授業」を布置し，同僚間で授業技術や児童理解を研鑽し，そこで育てる子どもの姿から「学校づくり」を進める重要な活動になったものがある。他にも，新しい学習指導法や教材の開発を行い，実践を通して検証するためにも「授業研究」が重要な役割を担ってきた。実践を計画し，教室で実践し，それを相互に見合い，評価し合うことで授業の質を高め合う営みといえる。

近年，「授業研究」は，教師の力量形成と授業改善に寄与することが経験的に認知され，日本で実践を基盤に発達した現職教員研修モデルとして国際的な評価を得ている。はじめは，国際学力比較調査における日本の上位成績の背景として認知され，多くの国に参照されるようになり，今日では「日本型教育の海外展開事業」の一つにも含まれる。とくに，国際的展開の中では一貫して教員間の協働性が強調される〈PLAN（事前検討）‐DO（研究授業）‐SEE（事後検討)〉の簡略化されたプロセスが認知され，注目されている。

「授業研究」は，いろいろなスタイルがあり，多様な目的のために実践されている。複数の目的を持って実践されることもあるため，一概に区分することは容易ではないが，その機能を理解するために分類しようとするならば以下のように区別できる。

一つは，実践改善や教師の力量形成を目的とした校内研修の一部として行われる。校内の同僚が相互に参観し，授業準備と事後に検討を含めて協議を重ねることで授業評価と改善の方向性が模索されていく。学校内で行われる授業の相互参観よりもより広範な参観者によって「研究授業」として公開されることもある。

また，都道府県や市町村，学校区など自治体が研修と研究を融合させて行う教育実践研究がある。教科等の学び方や現代的な諸課題等の特定領域を自治体の重点的な研究課題として設定・提示し，学校として研究を引き受けるなどして，研究授業を実施する。近隣の学校に所属する教員が，研究指定を受けた学校を訪問し，授業の参観を行う地域課題推進型の授業研究会である。また，伝統的な研究校として，自主的に「公開研究会」を行う学校もあり，先進的な指導や独自の教育課題の実現に向けて授業を公開し，より広域な参観者に，自らの研究や教育を問う機会となっている。

さらに，教科等の指導法や教材開発を主眼とする教科ごとの授業研究もある。地域ごとに教科等を単位とした実践研究の同好会や公認の研修グループが構成され，教育行政（教育委員会等）の理解と後援を得ながら，研究会が行われる。日々の実践を報告する機会とともに指定された学校で研究授業が行われ，参加者らで協議会を行う。こうした地域・地区ごとに行われる教科等の研究会は，教科教育の全国規模の学会や協議会とも活動や情報，研究課題を共有している。毎年行われるものの，全国を巡回して開催される全国大会への参加が困難であったとしても，地区・地方での研究会は高頻度で挑戦的な教科指導の研究授業を参観することができる。研修の機会として位置付けられることから参加が比較的容易な研究会でもある。

こうした公的に研修として位置付けられ，地域に根付いた教育研究の実践校として認められた授業研究に加え，日本には民間教育団体が主導し，それぞれの教育方法や教育理念に基づいた教育研究を行う文化と伝統があり，その研究の推進は授業研究を含めた実践研究交流によって進められる。自主的な授業研究会として，ときに地域や教科等を超えて参会者が集い，研究授業を参観し，評価と実践改善に向けた協議を通して研鑽が行われている。

このように，研究授業や公開授業としてさまざまな目的や課題のもとでさまざまな規模や主体によって「授業研究」が行われている。教師はこうした授業研究に複数参加していくことが可能である。相互に授業を参観し，また，日々の実践や研究の蓄積の結果として授業を公開し，同僚や他の学校から来た教員である参観者からの評価を得ようとする点が共通した試みといえる。授業後の協議の在り方や評価に相当するようなフィードバックをどのように得るのかその方法には，さまざまなスタイルや主旨があるものの，授業実践そのものを見せることで教員という専門家間での評価を行う試みといえる。

（2）「授業研究」の研究

近年，授業研究の国際化も後押しし，国内でもその活動が再評価されるようになってきた。「授業研究」は，教育学をはじめ，学校教育に関連する研究領域でも使われる用語でもある。授業や教育的活動の科学的研究の動向の中で，教育に関わる研究者が学校に赴き，授業を観察し，授業過程を分析していくことで，その様相を明らかにする研究のジャンルを指す。とくに優れていると評価される実践の内実を明らかにしようとする点に研究の志向性がある。加えて，学校等で行われる授業研究に参加し，教育学の研究者や教師教育を専門とする外部の専門家が講師などの立場から指導助言を行うことで実践の改善に寄与しつつ，実践への理解と洞察を深める実践支援と研究の両輪を担う教育研究活動も同様に「授業研究」と呼ばれることがある。学校の外部指導者から見た授業への評価がフィードバックされることで実践改善に影響を与えている。

こうした授業研究そのものの質的向上は，学校現場だけでなく，参与する外部指導者にとっても重要な課題であり，形式的で実践改善に至らない授業研究を改善しようとする試みがある。授業後の協議は実践改善に向かう授業理解，授業の評価に重要な機能を果たすため，とくに授業後の協議会に着目される。たとえば，参観者の経験などにかかわらず参加し，発言することを促すために，少人数グループを形成することで発言回数を増やし，授業研究への参加を促すものがある。また，付箋紙などを用いてワークショップ形式をとることにより，授業参観と協議の活動を実質的・有機的にすること，発言を残し，内容を可視化することで評価－改善サイクルの活性化を図ろうとする試みがある。他にも，指導方法や教材，教師への過剰な焦点化を反省し，学習者の事実に即して対話的な協議をすることで指導の在り方を考えていくこと，そうした課題共有と対話によって，教師の専門家コミュニティの構築をめざすといった新たな視点に基づく方法が提唱されたりしている。授業を相互に参観し，その実践の評価を改善に生かそうとする挑戦的な試みである。

国際展開した「授業研究」はLesson Studyと呼ばれ，とくに，教師が同僚間で協働して，授業をデザインし，相互参観を行い，その授業に基づき，次の授業改善をめざして協議をするという，一貫した協働性が注目される。〈PLAN（事前検討）－DO（研究授業）－SEE（事後検討）〉というシンプルなプロセスであることで実践しやすいことに加え，この構造化されたプロセスの各フェイズを分析することによって，その有効性が検証される研究を生み出している。

イギリス・ロンドン市の文教地区であるCamden地区では，自発的参画を発端に「授業研究」に取り組むプロジェクトが行われた。このプロジェクトの基盤には，ケーススタディとして実践研究を行ってきた学校の慣習を背景にしたものがあり，ケースを授業（レッスン）に焦点化する（という点で日本の「授業研究」をモデルとして取り組まれている）。授業のデザインと実施，振り返りを行う構造になっており，同僚間で繰り返し協議が行われる。これに教育心理学の研究者チームが参画協働し，一連の授業研究の中で，教師間の授業研究談話を分析している（Dudley, 2013；Vrikki et al., 2017）。授業研究を通した教師の学習を捉える教師研究と，授業改善に資する教師らの対話の質を高める実践支援の両輪が背景にある。

はやくから「授業研究」に注目していたアメリカでは，とくに算数教育での授業研究が盛んに行われている。高橋・Lewisらによるプロジェクト（URL：lessonresearch.net，サイト名：The Lesson Study Group at Mills College）では，授業改善とカリキュラム（Common Core State Standards：CCSS）の実践化に向け，「授業研究」をその装置としている。ここには，アメリカの学校現場で「授業研究」を指導し，実践を支援してきた当事者らの蓄積がこのプロジェクトに結実されている。問題解決型の授業展開を持つ日本固有の算数授業のスタイルは研究の成果物である教科書や教材，指導法にも内在し，十分な理解が必要である。そこで授業前の学習者の理解への考慮を含む「教材研究」の方法や授業後の協議への指導にも関与している。また，授業研究における公開授業や指導案作成を「モデル」とみなし，授業後の協議で吟味に至らないということへの課題から，Lesson Plan と訳していた指導案を Lesson Research Proposal と修正している。こうすることで，研究授業の提案性を強調し，「授業研究」の方法や型にとらわれていた視点を「問題解決を通して教える」授業づくりの実践研究という本来の目的へと回帰させて展開している。アメリカの教師文化や実情に合わせて構造化された取り組みは，授業後の協議において共有すべき評価の視点が事前の教材研究や指導案作成時に吟味され理解が共有されていくことや研究授業の提案性を参観者が協同して吟味し，その在りようを評価していくことによって，授業者のみならず，参観者の授業改善に資するという授業研究の性質を顕在化させている。

（3）授業の「みとり」――関心と課題を共有するディスコース

授業研究の一連のプロセスに限らず，授業を観察したことを言語化し，他者と共有することで実践改善のための評価につながる。観察者が，どのようなことに関心を寄せて，どのように授業過程のさまざまな要素を見て，それを解釈し，また評価したのかということを「みとり（見取り）」ということがある。授業での「子ども（の学び）をみとる」といえば，児童生徒の学習の様相を把握し，その意味を捉えていくといった意味が含まれる教育実践の観察に特徴的な表現である。

この「みとり」には，そこで生起している事象を観察し，事象はある価値観に影響を受けながら解釈され，評価されることまでが含みこまれている。ただし，ある評価に至るまでの一連の行為や認知を分析する点よりも，この「みとり」を語り合い共有する教師コミュニティの形成が特徴的である。そして，そこに特有の語り口（ディスコース）があることで「みとり」に内在する視点や価値観が顕在化され，共有されていくのである。

同じ授業や教育実践の観察を基に，授業を評価していく際には，この語り口に含みこまれた価値観は評価における基準に相当し，かつ，対話を通して暗黙的に共有がはかられる。何が注視されるべき対象で，どのようなふるまいや様子が観察されることがその授業が良いということを表象しうるのかといったことが具体的な子どもの様相とともに経験的に語られ，また，蓄積されていく。蓄積されることで優れた授業のイメージが形成され，そのコミュニティにとっての授業の評価基準として，協働的に構築されていく。それが次の授業を実践していく際のめざすところとなる。対話を通して具体的な実践行為や子どもの姿のイメージ，教師のふるまい方の具体などが共有され評価を含む「みとり」が実践改善へと接続するのである。

先述のように「みとり」には，コミュニティに特徴的なことばやその使い回しがあり，そうした表現に媒介され，次の実践創出へと進む。「みとり」の中で語られた言語を介してめざされる授業は共有され，授業観を文化のように伝承していく役割も担う。授業研究においても，「よりよい授業」をめざし，研究授業を通してその具現化が試みられ，授業改善がなされる。授業をともに参観することによって共有される何かが対話を通して顕在化し，コミュニティの知として協働構築されていく。それらの知がどのように顕れてくるか，その知をどのように内化していくかは異なっていても，語りを通して形成されていく表象＝実践知がある。授業を見ることとそれが語られることによって，評価基準の構築と具体化が生じているといえる。

4　授業の多層的・多角的な評価

授業の評価に先立つ「観察」には，多様な視点や角度があり，何に焦点を当てるのか，で見えてくるものが異なる。授業を見る，ということから，授業の本質に迫ろうとする「授業研究」の一つの手法に名古屋大学教育方法学研究室で引き継がれる「授業分析」という手法がある。この「授業分析」は，ある基準に照らしあわせて授業の良し悪しを判断しようとすることではなく，子どもの思考の在り方を追及し，授業に対する教師自身の見識を問い直すことをめざし，構築された手法である（参照：的場・柴田，2013）。

ビデオカメラが今ほど容易に，また安価に入手できない時代から，授業をできるだけ精細に観察し，できるだけ如実に記録することの意味を突き詰め，記録から分析に至るまでの手続きが構造化されている。ビデオカメラが以前に比べれば安価となり，多様な記録媒体が使用できるようになった現在においてもなお，このアプローチが一定の価値を持つのは，科学的・学術的価値というよりも，「授業分析」の一連の手続きにある，授業を観察し，教室で交わされたやりとりのトランスクリプト（発話記録）を作成し，分節化していくなどの諸手続きを通して，授業という営みに正対することをもたらす点にある。また，同僚と協働してすすめる作業の過程で顕になる異なる視点や解釈との出会いを通して，授業を評価することへの自覚を促すものである。

自分がどのような視点で授業を見ているのか，または，見ていたのかを自覚し，問い直すことによって，同じ授業や事象でも実践の理解とその評価が変わる。マクダーモット（McDermott, 1983）は，教室では学習障害と診断された少年の学校での生活と日常での生活の観察から，彼の課題が学校という制度や文化の中で顕著になる様子を描き出した。それが個人の特徴や課題ではなく，周囲や環境によって構築されている「課題」と捉えている。この研究は，社会文化的アプローチのよく知られた研究ではあるが，私たちの，評価に先立つ，「見る」という行為に対する省察を与える。授業，学校という環境を前提に，行為の意味付けを暗黙的に，無自覚に観察していることで見逃したり，見えなくしたりしていることがある可能性を示唆している。

ある授業を評価しようとするときに，いくつかの視点が考えられる。一つは，指導法や教材，単元等のカリキュラム構成やその開発に伴う効果といった教授法・教育方法の評価である。次に，教師と学習者，学習者間の関係性といった社会的側面を重視する教室文化の評価である。そこにはいわゆる生徒指導や学級経営の視点と他者との相互作用を伴う学びとしての協働学習の成立を捉える視点も含まれる。三つ目に，学習者の理解や思考といった認知に着目した学習過程から授業の成否を捉える評価である。

近年，一斉型の教授法から転換した授業実践の開発を目的に，「アクティブ・ラーニング」や協同的な学びといった授業への質的転換を求める教育方法や資質・能力といった授業で求める理解の在りように注目が集まる。こうした授業では学習者の認知過程と社会過程が分析・評価され，適用された教育方法の効果が判断される。それが授業の評価として位置付けられるだろう。こうした学びに求めているのは教科等の知識や技能を習得するだけにとどまらない概念化や活用にあり，協働的な学びや問題解決に生かされることが求められる。そのため，上記の三つの視点を複合・統合させた視点による授業の評価が必要である。

たとえば，複合・統合された視点として，学習者らが授業を通して協働構築している学習の文化という存在がある。教室の社会的規範というよりも，教科等に固有の学びや理解，問題解決の在り方に影響を受けた学習の規範形成（cf. Yackel & Cobb, 1996，社会数学的規範）や個人の知識獲得やコミュニティへの参加にとどまらない協働的な知識構築過程への能動的な貢献（cf. Bereiter, 2002）といった視点がある。これは，協働の表象に着目しており，そこには知識基盤社会を見据えた新たな学習研究領域が求める，学習者が協働によって新たな知の創造にいかに寄与できるかといった学び手自身の学びへの責任を問う視点がある（河野，2017）。他者との協働や社会的問題解決に資するスキルの育成が授業に期待される昨今，授業を個人の理解深化や社会化といった個人の学習の場として位置付けて評価するだけでなく，授業での協働の過程と成果を捉えた視点を加えた評価が必要となる。

さらに学びたい人のための図書

姫野完治・生田孝至編（2019）『教師のわざを科学する』一莖書房。

▶教師が授業でみせる所作や動きについてさまざまな視点やアプローチから分析している。授業中の“教師”に注目している。

大島純・千代西尾祐司編（2019）『学習科学ガイドブック』北大路書房。

▶人の学びのメカニズムを明らかにしようとする学習科学の知見の解説書。「主体的・対話的で深い学び」を研究の視点から説明している。

引用・参考文献

Bereiter, C. (2002) *Education and Mind in the Knowledge Age*, Mahwah, NJ, US: L. Erlbaum Associates Publishers.

Cazden, B. C. (1988) *Classroom Discourse: The Language of Teaching and Learning*, Portsmouth, NH: Heinemann.

Cobb, P., Wood, T., Yackel, E., & Perlwitz, M. (1992) "A Follow-up assessment of a second-grade problem-centered mathematics project," *Educational Studies in Mathematics*, 23, 483-504.

Dudley, P. (2013) "Teacher Learning in Lesson Study: What interaction-level discourse analysis revealed about how teachers utilised imagination, tacit knowledge of teaching and fresh evidence of pupils learning, to develop practice knowledge and so enhance their pupils' learning," *Teaching and Teacher Education*, 34, 107-121.

Greeno, J. G. (2006) "Learning in Activity," In K. R. Sawyer, *The Cambridge Handbook of the Learning Sciences*, NY: Cambridge University Press, pp. 79-96.

Hill, H. C., Blunk, M. L., Charambous, C. Y., Jennifer, M., Phelps, G. C., Sleep, L. et al. (2008) "Mathematical Knowledge for Teaching and the Mathematical Quality of Instruction: An Exploratory Study," *Cognition and Instruction*, 26(4), 430-511.

石黒広昭（2016）『子どもたちは教室で何を学ぶのか――教育実践論から学習実践論へ』東京大学出版会。

河野麻沙美（2005）「授業における『数学ツール』の使用と概念理解の検討―― P.Cobbの『立ち戻り』の視点から」『教育方法学研究』31，13-24。

河野麻沙美（2017）「理論・実践・学習指導要領を架橋する」高田教育研究会『教育創造』187，38-44。

Lampert, M. (2001) *Teaching problems and the problems of teaching*, New Haven, CT: Yale University Press.

的場正美・柴田好章（2013）『授業研究と授業の創造』渓水社。

McDermott, P. A. (1983) "A Syndromic Typology for Analyzing School Children's Disturbed Social Behavior," *School Psychology Review*, 12(3), 250-259.

McDermott, R. & Varenne, H. (1998) "Adam, Adam, Adam and Adam," In H. Varenne & R. McDermott eds., *Successful failure : The school America builds*, Boulder, CO: Westview Press.

Mehan, H. (1979) *Learning Lessons*. Cambridge, MA: Harvard University Press.

奈須正裕（2017）『「資質・能力」と学びのメカニズム』東洋館出版社。

Richard, J. (1991) "Mathematical discussion," In E. von Graserfeld, *Constructivism in Mathematics Education*, Dordrecht: Kluwer, pp. 13-52.

佐藤公治（1996）『認知心理学からみた読みの世界』北大路書房。

Sfard, A. (1998) "On Two Metaphors for Learning and the Dangers of Choosing Just One," *Educational Researcher*, 27(2), 4-13.

清水由紀・内田伸子（2001）「子どもは教育のディスコースにどのように適応するか――小学１年生の朝の会における教師と児童の発話の量的・質的分析より」『教育心理学研究』49(3)，314-325。

Vrikki, M., Warwick, P., Vermunt, J. D., Mercer, N., & Van Halem, N. (2017) "Teacher learning in the context of Lesson Study: A video-based analysis of teacher discussions," *Teaching and Teacher Education*, 61, 211-224.

Yackel, E. & Cobb, P. (1996) "Sociomathematical Norms, Argumentation, and Autonomy in Mathematics," *Journal for Research in Mathematics Education*, 27(4), 458-477.

第4章

カリキュラムを評価する

安彦忠彦

1　教育課程評価とカリキュラム評価の異同

(1)「教育課程」と「カリキュラム」の意味の異同

まず，ここで使われる用語の意味をはっきりさせておきたい。通常「教育課程」という日本語は，教育行政用語であり，それを受けて学術用語としても使われている。その意味は，文部科学省の「小学校学習指導要領解説　総則編」2017（平成29）年6月の定義によれば，次のようである。

> 学校において編成する教育課程については，学校教育の目的や目標を達成するために，教育の内容を児童の心身の発達に応じ，授業時数との関連において総合的に組織した各学校の教育計画であるということができ（る）（文部科学省，2017，12頁）

中学校，高校も同様の定義であり，この50年間ほどはこの定義に大きな変更はない。教育学の観点からも，教育行政担当者がこの意味で使っている以上，これを事実として受け止めて，この定義をひとまず認めることとする。ここで重要なのは，「教育課程」は「カリキュラム」という用語との対比でいえば，「教育計画」，つまりあくまでも「文書にして示された青写真・プラン」だということである。この計画に従って実際に行っているとは限らず，また結果も計画通りに出ているとは限らない，ということである。

一方，「カリキュラム」という用語は英語の curriculum をそのままカタカナ表記にしたもので，元の英語の意味をそのまま表しているといえる。ただ，この英語も学者の立場によって定義が異なっているので，より一般性のある定義を探してみた結果，各国に共通する最近の国際的なものとして，国際学力調査の一つである「国際数学・理科教育（動向）調査」（TIMSS）の実施主体，国際教育到達度評価学会（IEA）における定義が包括的でよいと考える。国立教育研究所（1997）の以下の訳語で示すと，

○意図したカリキュラム Intended Curriculum

○実施したカリキュラム Implemented Curriculum

○達成したカリキュラム Attained Curriculum

この定義からすると，「カリキュラム」は「計画」次元のみでなく，「実施」次元，「結果」次元までを含むもので，日本語の「教育課程」とは「計画」次元が共通であるだけである。ただ，日本語としても最近10年ほどは「教育課程評価」という用語は教育界でもほとんど使われず，「カリキュラム評価」という用語が使われるので，他の二つの「実施」「結果」の次元をも含むものと解さなければならないといえよう。この傾向は子どもの側の人間性などの事実を重視するものであり，よいことである。これにより「潜在的カリキュラム」という言葉も初めて意味を持つのであり，「潜在的教育課程」という日本語の方はありえないこととなる。以下の記述も，そのような意義を意識しながら行うことにする。

（2）「評価」の意義＝「評価（狭義）はすべて自己評価である」

「カリキュラム」を「評価」するとは，何のために行うのか。一般に教育界で「評価」といえば広義に使われ，「中間（期末）テスト」「入学試験」「卒業試験」「個々の児童の伸びを知る個人内評価」「観点別学習状況の評価」「評定」「指導要録作成」「調査書（内申書）作成」などの多くの活動を指している。最近は英語として assessment を使うことが増えてきており，日本でもその英語の含意する「診断的要素」「質的・主体的側面」「性質による分類」といった意味合いを持たせて使うことが多くなった。

しかし，元来「カリキュラム評価」の英語は curriculum evaluation であり，

續有恒（1969）によれば，英語の valuation が「第三者が物事の価値を定めて順位をつけること」であるのに対して，evaluation は「本人が自分の活動の質を改善するために，その活動を自ら絶えず価値づけること」という意味が強いと，「目的の違い」を指摘した。ただ，「カリキュラム評価」という用語は，第二次世界大戦の敗戦後，昭和20年代の日本の教育界に大きな影響を与えた，アメリカの「児童中心主義」教育の思想が導入されたときにもその重要性が指摘され，この用語も使われたことがある。しかし，一部にとどまり，あまり理論的にも実践的にも広まらなかった。最近またこの用語がよく使われていることは，子どもの側の条件を考慮に入れねばならないという意味で，望ましい方向である。

したがって，「カリキュラム」を「評価」するということは，本来の「自分の活動の改善のために」行う「自己評価」の一種であり，その目的のために役立つ「評価方法・評価内容」でなければならない。これをどれだけ厳密かつ誠実に行うことができるかによって，教員の力量の大きさが決まるといえる。

（3）「教育課程評価」の範囲と内容

しかし，「教育課程評価」という用語もなくなってはいない。そう考えると，「カリキュラム評価」との違いを明示しておくべきであろう。総じて，「教育課程評価」は，当初に計画した「教育課程」が，計画通りに実施され，表示していた教育目的・目標を達成したのかどうかを，最終段階で種々の方法で評価し，その達成度合いを「計画」とのズレで測り，次の教育課程づくり＝教育計画に生かすことである。

したがって，「教育課程」という「教育計画」を，そのまま実施し，結果を見て，計画次元の目的・目標と照合して，その良さの度合い＝計画の精度の程度を見ることで，その計画のどの部分が確かで，どの部分が不確かだったかをチェックするものであるといってよいが，計画次元だけの改善にとどまる。

その「評価の対象」となる範囲と内容は，計画次元のものでは，筆者（安彦，2001）の分類でいえば，主に以下の通りである。

①**教育内容**：教えるべき知識・技能・価値・活動・経験など
②**組織原理**：教育内容を教科に組織するのか否か，順序はどうかなど
③**履修原理**：教育内容の一定の修得を求める課程主義か，求めず一定年数の就学のみを求める年数（年齢）主義か，必修か，選択かなど
④**教材**：教育内容を，教科書教材，視聴覚教材，実験教材，実物教材など，どういう材料で教えるのかなど
⑤**授業日時数**：どの教科を，どの学年で，年間何日，週何時間配当するのかなど
⑥**指導形態**：一斉指導，小集団指導，個別指導，実習，実験，実技練習など

もちろん，どんな計画でも完璧なものは作りえない。したがって，「教育課程評価」はすべて始めから絶対視できないものであるが，可能な限り，実際の授業に臨んだ際，目的・目標の設定，子どもたちの状況把握，教材の選定などにおいて，適切であるといえるものを計画すべきである。そういう意味では，この「教育課程評価」の活動は，教員が経験を増すことにより，より適切なものになっていくといった進歩のあとが出てこなければならない。

（4）「カリキュラム評価」の範囲と内容

一方，「カリキュラム評価」は，計画・実施・結果のすべての次元で，要所要所で行われるもので，「計画」次元では，「実施」中の評価によって，「計画の修正」が絶えず行われるものであり，「結果」次元での評価によっても，「潜在的」な効果・結果をも考慮しながら，次の「計画」次元に生かすという，幅広い活動になる。

「計画」次元の評価については，すでに「教育課程評価」の項で述べたように，論理的・現実的な理由によって，常に修正改善すべきであり，一度作ったものは絶対変えるべきでないといった，よくある教員の先入観・思い込みは捨てなければならない。「実施」次元でそれは必ずといってよいほど起きることであり，実施中でも積極的によりよいものに修正すべきもので，少しでも望む目的・目標に近づけるために，また悪い結果が出るのを最小限にし，逆に意外なよい結果が出る可能性があれば，それは大いに喜んでその方向に修正して，

とにかく「最終的な結果が少しでもよいレベルになるよう最大限の努力を尽くす，必要不可欠な方法としての評価」を心がけなければならない。

「カリキュラム評価」の中身は，この意味で多岐にわたるが，それを的確に行える力量を持たなければ，教員としての力量は不十分だといわなければならない。そう考えると，「カリキュラム評価」は非常に総合的な評価であり，教員が一人で行うには限界があるといってよい。学校全体の教員が，分担協力しあって行うべきであるとともに，第三者としての外部の評価者をも，念頭におくべき性質のものである。それは少しでも「評価」の客観性を高めるからである。

2　カリキュラム評価の目的と活動内容

（1）カリキュラムの何を評価対象とするか

カリキュラム評価は，「カリキュラム」の内部要素のうち，何を評価するのか。それは，まず「計画」「実施」「結果」の次元分けに対応して変わる。

［計画次元］　既述の「教育課程評価」の項で挙げた六つの要素が，「計画」次元で決められるもので，その評価対象となる。以下の項目は，全部の次元を含むので，「計画次元」の①～⑥のあとを受けて，通し番号で表すこととする。

［実施次元］　以下の要素は「実施次元」で対象とすべきものである。

⑦指導方法・指導技術：その授業に必要な発問・指示・説明・評価言など

⑧授業内容：実際の授業で教え学ばれている内容で，計画次元の内容とは異なるもの（これが通常，計画通りに進まない授業の実施された姿である）

［結果次元］　以下の要素は「結果次元」で対象とすべきものである。

⑨(測定)学力：何らかの測定方法で測られた，授業目標から見た学力測定値と教育内容の習得度（授業で身に付けた学力の総体は不可知）

⑩(測定)人格：何らかの方法で測られた，授業目標から見た人格的変容の度合い(授業で受けた人格的影響の全体は不可知)

⑪子ども個々人が身に付けた「授業目標から自由な」，つまり思いもかけない，しかも望ましい能力等が身に付いた場合の，付随的ないし発展的な能力（「潜在的カリキュラム」と呼ばれるさまざまなものを含む）

従来，「実施次元」の評価のことを「過程評価」と呼んできたこともあり，とくに「形成的評価」（授業をしながら，その途中で，最善の目標をめざして授業を再構成していくために必要な評価）という，ブルーム（Bloom, B. S.）の提唱した評価はその好例であろう。

さらに大切なことは，これらの「評価対象」のほかに，それを規定する外部要因も評価の対象にすべきだ，ということである。ここに，安彦（2017）による三つの例を挙げておく。

①行政的決定過程：カリキュラムが国レベル（政府・文部科学省）から地方レベル（教育委員会等）を経て，個々の学校の教室レベル（教員個々人）まで，誰により，どのように決められてくるのか，その過程全体を点検・評価する必要がある。

②各学校の施設・設備：カリキュラムがベストの形で計画・実施・結果に具体化できるか否かは，それに必要なハード面（施設・設備等）がどれほど整備されているかにかかっている。国は「教材整備指針」などでその最低限の整備の指針を示しているが，実際は学校間で大きな格差がある。その整備状況次第でカリキュラムは規定されてしまうので，その点検・評価も必要である。

③教員の量と質：各学校に配置されている教員の人数（量）は常に満たされているとは限らない。十分な学校もあるが，ほとんどは不十分で人数の不足に悩まされている。もっと重要なのは，その教員の「質＝力量」である。すべての学校に十分な力量の教員が配置されていることはなく，新任教員ばかりとか，古参教員ばかりとか，程度の差はあれ何らかのアンバランスが見られるのが普通である。その状況もしっかり点検・評価して把握していないと，カリキュラムは計画倒れに終わる。

以上の「外部要因」は通常は「学校評価」の中で行われるが，「カリキュラム評価」に直結するものであり，はずしてはならない対象である。

（2）カリキュラム評価の目的は何か？

では，この評価対象を「何のために」評価するのか。すでに述べた通り，狭い意味の「評価」は「すべて自己評価」であり，それは「自らの活動の改善のために」行われるものである。「カリキュラム評価」も狭義の「評価」の線で行われなければならない。これは理論的な定義上の方向である。

これに加えて，最近重視されている「P－D－C－A」という「カリキュラム・マネジメントのサイクルの一部」として，この「カリキュラム評価」は「C」＝チェック・点検・評価の部分を占めるものといってよい。これによって「A」＝改善して再構成してみる，という作業に進むのである。つまり「カリキュラム・マネジメント」を励行するよう求められている以上，この評価活動は「マネジメント」活動の一部として，必要不可欠のものとされているのであり，この意味で，マネジメントを遂行するためにも求められているのである。

最後に，実際にこの評価データにより「カリキュラムの改善」が行われなければならない。その意味では，「改善の実施方法・実施体制」を作るためにも，この評価活動は必要である。多くの学校では，「カリキュラム評価」だけを取り出して，それを個々の教員に任せるのではないかと危惧するが，上記のように「カリキュラム・マネジメント」の一環として欠かすことができないとすれば，これは「マネジメント体制」の一部分として，「実施方法・実施体制」を明確に作っておかねばならない。

もう一つ大切なことは，「カリキュラム評価」の目的は「カリキュラムの改善」にあるが，次元により「評価主体」が異なるということである。まず，「国家レベル」でカリキュラムの「基準」づくりをしている文部科学省の場合，この「カリキュラム評価」は「全国学力・学習状況調査」で一部行われているといえる面がある。「地方レベル」の教育委員会でも，似たような調査を学力や体力，道徳性などについて行っている。しかし，「カリキュラム評価」の最重要の場面は「学校レベル」での教員の行う評価活動であろう。この点で，教員ばかりが「カリキュラム評価」を行っていると考えるのは間違いである。ただし，学校レベルの教員によるもの以外は，かなり間接的なものになるということである。

（3）カリキュラム評価の活動内容

実は，カリキュラム評価の活動内容（具体的には方法の開発・選択，データの処理，データの解釈・活用など）は，このレベル分けとも関連して，それぞれのレベルでの改善を目的とすることにより，異なってくるわけである。簡単にいえば，「目的によって活動内容は異なる」ということである。もっと正確にいえば，「目的によって，評価の対象も方法も範囲も結果も，すべてが異なる」ということである。また，具体的にそうでなければならない。

国家レベルや地方レベルの「カリキュラム評価」はここでは省こう。じつは国際レベルの「カリキュラム評価」もあり，その一つがOECD/PISAの学力調査であるが，これもここでは省くことにする。ここでは，学校レベルの「教員によるカリキュラム評価」を問題にしよう。

すでに「評価対象」については述べたが，「計画次元」と「実施次元」と「結果次元」の全次元にわたり，11項目に分けてみた。このそれぞれについて，「教員自身の活動改善のため」ということを目的とするなら，その「対象」に即して評価データを取る必要がある。教育測定・評価の大家であったクロンバック（Cronbach, 1963）は，次のように四つの方法を示している。

①授業過程の分析　②定着度の測定　③態度の測定　④追跡的研究

安彦（2001）は，これを参考に以下のように，目的と対象に即して提言してきた。

①アチーブメント・テストまたは標準化された諸テスト：クロンバックはこれらに加えて論文テスト，自由記述テスト，観察法なども挙げる。

②教師の観察，問診，ノート分析，自己評価分析：授業記録，学級日誌，組織的観察法による，授業過程の改善と成果の程度を知るもの。

③社会学的調査法：態度は質問紙法や面接法を用い，成果の永続性を見るには上級学校への入学率，入学後の成績，専攻・職業などの選択動向の調査。

これらは，①が「計画次元」と「結果次元」で考慮されるべき方法，②が「実施次元」で活用されるべき方法，③が「計画次元」と「結果次元」，とくに「結果次元」で「計画次元」と比較して活用されるべき方法である。

「活動内容は目的によって異なる」といったのは，同じ学力テストをしても，そのうちのどの「学力」を見たいのかは「目的」により異なり，成績が「教師の力量」を表すのか「子どもの能力」を表すのか，その解釈も両方可能である。「分析の処理」も，「総合点」で見るのか，個別の問題ごとの点数で見るのかは，「何を改善するのか」という目的に応じて異なり，丁寧に行うべきである。

3　カリキュラム評価はカリキュラム・マネジメントの一部

(1) カリキュラム評価は教育活動全体の評価の一部

カリキュラム評価は，決してそれ自体で単独の意味や価値を持つものではない。「評価」すべき対象は，教員の教育活動全体であって，カリキュラム評価はその一部に過ぎない。ただし，個々の教員が主たる責任を持つ部分の評価だからこそ，このように単独に取り上げ，重要視して強調しているわけである。

では，「教育活動全体」とは一体どこまでの範囲のことを考えたらよいのか。一般に，教員の活動は「業務」の労働時間の面から，文部科学省（2006）によれば，教育行政上，次のように区分されている。

1　児童生徒の指導にかかわる業務（11種）
a 朝の業務　b 授業　c 授業準備　d 学習指導（補習など）　e 成績処理　f 生徒指導（集団）　g 生徒指導（個別）　h 部活動・クラブ活動　i 児童会・生徒会指導　j 学校行事　k 学年・学級経営

2　学校の運営にかかわる業務（4種）
l 学校経営　m 会議・打合せ　n 事務・報告書作成　o 校内研修

3　外部対応（3種）
p 保護者・PTA 対応　q 地域対応　r 行政・関係団体対応

4　校外（2種）
s 校務としての研修　t 会議

5　その他（2種）

u その他の校務　v 休憩・休息

以上，5分野22種の業務活動にわたる。もちろん，直接に「カリキュラム」に関わるものは，上記のうちの1と2であるが，残りの3，4，5が多過ぎれば，1と2にも影響してくる。

これら全体の活動を評価するのが「学校評価」と呼ばれてきたものであるが，その中心はやはり1の「児童生徒の指導にかかわる業務」だとされる。これは学校レベルでも行政レベルでも共通の認識である。この1の分野に「カリキュラム評価」のほとんどは含まれている。最近は「過度の長時間労働」の解消をめざす「働き方改革」も唱えられているが，その一部は「カリキュラム評価」の活動も含まれるので，その面の留意も必要である。

いずれにせよ，「カリキュラム評価」だけを，他の分野の業務と切り離して扱うことはできず，とくに「カリキュラム・マネジメント」の観点から，他分野の業務との個別の関連を見るのでなく，一連のマネジメント・サイクルの時間的流れの中に位置付けるべき，重要な一部と見ることが強く求められている。

（2）カリキュラム評価の「カリキュラム・マネジメント」における位置

「カリキュラム・マネジメント」については，ここ5，6年の間にかなり理解が進んできて，その「マネジメント・サイクル」としての，P（Plan）－D（Do）－C（Check）－A（Action）については，ほぼその重要性は認知されるようになったが，具体的な方法・方策についてはまだ学校現場は模索状態にあるといえる。しかし，その中でもC（Check）＝点検・評価の活動が大きな役割を果たすことは，理論的には理解されてきた。ところが，これが「カリキュラム評価」に当たるという認識があまり明確でなく，「カリキュラム評価」を単独で，独立に行わなければいけないかのように誤解されている状況がある。

たしかに，かつて日本の場合，昭和40年代に「教育内容の現代化」と呼ばれる世界的潮流に動かされて「学習指導要領」が改訂された際，その端緒となったのは，1957（昭和32）年の，旧ソ連（現在のロシア）の人類初の人工衛星スプートニクの打ち上げに驚いて，アメリカがそれまでのJ.デユーイの経験主義教育をやめ，新しい理数重視の科学教育を「新カリキュラム」と呼んで，国を挙げ展開した動きであった。このとき，この理科や数学，のちには社会科などの「新カリキュラム」がどれほどの効果を上げたのかについて調査するため，アメリカ教育学会（AERA）が「カリキュラム評価」プロジェクトを立ち上げ，数年にわたり報告書をシリーズとして刊行した経緯がある。

けれども，このときの日本は，そういう「カリキュラム評価」には無関心で，「新カリキュラム」に影響された新しい1968（昭和43）年の「学習指導要領」とそれに準拠した新しいタイプの教科書（例：PSSC物理，CBA化学，BSCS生物，SMSG数学など）による授業が，多くの「落ちこぼれ」と俗称される子どもたちを生み出して社会問題になったため，急ぎ1977（昭和52）年には学習指導要領を改訂してしまった。そこでは「カリキュラム評価」がきちんと行われたわけではなく，ただの社会的評論や教員の「新カリキュラム」は教えにくいなどといった声によって改訂したものだった。当時の評論では「教員の力量が伴わなかった」という，筆者の枠組みでは「外部要因」による理由が最も説得的だったが，これは決して「カリキュラム評価」の結果ではなく，ただの印象評価だったので，結局あいまいなまま学習指導要領が改訂されたのである。

この場合は，それまでのカリキュラム評価が，ある意味で「マネジメント・サイクル」に位置付けられていなかったためともいえる。この意味で，「カリキュラム評価」を「カリキュラム・マネジメント」の一要素として必要不可欠の部分活動にしておくことが，今後のカリキュラム評価とカリキュラム改善にとって忘れられてはならない。じつは，これまでも「学校経営」の分野では昭和40年代以降「P（Plan）－D（Do）－S（See）」という「経営サイクル」が重視され，その当時から学校経営学者などにより，実際の経営活動はS（See）＝評価から始められるのだ，と強調されていた。

同じことを最近のカリキュラム評価研究者は，カリキュラム・マネジメントの場合に当てはめて，「実際のマネジメント・サイクルでは，C（Check）＝点検・評価から始められる」べきことを強調している。理論的にはPからだが，現実には，すでに動いている学校でカリキュラムをマネジメントするのだから，Cから入るしかないともいえるのである。この意味でも，「カリキュラム評価」が行えなくては，このマネジメント・サイクルは決して効果的に機能しないであろう。

（3）カリキュラム評価の主体とその拡張傾向——「教員」＋アルファ

では「カリキュラム評価」を行う中心的な存在は誰かといえば，やはり「教員」がまず挙げられる。直接に児童生徒に接して指導活動をしている以上，最も生々しい評価データを出し得る立場にあるからである。その指導活動の中に「カリキュラム・マネジメント・サイクル」を含み込ませて，「評価データ」の収集に努めなければならない。2節までで述べた「11の内部要素」すべてに関する評価データが集められねばならない。ただし，法律上決まっているもの（教育内容，履修原理，検定教科書教材，授業日時数など）は正面から評価することはできないが，吟味・評価することは可能であり，そのデータが教育行政にフィードバックされれば，教育課程の国家基準である学習指導要領の改訂につながる。

問題は，「教員」が「カリキュラム評価」意識をどれだけ強く持っているかである。たとえば，子どもに対するテスト結果をどう扱うか，ということがそもそも自覚的に検討されなければならない。ある子どものテストの成績が100点満点の60点だとすると，通常はその子どもの達成した能力の水準・達成度が60％だったという理解がなされるが，「カリキュラム評価」の観点からは，「その教員の指導の効果がその子どもには60％しか出なかった」ということになりでは残りの40％の部分，達成しなかった部分の教員の指導の改善のために，その中身の分析を必要とするのである。

総じて，「カリキュラム評価」の観点からは，全教科の「総点」とか，このクラスの「平均点」とかいう成績の出し方は無意味であり，もっと個人別に，問題別に，その正解や誤答を見ていく必要があるのである。なぜなら，評価の「目的」が，教員の指導活動の「改善」にあるのであり，子どもの「達成度の高さ」にあるわけではないからである。

そう考えると，その労力は大変であるから，今回の改訂により新学習指導要領では「単元」レベルで，その最も重要な部分を評価すればよいと考え，その子どもの学習の成果全体を見る必要はない。これを逆にいえば，「この単元の場合，ここが最も子どもたちにとってわかりにくい重要な箇所だ」，という部分を決めることができるという点で，「カリキュラムづくり」の重点化や山場などを意図的に決めやすい，という利点もあるといってよい。こういう作業と背中合わせであるという自覚が，「教員」各自に強く生まれてほしいと思う。

しかし，最近は「教員」だけでなく，親や保護者，地域住民，さらには「子ども」自身に「評価」を求める動きも活発化してきている。この場合，本章で定義した「狭義の評価はすべて自己評価である」という「評価」の意味よりも，少し「広義の評価」の意味で考えなければならない。つまり，「教員自身の自己評価」を補う「評価データ・評価情報」を，親や保護者，地域住民，さらには子どもから集めるためであり，その意味では，全体としての「評価」の目的・役割は変わらない。

ただ，最近の「コミュニティ・スクール」の増加，学校教育を地域，親や保護者，子どもに対しても開き，学校の外の関係者の声を「学校」の教育に反映させようという流れが，この「評価主体の拡張」傾向に強く影響を与えている。

まず，「親や保護者」の声を各学校でもっと取り入れるべきだという流れは，「学校評議員」や「学校運営指導委員会」などの制度化とともに現在も広まっている。その方向自体は望ましいことと筆者も考えるが，ここで，親や保護者に認識してほしいことは，親や保護者が家庭で行う個人的教育と，国の法律に準拠して行われる公立・私立の学校の教育とは，実は質的に決定的な違いがあるということである。「家庭教育」は公的な法律などと無関係に，親の自由による「私教育」であり，「学校教育」（各種学校を除く）は公的な法律に依拠して行われる「公教育」なのである。したがって，家庭で行うべき「しつけ」や基礎的な「行儀作法」を，親の勝手で「学校教育」の中に入れよという要求などがあっても，それは原則として「公教育」で扱う必要はない。もちろん，

「家庭教育」と「学校教育」の線引きをどこにするかは，これまでも確定できないまま現在に至っているが，学校教育を限定するよりも，公権力によってはその種の要求をみな引き取ろうとする場合もある。

他方，「子ども」の声を聞くという方向は，学校内部の「当事者の評価データ」として貴重であり，もっと小・中・高の学校段階のすべてで，積極的に行うべきものである。現在は，大学でも授業評価として学生の声を集めているところが増えているが，実際の授業場面などにその評価活動を，メモをとらせるとか小テストなどの形で，カリキュラムに「内蔵」させて，自然な形で子どもからの評価情報を集めるべきである。

4　カリキュラム評価の生かし方

（1）カリキュラム評価のレベル・次元ごとの生かし方

「カリキュラム」が計画，実施，結果の全次元を含む用語であることは述べたが，同時にこの用語は国家レベル，地方レベル，学校レベル，個人レベルといった行政的決定過程のすべてを含むものであることも，十分認識しておく必要がある。したがって，日本語としては「国家カリキュラム」ということはできても「国家教育課程」ということはできない。逆に個人レベルの結果次元で「潜在的カリキュラム」とはいえても，「潜在的教育課程」という表現はありえないと考えるべきである。そこで，本章では「カリキュラム評価」であって，「教育課程評価」ではないと，再度断っておこう。

まず，国家レベルのカリキュラム評価の生かし方としては，全国学力・学習状況調査といった全国的な学力調査が，「学習状況」の調査とともに行われていることを，中央の文部科学省の役人も，地方教育委員会や学校現場の教員も明確に踏まえなければならない。そのデータは，児童生徒に個別に，問題別に記されたものが提示されているはずである。それは，どの子どもが，その教科のどの領域の学習につまずいていて苦手なのか，逆にどの領域に得意で優れているのか等を把握し，その後の指導の改善に役立てるためのものである。もしそのように利用されていないとすれば，教員をはじめとするすべての関係者は，早急にその方向で意識や方策を変えなければならない。決して，新聞報道のような都道府県別の成績の順位付けを行うことが目的ではない。

地方教育委員会も，県や市レベルで全学校に学力テストを行っているところがかなりある。これもたんに学校を成績順に並べるためではなく，カリキュラムの成果を地方行政レベルで把握するためでなければ，ほとんど無意味である。この種のものを「カリキュラム評価」の一部と位置付けて，そのデータもその目的に沿った処理によって示されなければならない。

日常の学校での中間テストや期末テストについては，まさに「成績順位」をつけるために行っている場合がほとんどであるが，その処理の仕方によっては「カリキュラム評価」の一環として，その学期の学習全体の中で，どの単元・領域で子どもたちの学習が不十分だったのかを把握することができ，それがそれ以前とそれ以後の学習にどう関連するのかを深く考えて，授業計画全体の修正・改善に生かすことができる。この種の教員の自覚・意識がもっと明確にならなければならない。

（2）カリキュラム評価の目的・対象ごとの生かし方

「カリキュラム評価」とはいっても，先に挙げた六つの内部要素のうち，そのどれもが理論的には「評価」の対象になり得る。「組織原理」や「履修原理」などは，すでに法律によって決められていて，たとえば前者では，教科は学校教育法や同施行規則に表示されており，また後者では学校教育法により義務教育は9年間と規定されていて，変えられないものであるかのように考えられているが，これとても，時には修正や改革が唱えられることがあるのであり，その際に何も評価データがないのでは議論が明確にならない。関連する事実やデータを蓄積しておく必要があるのである。実際に，前者では「総合的な学習の時間」が，後者では法改正には至らなかったが，「義務教育をもっと厳格にして，学習の度合いをチェックし，落第もあるものにすべきだ」との声が，政治家や教育関係者から出たことがある。

このように考えると，「何のために」カリキュラムを評価するのか，その目的のためには「何を」対象として評価するのか，が明確でなければならない。上述の二つの原理のほかに，「教育内容」「教材」「授業日時数」「指導形態」の四つ，さらには「実施」次元の「授業内容」や「指導方法・技術」，さらに「結果」次元の「潜在的カリキュラム」の中身など，何を改善したくて，何を評価するのか，という明確な意図が「評価」活動に反映されなければならない。それによって，「評価の方法と処理の仕方が決まる」のであり，一般的なテストをすることで済ますのでは，改善に役立つデータはほとんど得られないであろう。

総じて，教員は「評価」は難しく，手間もかかり，億劫になりがちである。しかし，グループで行うなら，お互いが分担と協力で補い合い，励まし合ってこの活動を進めることができる。それによって，子どもの成長・成績が年々良くなっていくのであれば，何よりのやりがいとなるであろう。もちろん，教員各自の関心から，単独で行うものも大いに奨励される。なぜなら，それによってその教員の力量向上が生じるからである。

「カリキュラム評価能力」の高い教員は，その力量の向上も目覚しい。向上心のない教員では困るのである。なぜなら，子どもがその教員を見て，小学校高学年の頃から，かなりしっかりと「教員評価」をして，そのような教員に対する尊敬の念を持たなくなるからである。尊敬できない教員からは，子どもは何も学ばない。子ども，さらには親や保護者から尊敬を得るために，「カリキュラム評価」の能力を高め，日々授業改善に生かしている，といった教員になってほしい。それには教員が，もっと子どもの声を謙虚に集める努力が必要である。

（3）カリキュラム評価の分担と協力

「カリキュラム評価」は，単独で行う場合と集団で分担・協力して行う場合とがあるであろう。単独で行う場合は，その教員の独自の関心や問題意識によって評価活動をすればよい。この場合は，できるだけ「次元」「対象」を絞り，あまり日常の仕事に支障のないように，難しいけれどもうまく仕事の中に組み込む形で行うとよい。

しかし，学校全体で何か「カリキュラム」の研究を行っている場合，たとえばある教科と別の教科の関連付けや総合化を図る研究などの場合，「計画」「実施」「結果」のどの次元も，決して一人では行えない。「評価」も同様であり，それぞれが「分担」と「協力」をする必要があり，その種の経験も個人的な「カリキュラム評価」の力量を高めることになる。その分担と協力の中身は，その教員がどの「次元」に主たる責任を負っているかで決めてもよいが，教員の興味・関心に従って決めてもよい。これでなければならないということはない。

ただ，公的・対外的に「評価」結果を示す場合に，一面的だとか主観的だとかといった批判が起きないよう，細心の注意が必要である。評価の「主観性」は理論的には完全にはなくせないけれども，それを最小限にする努力を示すことが必要である。「分担と協力」も，その種の努力の一つとして活用されるべきであろう。

すでに述べたように，「カリキュラム評価」を「カリキュラム・マネジメント」の必要不可欠な一要素・一部とするならば，「分担と協力」は現実にどうしても行わざるを得ないものとなろう。ただ，それが「教員」全員に均等の分担になるとは限らない。それぞれの職務・校務分掌により異なるのは仕方のないことである。だからといって，誰もお互いを思いやらない状況であると，円満なマネジメントは成り立たない。校長・教頭・主任クラスの教員の最も留意すべきことであろう。

総じて，「カリキュラム評価」を個人で行うか，集団で行うかに関係なく，その評価が何のためかという「目的」が不明確な場合が多い。「自分の活動の改善のため」とはいっても，自分のどの活動の改善なのかをはっきりさせなければならない。教育内容の妥当性なのか，教材の妥当性なのか，授業時数配当の妥当性なのか，指導形態の妥当性なのか，指導方法・技術の妥当性なのか，それらを踏まえた教育目標の妥当性なのか，さらにこれらのうちの二つなのか三つなのか，その評価対象が多くなればなるほど，「分担と協力」は必要だが，より難しくなるといってよい。この意味で，常に「カリキュラム評価」の目的・対象との関係を明確に意識して，その中身を考えることが必要である。

（4）カリキュラム評価とカリキュラム分析・批判（批評）

ここまで，「カリキュラム評価」を「カリキュラム・マネジメント」の一部としてとらえることを前提に論じてきたが，その評価の次元をさらに高めて社会学的な観点からとらえてみると，1970年代から盛んになった「潜在的カリキュラム」（Hidden Curriculum）の研究とつながるように思われる。

カリキュラム評価を「潜在的カリキュラム」研究と直接的に結びつけることは，必ずしも適当でないかもしれないが，筆者には「潜在的カリキュラム」の研究が，アメリカの教育社会学者，ジャクソン（Jackson, 1968）による「結果次元」の「カリキュラムの分析」から出てきたものだからである。彼は，子どもたちが，現実の授業では，教師が授業でめざしている教育目標とは違ったものを，結果として本人さえ気づかない形で学ぶといって，教室内の慣例，習慣，規則等を「潜在的カリキュラム」と表現した。たとえば，忍耐力，コミュニケーション能力，交渉力などという，通常では目標とされていないものである。

他方，アップルなどの批判的教育学者は，これとは別の「潜在的カリキュラム」の存在とそれによる社会的・政治的差別の再生産を指摘し，一気に学校外の「社会的・政治的要因」と結びつけて，公権力の巧妙な教育への介入を批判する。たとえば，教育内容などで「その時の公権力の主張の絶対的な正しさ」を子どもには意識させない形で強制したり，「人種差別・性差別を容認するような内容」を暗黙の形で正当なものとして教えていたり，「社会階層の存在を前提にして，その正しさを問わない形で，その階層の再生産を促すような内容」を学ばせていたりして，社会的・政治的に公教育が，その種の差別の温存・拡大に大きな役割を果たしていることを指摘し批判している（Apple, 1979）。

この種の「カリキュラム分析」や「カリキュラム批判・批評」は，やはり

「カリキュラム評価」による「改善」の観点から見ても重要ではないだろうか。確かに，個別の授業や個々の教員の力量向上には結びつかないかもしれないが，最終的な「教育効果・結果」が，子どもたちの出て行く社会でどのように働くのか，に無関心ではいられないはずである。まして「人間性」全体を見ようとする「評価」研究であれば，たんに一定の能力・学力を持った人材として育っているかという面とともに，実際にその個々人が社会でどういう意識で生活するのか，にも関心を持たざるをえない。この「人格的」な側面，「人間性の成長・発達」を見逃しがちなのが，最近の「社会に開かれた人材（財）養成論」である。

しかし，それは「人間性全体・主体的人格」を見るのでなく，「社会に役立つ能力を持った人材・人財」の面しか見ていない。子どもたちがそういう人材・人財になるよう公教育は，子どもたちを教育の「客体」＝「教育されるもの」として，政府によって方向付けられた教育を行っている。ところが「人格」や「人間性」重視の教育は，子どもの側に立ち，子どもが「国の未来の主権者」になる「主体形成」として行われなければならない。「子どもの側からの評価情報」を含めるべきことを強調したのも，教育を通して子どもが徐々に「客体」から「主体」に変容することが前提なのである。それが「教育」固有の目的である「自立」を意味するのであり，子どもに「自立」を忘れさせて大人に依存させる限り，「分析・批判」の能力は育たず，たんなる大人の道具と見られてしまうのである。

さらに学びたい人のための図書

安彦忠彦（1979）「教育課程の経営と評価」今野喜清・柴田義松編著『教育課程の理論と構造』（教育学講座・第7巻）学習研究社。

▶講座全体の中でも教育課程に絞り，その開発・実施・評価の次元ごとに，「経営と評価」も具体例を含めて歴史的・理論的に論じられている。

根津朋実（2006）『カリキュラム評価の方法――ゴール・フリー評価論の応用』多賀出版。

▶カリキュラム評価がいわゆる「目標」との対応ばかりに留意することの視野の狭さを問題にしたステイク（Stake, R.）に依拠して，結果として学んだ内容を目標から自由な観点に立って評価すべきことを強調したもの。潜在的カリキュラムの意義の理解にも重要である。

田中統治・根津朋実編著（2009）『カリキュラム評価入門』勁草書房。

▶「カリキュラム評価」全般について，基礎的・原理的知識から具体的な評価の方法まで，初めて考え，実践する人に向けて書かれた入門書。

引用・参考文献

安彦忠彦（2001）「カリキュラム評価の諸方法」『現代教育科学』８月号，82-86。

安彦忠彦（2017）『改訂版　教育課程編成論』放送大学教育振興会。

Apple, M.（1979）*Ideology and Curriculum*, London: R.K.P.

Cronbach, L. J.（1963）“Course Improvement through Evaluation,” *Teachers College Record*, LXIV, May（ヒース，R. W. 編／東 洋訳（1965）『新カリキュラム』国土社，所収論文）.

Giroux, H. & Purpel, D.（1983）*The Hidden Curriculum and Moral Education*, Berkeley: McCutchan Publishing, etc.

Jackson, P. W.（1968）*Life in Classrooms*, New York: Holt, Rinehart & Winston.

国立教育研究所（1997）『中学の数学教育・理科教育の国際比較――第３回国際数学・理科教育調査報告書』東洋館出版社。

文部科学省（2006）「教員勤務実態調査」。

文部科学省（2017）「小学校学習指導要領解説　総則編」。

續有恒（1969）『教育評価』（教育学叢書21）第一法規出版。

第5章

学校を評価する

曽余田浩史

1　学校評価の目的と形態

（1）自らの教育意思と責任を持つ主体としての学校

学校は，教育目的の達成に向けて，人（教職員・保護者・地域住民など），物（校舎・教科書・教具など），金（学校予算など），情報，時間といった諸資源を生かして，児童生徒を対象に一定の教育課程によって計画的・継続的に教育活動を行う組織である。児童生徒の教育を6年間や3年間にわたって託されているのは，各々の教員個人ではなく，学校という「組織」である。その組織としての学校が，自らの教育活動等の成果や取り組みを検証し，学校運営の改善と発展によって教育の質の保証・向上を図るための取り組みが学校評価である。

学校評価は，外部から評価されるというよりも，まずその学校が自らの教育活動や学校運営等の成果や取り組みを検証することが基本である。学校評価を考える出発点として，学校の主体性，すなわち，学校は自らの教育意思と責任を持つ主体であるという認識が重要である（吉本，1984）。

学校は，公教育を担う教育機関であり，公共的性格を有する。その性格を維持するために，公立学校の場合，教育委員会等の教育行政機関の管理の下にある。しかし，各々の学校は，法令や施策に従いながら教育行政機関の指揮監督するところをただ忠実に執行すればよいわけではない。教育行政によって与えられた人的・物的・組織的条件を基盤としつつ，各学校が自らの意思（主体性）を持ってその与件をいかに生かして教育に当たるかが重要である（吉本，

1984)。

「わが校はこういう人間を育てる」という学校教育目標,「その人間形成のために,こんな学校をめざす」という学校経営目標は,子どもたちの姿と子どもたちが生きる学校・家庭・地域・社会（学校内外環境）をしっかりと見つめることで浮かび上がってくる,学校としての意思の表現である。

このように自らの教育意思を持つ主体としての学校は,「この学校で学んだ子どもたちはこれだけ力をつけた・育った」という教育成果の責任を負う主体でもある。学校評価は,学校の自らの教育意思に伴う責任の表現であり,学校をより責任あるものに改善していくプロセスである。

（2）学校のアカウンタビリティへの関心の高まり――学校の自律性の確立

学校が持つべき自らの教育意思と責任は,中央教育審議会答申「今後の地方教育行政の在り方について」(1998) を契機に,社会的に一層強く求められるようになった。それは,地方分権化と規制緩和という構造改革の流れを受けた「学校の自律性の確立」政策によって,学校のアカウンタビリティ（説明責任）への関心が高まったからである。

規制緩和として,各学校の判断によって特色ある教育活動を展開できるように教育委員会の関与が整理縮小され,教育課程の編成・予算・教職員の配置などに関する学校の裁量権限の拡大が進められた。教育行政による「入口（インプット）の管理」を緩和する代わりに,保護者や地域住民等による「出口（アウトカム）のチェック」に重点が移る。つまり,子どもたちの教育を学校に託している保護者や地域住民や一般の人々に対して,各学校が「この学校で学んだ子どもたちはこれだけ力を付けた」とアカウンタビリティを果たすことである。

アカウンタビリティ（説明責任）とは,もともと会計用語であり,「何らかの事業を実施する者が,そのために託された資金を目的どおり適正かつ有効に執行したという事実を説明できる責任」である。近年ではより広い意味で,「公共性の高い事業や専門性の高い仕事に従事する組織や個人が,一般の人々から委ねられた使命や目的に即して有効かつ適切に事業を遂行して，その成果について承認を受ける責任」を指す（浜田，2012）。アカウンタビリティを担保する施策として，2007年に学校評価がすべての学校に義務化された。

学校評価の実施と積極的な情報提供は，学校教育法に次のように定められている。

第42条　小学校は，文部科学大臣の定めるところにより当該小学校の教育活動その他の学校運営の状況について評価を行い，その結果に基づき学校運営の改善を図るため必要な措置を講ずることにより，その教育水準の向上に努めなければならない。

第43条　小学校は，当該小学校に関する保護者及び地域住民その他の関係者の理解を深めるとともに，これらの者との連携及び協力の推進に資するため，当該小学校の教育活動その他の学校運営の状況に関する情報を積極的に提供するものとする。

（幼稚園，中学校，義務教育学校，高等学校，中等教育学校，特別支援学校等にも準用。）

（3）自己評価・学校関係者評価・第三者評価

学校教育法の規定をもとに，文部科学省学校評価ガイドラインは，学校評価の目的として，次の三つを掲げている。

①学校運営の組織的・継続的な改善を図る。

②保護者，地域住民等に対し，説明責任を適切に果たすとともに，その理解と協力を得る。

③設置者による学校に対する支援や条件整備等の充実につなげる。

これらの目的を実現するための学校評価の形態として，自己評価，学校関係者評価，第三者評価の三つがある。それぞれの内容は表5-1のとおりである。

三つの評価のうち，各学校の教職員が行う自己評価が基本となる。また，地域住民や保護者等の代表である学校関係者評価委員会は，たんなる学校の応援団ではなく，批判者や批評家でもなく，学校や子どもたちのために敢えて厳し

表5-1　自己評価・学校関係者評価・第三者評価

自己評価
各学校の教職員が行う評価。校長のリーダーシップの下で，当該学校の全教職員が参加し，設定した目標や具体的計画等に照らして，その達成状況や達成に向けた取り組みの適切さ等について評価を行う。
学校関係者評価
保護者，地域住民等の学校関係者などにより構成された評価委員会等が，自己評価の結果について評価することを基本とする評価。この評価は，①自己評価の客観性・透明性を高めること，②学校・家庭・地域が共通理解を持ち，その連携協力により学校運営の改善に当たることが期待されており，学校・家庭・地域を結ぶ「コミュニケーション・ツール」としての活用を図ることが重要である。
第三者評価
学校運営に関する外部の専門家等により専門的視点から行う評価。学校とその設置者が実施者となり，学校運営に関する外部の専門家を中心とした評価者により，自己評価や学校関係者評価の実施状況も踏まえつつ，教育活動その他の学校運営の状況について評価を行う。

（出所）文部科学省学校評価ガイドライン〔平成28年改訂〕をもとに筆者作成。

いことも言ってくれる「批判的友人（critical friend）」の役割を担う。なお，保護者等を対象としたアンケートは学校関係者評価とは異なる。それは，学校の自己評価を行う上で，目標の設定・達成状況や取り組みの適切さ等について評価するためのデータ・情報である。

（4）改善とアカウンタビリティの関係

学校評価の目的は，改善とともにアカウンタビリティ（説明責任）のためである（表5-2を参照）。ただし，二つの目的の順位付けや使い道を混同すると，問題や誤解を招くことになる（曽余田，2003；パットン，2001）。

たとえば，改善に必要なデータとアカウンタビリティに必要なデータとは必ずしも同じものではない。改善を目的とした内部論議のための評価報告を，アカウンタビリティのためとして外部に公表すると，学校内の信頼関係を崩すことになる。

評価目的に応じて，評価の種類も異なる。アカウンタビリティのための評価は「総括的評価」である。これは判断をくだすことを目的とし，一定の活動が終了した後に行われる。その問いは「目的は達成されたか？」「基準に到達し

表5-2　評価の視点

	アカウンタビリティの視点 （判断をくだす）	開発の視点 （改善する）
目　的	・業績，有効性，予算に見合う価値に関するデータを提供する	・自己改善のための学校の能力を高める
受け手 （誰のために）	・保護者と一般の人々	・教員，生徒，保護者，学校管理職（学校づくりの当事者）
提供者	・学校管理職	・教員，生徒，保護者，サポートスタッフ，学校管理職（学校づくりの当事者）
内部評価と外部評価の関係	・総括的 ・自己評価のデータに裏付けられた外部評価	・形成的 ・外部の批判的友人の裏付けを伴った自己評価

（出所）MacBeath & Mcglynn（2002）p. 13を変更・加筆。

たか？」「期待した成果をあげたか？」等である。総括的評価の場合，事前に判断基準を提示することが重要である。

一方，改善のための評価は「形成的評価」である。これは活動の初期や途中に行うものである。その問いは「望まれる成果に対して進捗程度はどれくらいか？」「このビジョンや計画の長所と短所は何か？」「実施にあたってどのような問題が顕在化しているか？」「予期されなかったことで何が起きているか？」等である。この評価では，評価基準を絞ってデータや情報を集めるよりも，その計画の長所と短所，予期しなかったことを含めてさまざまな情報を収集する必要がある。

二つの評価の関係を料理に喩えれば，コックが料理中にスープを味見するときは改善のための形成的評価であり，スープを出してもOKとコックが判断をくだし，お客がスープを味わうときが総括的評価である（パットン，2001）。

評価を行う場合，何を目的として，誰が，誰のために評価するのか，どんなデータを集めるのか，その結果をどう使うのかを明確にすることが重要である。

2　学校マネジメントとしての学校評価

（1）マネジメントの基本精神——現状をよりよいものに変える

学校評価は，それ自体が独立した活動だとみなされるべきではない。学校マネジメント（学校経営）の一局面として，年度の重点目標の設定，Plan→Do→Check→Action というサイクルに位置付けて展開すべきものである。しかしながら，先を見通さない単年度行事遂行主義で PDCA サイクルを展開しようとすると，自分たちが何のために・どこをめざして取り組んでいるのか分からない形だけの活動に陥りがちである。

マネジメントとは，自らの意思を持って，資源（人・物・金・時間・情報・労力・知識など）を生かしながら，協働を通して目的を効果的に実現し成果をあげていく営みである。それは，「何のために」「誰のために」「何をめざして」「いつまでに」「どのように」を考えて，意図的・目的的に仕事をする仕方である。その基本精神は，昨日より今日，今日よりも明日，昨年度より今年度，今年度よりも来年度へと，現状をよりよいものに変えることにある。たとえどんな環境に置かれていても，現状をよりよいものに変えていくという精神である。

マネジメントの反対概念は「成り行き」（drift）である。自らの意思を持たず外部からの要求に場当たり的に対応するだけの受け身的姿勢，「例年どおり」という前例踏襲主義，「そうは言っても現実はこうだからしかたがない」「仕事は決まりきったもの」という現状維持的な思考である。

マネジメントの基本精神をもとに，マネジメントをモデル化すると，図 5-1 のように表すことができる。

「現状」は，児童生徒の姿，その育ちを支える土壌である学校（教職員・地域）の現在の姿である。「現状」はこれまでの学校づくりの歴史・積み重ねの表れである。前任者から学校づくりのバトンを引き継ぎ，自分の任期でどこまで学校（土壌）を育てて次の人にバトンを渡すかを考える必要がある。「ビジョン」は「近い将来（数年後），わが校はどういう姿になっていたいのか」を

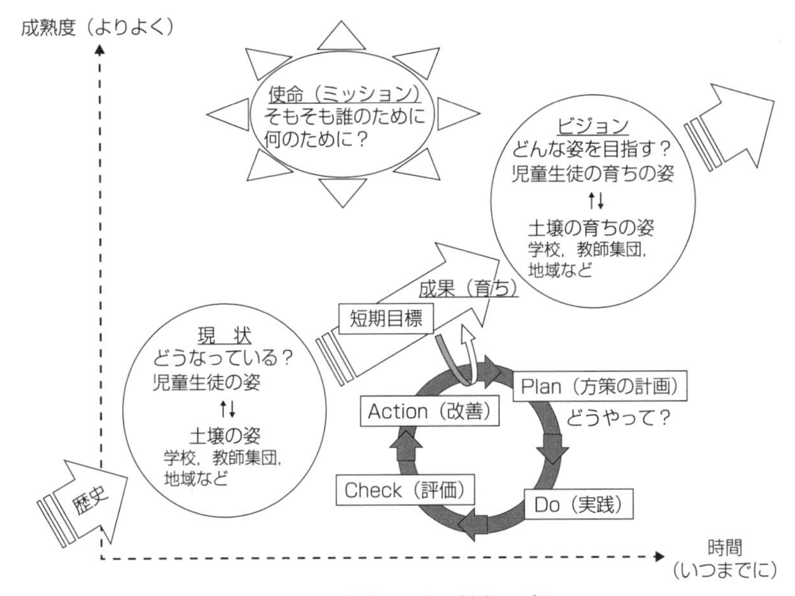

図 5-1　マネジメントの基本モデル

（出所）曽余田（2015）を修正。

示すものである。自分たちが生み出そうと考えている児童生徒の育ちの姿（育てたい子ども像），その土壌である学校の育ちの姿である。

学校のミッション実現のために，学校内外環境の現状（学校の強み・弱み等）を把握し，学校の「課題」をとらえて，現状からビジョンへと，どのような考え方（論理）でどのように至るかを示すものが「戦略」である。

「短期（年度）目標」は，現状からビジョンへと至る際に通過する一里塚であり，具体的かつ到達可能なものである。「戦術」として，短期（年度）目標を達成するための具体的な方策の計画を立て（Plan）→実践（Do）→評価（Check）→改善（Action）のサイクルを展開する。PDCA サイクルは「現状」から「ビジョン」の実現をめざして，成果（児童生徒の育ちとその土壌である学校の育ち）を生み出し，一歩一歩坂道を登っていく取り組みである。たとえば，群れ（教員集団がバラバラ）の段階から，他律（まとまっているが受け身的）の段階，自律（自己改善力を持つ）の段階へと学校の成熟度を高めていく。

表5-3　学校経営目標に関わる概念群

使　命（ミッション）	「何のために・なぜわが校は存在しているのか？　我々はどんな貢献をするのか？」（子どもたちの人生にとって，わが校の3年間は何のためにあるのか？　この地域・社会にとってわが校の存在価値は何か？）という問いに対する回答。（学校教育目標がこの問いに応えている場合もある。）
ビジョン	「近い将来，わが校はどんな姿をめざすのか？　我々はどんな学校をつくりたいのか？」を描いたもの。「どこに行きたいのか？」の目的地を示すもの。
価値観	「我々がビジョンに向かって日々の活動を行う上で，何を大切にして行動するか？」という問いに対する回答。
短期（年度）目標	現状からビジョンへ至る際に通過する一里塚であり，具体的かつ到達可能なもの。
戦　略	現状からビジョンへと，どういう考え方（論理）でどのように至るかを示すもの。
戦　術	短期（年度）目標を達成するための具体的な方策。

（出所）センゲ（2003）pp. 265-267等を参照して筆者作成。

学校経営目標に関わる概念群をまとめると，表5-3のとおりである。

（2）使命（ミッション）と成果（アウトカム）

①学校は独善的になりやすい組織

「組織」は，内側のメンバーの幸せや都合だけを大切にすればよい仲間集団や家族とは異なり，外側の人々のために存在する（ドラッカー，1991）。企業は顧客の「欲求を充たす」ために存在する。学校は，児童生徒や地域・社会の「必要性を充たす」ために存在する。ゆえに，「組織」のマネジメントは，組織の内側ではなく，外側の視点から組織を見て行う必要がある。

このことと関連して，「学校に組織マネジメントの発想を取り入れる」と唱えた教育改革国民会議『教育を変える17の提言』（平成12年12月）の次の提言に着目したい。

「これからの学校は，子どもの社会的自立の準備の場，一人ひとりの多様な力と才能を引き出し伸ばす場として再生されなければならない。教える側の論理が中心となった閉鎖的，独善的な運営から，教育を受ける側である親や子どもの求める質の高い教育の提供へと転換しなければならない。」

この提言は経営学者P.ドラッカーのマネジメントの考え方に基づいて解釈

すべきであろう。ドラッカーは，次の理由により，公立学校をはじめとする非営利組織は独善的になりやすい組織だとみなした（ドラッカー，1991）。

・企業の場合，顧客が来ないという明確なフィードバックがある。しかし，税金で運営される学校は顧客からの明確なフィードバックがない。
・企業の場合，利益という成果の評価のための客観的な物差しが存在する。しかし，学校には客観的な物差しが存在しない。
・自分たちは教育という「よきこと」をしているので，成果が出ようが出まいが追求すべきという考えに陥りやすい。

ドラッカーは，独善的になりやすい非営利組織こそ「成果重視の自己評価」が必要だと論じた。そこで重要となる概念が使命（ミッション）と成果（アウトカム）である。

学校という組織は目的や成果自体が曖昧である。ゆえに，「成果を達成したか」を問う前に，「わが校のミッションは何か，何を達成しようとしているのか」を問い，「我々の成果は何か」を定義し合意を得るところから始めなければならない。これは「未来と組織をどう築いてゆくかについての議論」である。その意味で「自己評価は自己探求プロセス」である（ドラッカー＆スターン，2000）。

②使命（ミッション）

使命（ミッション）は，「そもそも誰のために，何のために，わが校は存在しているのか？　我々はどんな貢献をするのか？」という問いへの回答である。ミッションは組織に方向性を与え，教職員をはじめ学校関係者にとって判断や行動の拠り所となる。

学校のミッションを考えるためには，生涯学習の考え方が不可欠である。変化の激しい社会では，学校という時間・空間内に閉ざされた自己完結的な考え方は通用しない。生涯学習は，時間軸（幼児～高齢者の生涯にわたって，いつでも）と空間軸（あらゆる場や機会で，どこでも）という二つの軸から成り立つ。時間軸で見ると，学校は人生の初期の一時期の教育機関である。子どもたちのこれからの人生にとって，わが校で学ぶ6年間ないし3年間の意義は何かを問う必要がある。空間軸で見ると，学校は社会のさまざまな学習機会の一つである。家庭や地域・社会にとってわが校の存在価値は何かを問う必要がある。

③成果（アウトカム）

もう一つの鍵概念が「アウトカム」（成果）である。従来の学校評価では，学校（教員）が「こういう指導を何回行った，これだけ頑張って教えた」という取り組み（アウトプット：取組指標）の検証にとどまり，「その結果，児童生徒はどれだけ育ったのか，変わったのか，力をつけたのか」という子どもたちの育ちを表す成果（アウトカム：成果指標）を問わないことが多かった。しかし，これでは教える側の論理だけであり，教育を受ける側は何も学んでいないかもしれない。

行政（官庁）の場合，「道路を何本つくったか」（アウトプット：取組指標）だけでなく，「その結果，市民生活がどれだけ豊かになったか」（アウトカム：成果指標）が問われる必要がある。行政側の論理ではなく，市民側の論理への転換である。同様のことが学校にも問われている。

（3）戦略と戦術

単年度行事遂行主義で，「これに取り組みます，あれもやります」と多くの短期目標や方策を設定して PDCA サイクルを展開しようとすると，自分たちは何のために・どこをめざしているのかが分からず，坂道を登ることはできない。これは戦略なき「戦術」である。これに対し，マネジメント（図5-1）を「わが校は何のために存在するのか，どんな学校をめざすのか」を問う自己探求プロセスとしてとらえたうえで，現状からビジョンへとどのように至るかを示す「戦略」を意識して，PDCA サイクルを展開することが重要である。

「戦略」を意識することで，PDCA のとらえ方が変わる。「教科書を教える，教科書で教える」という言葉があるが，「〜を」よりも「〜で」という思考を重視する。まず目標について，「目標をどうするか？」だけでなく，「目標でどうするか？」を考えることになる。短期目標はビジョン実現に向けての手段である。ビジョンも学校の成熟度を高める手段である。どんな目標やビジョンを

表5-4 「戦術」と「戦略」の違い

「戦術」のみを意識したPDCA	
Plan Do	◇短期目標をしっかりとみんなで共有（周知）して，どのような方策で目標を達成するか
Check	◇目標を達成できたか否かを確認 ・なぜできなかったのかの分析
Action	◇できなかったところをどうするか
「戦略」を意識したPDCA	
現状から ビジョンへ	◇現状（課題）をどうとらえるか ◇我々のミッションは何か，いつまでに，どんな姿をめざすか（ビジョン） ◇現状からビジョンへ，どういう考え方（論理）でどのように至るか
Plan Do	◇現状からビジョンに至るために，どのような短期目標を設定することが有効か（なぜその目標を設定するのか？） ◇その目標達成のためにどんな方策に力を入れるか
Check	◇目標を達成できたか否か ・何が功を奏してできたのか，なぜできなかったのかの分析 ◇目標を追求するプロセスの中で生じる，ビジョン実現に向けての児童生徒と土壌の育ち（の芽）を発見し価値付ける ◇ビジョン実現に向けて，学校は現在どの段階に至ったか ◇「何のために，どこをめざして」（ミッションやビジョン）や「我々の成果は何か」の問い直し
Action	◇育ちの芽をビジョン実現に向けて，さらにどこにつなげて育てるか

（出所）筆者作成。

どのように示すことが教育的・経営的に有効なのかが関心事となる。

方策の取り組み（Do）については，授業研究をする，行事をする，学校評価をする……と諸活動を個別的にとらえない。授業研究でこの段階まで高めた成熟度（生徒や教員集団の自律性）を，行事で次の段階まで高めたいと，各々の活動をビジョン実現（成熟度を高めること）に向けての一連の連続したプロセス（の一部）としてとらえる。

さらに，評価（Check）→改善（Action）も変わる。戦術のみの場合，設定した短期目標を達成したか否かが関心事となる。それに対し，「戦略」を意識すると，短期目標を追求するプロセスの中で生じる，ビジョン実現に向けての育ち（の芽）を価値付け，次につなげることが関心事となる。両者の違いは表5-4のとおりである。

表 5-5　高浜市立南中学校平成23年度後期学校自己評価表

平成２３年度　高浜市立南中学校　学校自己評価表（後期）　　　　平成２４年３月１４日版

学校教育目標	「自己を高めよう」をめざし、 知、徳、体の調和のとれた人間性豊かな生徒を育てる ＜めざす生徒像＞　真剣に学び合う生徒、礼儀正しい生徒 自ら心と体を鍛える生徒 －一生懸命やるってかっこいいと思える生徒の育成　－	経営理念 使命・経営展望	【使　　命】自立した大人になるための基礎づくり 【経営展望】南中文化の創造と継承 －学校を見守り協力的な南中学区の地域文化を基盤に、南中学校の生徒文化・教師文化として次世代に引き継ぐ価値のある学校文化を創造する。－

評価計画（中期経営目標を設定して１年目）【★新規　◇重点】

経営展望（中期経営目標）実現に向けての現状（進捗状況）と今年度の位置づけ	本校の経営方針「南中文化の創造と継承」に基づき、本校のこれまでの様々な取組の意義や価値を確認し直したり、整理したりしてきた。生徒の学力向上のために、言語活動の充実をめざした授業づくりをテーマに教師の授業力を高め、質の高い授業づくりに取り組んできた。また、生徒の社会性を育む基礎づくりをするために「学級経営」の重要性を教師が再認識し、「級訓」を核にしてた学級経営を強く意識して学級経営する担任が増え、生徒たちの行事への取り組み方や学級掲示の内容にも反映されるようになってきた。 今年度は、経営方針に基づいた学校自己評価活動を実施していくために、本校の使命や経営展望を軸にして学校評価体制を再構築する１年と考えた。　　（中期：３年間、短期：今年度）

学校経営の柱に対する考え方

a 教師の授業力（教師→教師）	生徒たちが自立した大人になるために、基礎知識を備え自分で考えたり判断し、自分の考えや思いを他人に説明できる学力をつけるために、教師が質の高い授業を行うために教師の授業力を向上させることが最も重要と考えている。
b 学級経営力（教師→生徒）	将来社会に出たときの人としてのルールや思いやりの心、人との接し方を含めた社会性を身につけさせ、一人一人の個性を伸ばしながら集団としての目標達成に向け協調性をもって互いに高め合える学級づくりをめざす。そのための担任教師の学級経営力や学年主任の学年経営力の向上が重要と考えている。
C 生徒自身が課題を発見し解決する力（生徒→生徒）	学級・学年の枠を超えた生徒会活動、委員会活動、部活動、プロジェクト活動を通して、生徒自らの力で企画、立案、運営をさせることで生徒自らで課題を解決していく力をつけることが生徒の自立につながると考えている。
d 地域との協働・地域への貢献（地域⇔生徒）	南中学校は授業や行事で地域から人的に様々な形で支えられている。地域の大人と生徒たちが直接話したり、行動を共にしたりする経験をさせることで、生徒たちが将来地域づくりに貢献できる人材を育成したいと考えている。

中期経営目標	短期経営目標	目標達成のための方策	主な段階別行動指標（成果指標）			現状	評価指標	評価結果 達成値／目標値	観点評価	総合
a 教師力向上 ・南中学習スタンダードの徹底 ・公開授業、論文作成を活用した 授業力の向上	◇南中学習スタンダード基礎部分の定着 2回の公開授業を活用し言語活動の充実をめざした授業	・年２回の公開授業を活用し校長メモ、教務だよりで取り組むべき授業の視点を明確に示し、授業改善を図る。 ・授業参観者用シートで南中のめざす授業を示し、相互参観を通して授業力を高める。 ・教員自己申告シートに各自の目標として学習指導等を位置づける。 ・教育実践の記録を書き、授業実践を振り返る。 ・協調学習の研究と主題研究・公開授業を関連させ、全職員で学習を進める。	○言語活動の充実を目指した授業	４段階	発言する友だちの方へ身体が向き、話の内容にうなずいたりしながら話を聞いている。（心で聴く）		・南中学習スタンダードに関するアンケートの「はい」「概ね」の全体に占める割合	83%／80%	a	
				３段階	発言する友だちの方向に身体が向いて話を聞いている。（身体で聞く）	■	・授業参観シートの各観点評価や記述	7 項目／7 項目	a	
				２段階	発言する友だちの方向に顔が向き、話を聞いている。（目で聞く）					
				１段階	不規則発言をし、学習のルールが成立していない。		・論文本数	21 本／18 本	a	A
			○基礎学力の定着	４段階	家庭学習にも活用され、ノートを使いこなしている。		・中学校入学時と比べた生徒の学力検査の割合	102 %／110 %	b	
				３段階	ノートに板書以外のメモ等の書き込みや自分の考えを書くことができている。	■				
				２段階	ノートに板書されていることは書いてあり、授業の内容が分かる。		・実力テスト結果	106%／110%	b	
				１段階	学習用具を忘れたり、ノートをとれてなかったりする。					
b 学級経営力の向上	★級訓を核に位置づけた学級経営	・副主任を手本にして学年体制で担任支援をする。 ・中堅教師による自主的研修会（ミニ学習会）を実施する。 ・出席率、無遅刻率等の推移を職員会、いじめ不登校委員会で取り上げる。	○三大行事を活用した学級経営	４段階	朝や帰りの長距離練習に学級として参加し、運動が苦手な生徒も自分のベストを尽くそうと必死で走る。		・「級訓」「学級」に関わるアンケート結果の「はい」「概ね」の全体に占める割合の平均	84%／80%	a	
				３段階	パートリーダーや指揮者伴奏者を中心にパート練習や全体練習を歌が苦手な生徒も一緒に協力して豊かな声量で練習する。	■	・出席率	< 12 月 > 96.7 %／98 %	c	B
				２段階	体育大会では応援団長が中心となって学級で役割分担して準備し、声をそろえて練習する。		・無遅刻率	97.0 %／94 %	a	
				１段階	行事が間近になっても、教師が声をかけないと準備が進まない。					

（高浜市立南中学校平成23年度後期学校自己評価表　続き）

評価項目	重点	具体的方策	成果指標	段階	内容	評価指標	結果	評価	総合
C 生徒自身で課題を発見し解決する力	◇手順と礼儀を大切にしたプロジェクト活動の活性化 ★南中キャリア教育の系統性の見直し等・進路指導の充実	・生徒会担当、プロジェクト担当連絡会を実施する。	○主体的に動くプロジェクト活動	４段階	プロジェクト間で連絡調整をしながら、自分たちで企画運営をし次年度への申し送りもできる。	・「プロジェクト」に関わるアンケート結果の「はい」「概ね」の全体に占める割合	＜12月＞ 64% / 80 %	c	
				３段階	各プロジェクトで、自分たちのアイデア実現に向け、自分たちで分担したり交渉をしたりできる。	・プロジェクト参加人数	21 % / 30 %	b	
				２段階	プロジェクトの呼びかけに多くの生徒が集まりまじめに活動できる				
				１段階	プロジェクトの呼びかけに生徒が集まらない。	・「もち味」に関するアンケート結果 「はい」「概ね」の全体に占める割合	66% / 80%	c	B
			○夢を育てるキャリア教育	４段階	自分の将来に夢をもち、自分の適性を考えて進路選択をすることができる。				
		・進路だよりを３年生以外にも出す。		３段階	学習や体験を通して接した人々からその生き方や社会の仕組みを感じ取ることができる。	・便りに関するアンケート結果	84% / 90%	c	
		・学年毎に人と出会う体験活動を行う。		２段階	様々な体験活動にまじめに参加し自分のもち味について考えることができる。	・「体験学習」に関するアンケート	89% / 80%	a	
				１段階	自分のもち味が分からず、学ぶ目的もはっきりせずに生活している。				
d 地域との協働・貢献	◇街路樹ボランティア活動の活性化	・町内会、PTA 等各種団体と行動連携を進める。	○ボランティア活動を通した地域貢献	４段階	進んで参加し、心のこもった活動をする。参加する大人と一緒に活動できる。	・ボランティア活動の生徒参加数	44% / 60%	c	
				３段階	進んで参加し、まじめに活動をする。	・ボランティア活動に関するアンケート結果の「はい」「概ね」の全体に占める割合	73% / 80%	b	
				２段階	参加数は多いが、まじめに活動できないものもいる。				
		・学校だより、全校集会等で生徒への啓発をする。		１段階	参加数が少なく、嫌々やらされている。	・学校へののべ協力者数	250 / 200 人	a	
			○よりよい南中をめざす情報発信	４段階	ホームページを見て協力の申し出がある。				B
		・ホームページ、ブログ等で学校の方針、生徒の様子を積極的に情報発信する。		３段階	各種たよりやホームページに目を通す保護者や地域の方が多い。	・学校だより、ホームページにかかわるアンケート結果の「はい」「概ね」の全体に占める割合	44% / 60%	c	
				２段階	各種たよりやホームページの更新等、情報発信を積極的に行う。				
				１段階	各種たよりが保護者の手に渡らずホームページもほとんど更新されない。				

今年度の成果（結果の分析・解釈）

a
・生徒たちが学び合う場面がグループ活動（ジクソー班等）の中で見られるようになった。
・「聞く」ことや「書く」ことが生徒たちの学びを深める次のステップであることを共通理解できた。

b
・年度当初から計画的な指導の積み上げたのあった学級が集団として、学習、行事に成果を上げた。
・日常の学級経営で一人一人の生徒をどう育てるかの視点をもった学級経営が重要であることが認識できた。

c
・行事や体験活動に真剣に取り組む生徒の姿を見ることができた。
・自分たちに自信をもち主体的に取り組む力を育むためにリーダーの育成の重要性が確認できた。

d
・南中として地域への協力要請に可能な限り応えることで、様々な地域の大人とのかかわりが増えた。
・学校から中学生の地域貢献できる活動場面を地域に示すことの大切さを認識することができた。

・ベテランが手本を示す２回の公開授業や教育論文への応募等の授業力向上のための取組は、南中教師文化として定着してきた。研究授業の模擬授業では多くの職員が参加し、温かな雰囲気の中で若手職員が育っている。３年生の生徒は三大行事への取組や部活動で下級生に上級生としての手本を示した。３年生の学校生活への取り組み方が、生徒文化として下級生の手本となるよう具体的な姿で示せる実践の積み上げをしたい。

次年度の方針・方策の方向性

・学校経営方針との関連を職員が意識しながら、それぞれの取組の段階的な目標（成果指標）を具体的にしていく。また、a ～ d の四本の柱の中心となる教育活動でプロジェクトチームをつくり、具体的な取組を進める。
・本校の経営展望や本校の取組の目的、取組の具体を保護者や地域の方々にわかりやすく情報発信し、協働体制を一つずつ築いていく。

a
・「聞く」「書く」を意識し、南中学習スタンダード、参観者用の授業評価シートを更新することで、次にめざすところを明確にする。
・「言語活動の充実」「協調的な学び」を起こす授業の取組を充実させ、主体的に学ぶおもしろさを味わわせ、生徒の学力向上を図る。

b
・学級開きから始まる年度当初の学級活動の指導のあり方等を示した学級経営の南中スタンダードを定着を図る。
・改訂される教員自己申告シートを活用し、学校運営方針に沿った学校、学年の指導体制を充実させる。

c
・「人と出会う」ことを核にしたキャリア教育のカリキュラムを充実させ、自尊感情を高める学習を強化していく。
・リーダー研修会を模索し、部活動のキャプテン、副キャプテンを学校のリーダーに育成する。

d
・防災等の地域活動に学校として協力しながら、まちづくり協議会との協力関係を発展させる。
・ボランティア部の活動の機会を一般生徒にも広げる方策を考える。

学校関係者評価を受けての次年度の重点（◇）・主な方策（・）

○授業力の向上
◇組織として課題を共有し、その解決策を全職員で考え、実践します。
・教師による主題研究プロジェクトを立ち上げ、「言語活動の充実」を軸に、集団の中で個の学びを深める方策を全職員で研究・実践する。
○学級経営力の向上
◇級訓は「決める」ものでなく、「つくり、育てる」ものという意識を育て、勝負どころで級訓を活かします。
・級訓を核に位置づけた学級経営、一人一人を生かす学級経営について自主的な学習会を開き、ベテラン教師から若手教師へ南中の学級経営スタンダードを伝える。
○生徒自身で課題を発見し解決していく力
◇教師自身がよきリーダーとしての姿を見せ、生徒が安心して自ら率先して動こうとする生徒を育てます。
・リーダー研修会を実施し、自分が真剣に取り組む姿で集団を引っ張り、困っている仲間を助けることのできる学校、学年のリーダーを育てる。
・清掃委員会が主体として「無言清掃」を全校で実施し、真剣に取り組む上級生の姿で南中の新たな伝統を創る。
○ 地域との協働・貢献
◇中学生の力を、ボランティア活動や地域活動に活かします。
・まちづくり協議会、町内会、保護司・民生委員会、各学校ボランティア団体等、地域のネットワーク網を整理する。
・生徒会執行部主催の「街路樹ボランティア活動」にし、町内会と生徒を直接交流する場をつくり、生徒ができる地域貢献について新たな取り組みをする。

（4）学校自己評価表の事例

「戦略」を意識した学校評価の事例として，愛知県，高浜市立南中学校の学校自己評価表（表5-5）を見てみよう（曽余田，2016）。

学校自己評価表を作成する際に，校長を中心に「南中学校の教育を実践していく上で，価値を置いていること（置くべきこと）は何か」を問い直した。見出した言葉は「文化づくり」であった。「文化づくり」は，南中学校のさまざまに展開される実践（授業や学級経営，行事，地域との活動など）の事実のなかに見出され，それらの実践を方向付ける教育的・経営的に価値ある言葉である。この言葉は，「中学校が荒れていた困難な時代を乗り越えて，歴代の教職員が創り上げて来たものをきちっと次に伝えていきたい」という校長の学校づくりの思いともよく合致していた。

「文化づくり」という価値に基づいて学校の現状を見たときに，どうなっていくことが学校の成熟なのか，どういう考え方でその価値の実現をめざすのかを明示したものが，ビジョンである「経営展望」と「経営の柱」である。これが「戦略」に当たる。その戦略に照らして，短期経営目標・成果指標・方策を考えている（Plan）。

実践（Do）では，管理職と教職員は，日常のコミュニケーションの中で，戦略（経営展望・柱）の考え方に意味付けて話をする。また，教職員が提出する自己申告書や週案や教職員向けの授業参観通信（たより）などに管理職がコメントを書く際も，経営展望や柱に照らして教職員の仕事の意味付けを行う。

評価（Check）では，生徒や保護者等を対象としたアンケートをもとに評価結果を判断し，経営展望に照らして，各々の目標・項目だけでなく，学校全体を見た場合の成果（生徒や学校の育ち）を「今年度の成果（結果の分析・解釈）」として価値付ける。そのうえで，「次年度の方針・方策の方向性」を示している（Action）。

3　組織観が変われば学校評価も変わる

学校評価は，学校が自ら主体となって，「組織」としての学校を評価する取り組みである。しかし，「組織」としての学校を評価するのは案外難しいことである。たとえば，学力テストの平均点が向上した学校，進学実績が上がった学校，トラブルや問題のない学校，授業研究に一生懸命に取り組んでいる学校，教員同士の人間関係がよい学校，等々がある。これらの学校は果たして「よい学校だ，うまく機能している」と評価してよいのだろうか。

学力テストの平均点が向上した学校であっても，子どもたち全体が育っている，学校の教育力が高まっていると感じられない場合がある。また，教員同士の人間関係がよい，一生懸命に授業研究に取り組んでいるからといって，必ずしも高い教育成果を保障するとは限らない。あらためて，何をもって「この学校はよい，うまく機能している」と判断するのか，その評価基準を問う必要があろう。

「この学校はよい，うまく機能している」の意味するところは組織観が異なれば変わるものであり，学校評価のあり方も変わる。組織観（マネジメント論）は「組織はどうすればうまく機能するか」の知見を修正しつつ発展してきた。以下では，組織観の発展に沿って，学校評価の違いを見ていきたい。

（1）個業型組織（成り行き管理）

個業型組織は，個々の教員が自分の教育指導のみに関心を向けて仕事をしている学校である。組織を「個人個人の集まり」とみなし，一人一人が頑張れば学校はよくなるという発想が根強い。「組織として」という認識が弱いこの組織観では，「入学した子どもたちに力をつけて卒業させる」という組織の成果に対する責任感や使命感を欠いている。子どもたちの力がついていないことを子どもや家庭の問題にしがちである。

学校の目標はたんなる飾りやスローガンになっている。組織構造は，管理職以外はみな平等という鍋蓋型である。仕事の仕方は，教員個人の経験則を尊重し，前例踏襲主義で，現状をよりよくするという改善意識が乏しい。学校に何か問題がある場合，力のある個人に任せる。

学校評価は，方策や取り組みについて「今年度はここがよかった，悪かった，頑張った」と個々人の印象や感想を話し合うにとどまる。

（2）機械的組織（科学的管理法）

機械的組織（図5-2）は，学校という組織を，諸部品（要素）を組み立てた「機械」とみなす。「誰が，いつまでに，何を，どのように，どれだけなすべきか」（目標，計画，役割，規則）を明確に定め，人々の行動をきちんとコントロールすれば，学校はよくなるという発想である。

この組織観では，「戦術」のみを意識したPDCAサイクルを展開する。具体的かつ到達可能な短期（年度）目標を設定して詳細な計画を立て（Plan），それを実行し（Do），各目標を達成できたか否かを確認し（Check），達成できなかったところをどうするかと方策を考えて対処する（Action）。組織に何か問題がある場合，原因となる部品・要素（技術，個人など）を発見し（Check），その修理・除去・交換（Action）によって組織を改善することが可能だと考える。

組織構造は管理職→ミドル層→一般教職員層のピラミッド型をとり，目標や

図5-2　機械的組織

（出所）東京都教育委員会（2003）を参考に筆者作成。

計画を考える人（管理職）と実行する人（一般教職員層）とを分ける。頭と手足の分離である。トップダウンの指示・伝達・周知がコミュニケーションの中心であり，教職員は与えられた仕事のみに関心を持つ。この組織観の前提には，人は本来的に怠惰であり，アメとムチで外からコントロールしないと動かないという人間観（D.マグレガーのいう「X理論」）がある。

学校評価では，設定した短期目標の達成度とアウトプット（取組指標）を判断基準とする。すなわち，評価結果「a」や「A」の数が多い学校，計画どおりに方策を実行した学校を「よい学校だ」と判断する。

（3）協働的組織（新人間関係論）

協働的組織（図5-3）は，個人（教職員）が仕事にやり甲斐を見出してモチベーションや自己実現欲求を高めることにより，組織目標の達成のために必要な資源（アイデアやエネルギーや才能）を個人から得られれば，学校はよくなると考える。

この組織観の前提には，人間は本来的に責任，貢献，成果を欲する存在であり，潜在的に能力や可能性を持っており，条件や環境を整えればその人の能力や可能性が自己統制で発揮されるという人間観（マグレガーのいう「Y理論」）

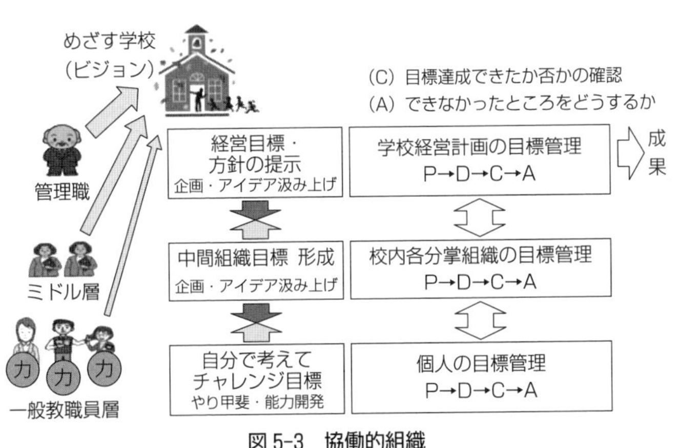

図5-3　協働的組織

（出所）東京都教育委員会（2003）を一部加筆。

がある。人は自分の頭で考えて仕事をしないと，当時者意識を持つことは難しい。この人間観のもと，教職員は学校全体や分掌組織に経営参画し，同僚とのコミュニケーションを通して企画やアイデアを考えながら，PDCA サイクルを展開する。さらに，教職員は学校のビジョンや経営目標に向けて個人目標を自ら設定し，多様な形で貢献する（自己申告）。すなわち，自己主導性と自己統制を発揮して挑戦的に仕事に取り組み，内的報酬（達成の喜びや自己の能力の発揮）を得ることで共通の目標への責任感を高める。そのための仕組みが目標管理（目標と自己統制によるマネジメント）である。

学校評価では，設定した短期（重点）目標の達成度とともに，教職員がPDCA サイクルに意欲的に参画している学校を「よい学校だ」と判断する。

（4）有機的組織（オープンシステム論）

有機的組織（図5-4）は，協働的組織観を引き継ぎつつ，「短期目標を達成したか」「教職員の参画意欲は高いか」と組織内部のみに関心を向けるのではなく，環境と組織との相互作用を視野に入れる。

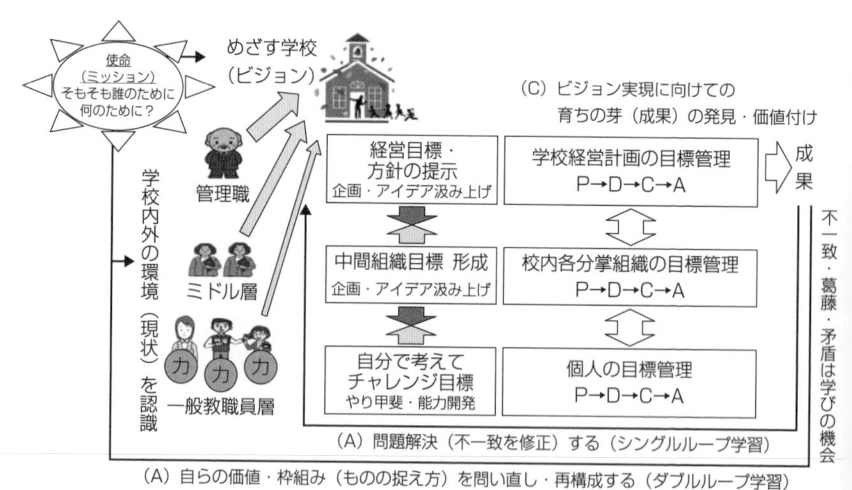

図 5-4　有機的組織（シングルループ学習）と学習する組織（ダブルループ学習）

（出所）東京都教育委員会（2003）を参考に筆者作成。

有機的組織の第一の特徴は，組織に問題があっても個々の部分や単一の要素に原因を帰すことはせず，組織の全体性と他の部分との有機的な相互作用・調和を考慮することである。たとえば，学業達成度の低下に対して，新たな教育方法の導入のみで対処しようと考えると，教員のモチベーションの低下を招くかもしれない。要素（部分）を修理・交換するという機械的組織の改善は対症療法的であり，組織の全体性を壊す危険性がある。

第二の特徴は，組織としての学校を，環境からインプットを獲得し，それらを内部で変換し（スループット），アウトカムを環境に産出し，期待した成果と実際の成果との不一致を発見して修正する（フィードバック）という均衡状態を維持する継続的なサイクルとみなすことである。これは，学校内外の環境を正しく認識して問題を明確化し（現状把握），変革の「戦略」を策定し，短期目標の設定と計画（Plan）を行い，それを実践し（Do），成果を評価し（Check），次の変革・改善（Action）につなげる問題解決プロセスでもある。ここでは，「戦略」を意識したPDCAサイクルが展開される。

この組織観は，「よい学校だ，うまく機能している」の判断基準として，短期的な有効性（目標の達成度など）よりも長期的な有効性を重視する。すなわち，組織（の一部分）が問題解決（改善）されることよりも，組織の問題解決力（自己改善力，自己修正力）が高まることが「この学校はうまく機能している」ことだと考える。具体的には，組織の成熟度を表す次のことが判断基準となる（ベニス，1968）。

①学校内外の環境を正しく認識する能力がある。

②「この学校はどういう学校か，その使命は何か，何をなすべきか」を教職員が共有している。

③学校内外の変化に応じて自らも変化する問題解決力・修正力を持っている。

この組織観では，短期目標の未達成，葛藤，矛盾などの問題（不一致）が存在するか否かは第一義ではない。むしろ，不一致（未達成や葛藤など）は，その分析や問題解決に向けての議論を促して気付きを得る学びの機会である。

学校評価では，単年度主義ではなく，これまで（複数年度）の学校づくりのプロセスを踏まえ，「経営展望の実現に向けての今年度の位置付け」等の自己認識が適切であることが重要である。そして，評価結果「C」があっても，直ちに「この学校はうまく機能していない」という判断にはならない。むしろ，自らの問題を正しく認識して問題解決しようとしていると評価できるかもしれない。問題解決力・修正力の観点から結果の分析・解釈（Check）や次年度の方向性（Action）を深めているか等を見て，「この学校はうまく機能している」と判断する。

（5）学習する組織

学習する組織（図5-4）は，自らの未来を創造する能力を絶えず高めている「生きたシステム」である。この組織観も，短期的な有効性（目標の達成度など）よりも，長期的な有効性を重視する。

有機的組織が強調した問題解決力は，①学校内外の環境変化を感じとり探り出す，②入手した情報を組織の価値・枠組みに照らしてそこに不一致があるかどうかを見出す，③発見された不一致を修正する（シングルループ学習）という能力であった。これに対し，学習する組織は，判断基準である自らの価値・枠組みそのものの適切性を問い直し再構成する（ダブルループ学習）という能力が高まることが「この学校はうまく機能している」ことだとみなす（Morgan, 1986）。

「学習する組織」の唱導者であるP.センゲは次のように健康問題に喩える（Senge, 2000）。健康のために健康診断を受け，サプリメントや薬剤を飲んだり外部の専門家のサポートに頼ったりする。しかし，自らの生活を見直すことはしない。これはシングルループ学習である。長期的に見て本当に必要なことは苦痛が伴うかもしれないが，自身にきちんと向き合い，何が大切かを問い，自らの生活スタイルを変えることである。これがダブルループ学習である。

同様のことが学校にも当てはまる。学力調査や生徒へのアンケート等によって生徒たちの問題を発見し，その問題解決のために指導の方法や体制を変える。しかし，学校づくりや教職員の人材育成にとって重要なことは，生徒の側のみに問題の原因を見出して解決しようとするのではなく，学校や教職員集団が「自分たちの問題のとらえ方は適切なのか，自分たちは何に価値を置いてどこをめざして教育すべきか」と自らの価値・枠組みを問い直し再構成する力，すなわち自らの未来を創造する能力を高めることである。

学習する組織は，ミッションやビジョンや戦略も固定的なものではなく，「常に創り続けている途中」とみなす。そして，実践の経験を通して現状（子どもたちや土壌の姿）のとらえ方を省察するとともに，「わが校の使命は何か，どんな学校をめざすか，成果とは何か」を教員間の省察的対話によって自己探求する。

学校評価では，有機的組織観の判断基準に加え，自らの未来を創造する能力を高める自己探求が行われているかが判断基準となる。すなわち，学校のミッションや経営展望（ビジョン），学校内外の環境の捉え方や「何が成果か」を問い直したり明確化したりしながら，結果の分析・解釈（Check）や次年度の方向性（Action）を自己省察的に深めているか等を見て，「この学校はうまく機能している」と判断することになる。

さらに学びたい人のための図書

佐古秀一・曽余田浩史・武井敦史（2011）『学校づくりの組織論』学文社。

▶学校評価の基盤となる「学校の有効性」概念と組織論の関係に関する理論的整理がなされている。

ドラッカー，P. F. &スターン，G. J.／田中弥生監訳（2000）『非営利組織の成果重視マネジメント』ダイヤモンド社。

▶我々の使命は何か？　顧客は誰か？　成果は何か？等を問う自己探求プロセスとしての非営利組織の自己評価手法を紹介している。

引用・参考文献

ベニス，W. G.／幸田一男訳（1968）『組織の変革』産業能率短期大学出版部。

ドラッカー，P. F.／上田惇生・田代正美訳（1991）『非営利組織の経営』ダイヤモンド社。

ドラッカー，P. F. &スターン，G. J.／田中弥生監訳（2000）『非営利組織の成果重視マネジメント』ダイヤモンド社。
浜田博文編著（2012）『学校を変える新しい力』小学館。
MacBeath, J. & Mcglynn, A. (2002) *Self-evaluation*, Routledge Falmer.
Morgan, G. (1986) *Images of Organization*, Beverly Hills: Sage Publications.
パットン，M. Q.／大森彌監修，山本泰・長尾眞文編（2001）『実用重視の事業評価入門』清水弘文堂書房。
佐古秀一・曽余田浩史・武井敦史（2011）『学校づくりの組織論』学文社。
Senge, P. (2000) *Schools that Learn. A Fifth Discipline Fieldbook for Educators, Parents, and Everyone Who Cares about Education*, New York: Doubleday.
センゲ，P. 他／柴田昌治＋スコラ・コンサルタント監訳（2003）『フィールドブック　学習する組織「５つの能力」――企業変革を進める最強ツール』日本経済新聞社。
曽余田浩史（2003）「評価システムの開発と実施②　協働化と組織設計」木岡一明編『これからの学校と組織マネジメント』教育開発研究所。
曽余田浩史（2015）「これからの学校の在り方」広島大学附属小学校学校教育研究会『学校教育』No. 1171，14-21。
曽余田浩史（2016）『学校経営における目標概念群の構成と機能に関する組織論的研究（科学研究費最終報告書）』（平成25～27年度日本学術振興会科学研究費補助金基盤研究(C)課題番号25381081）。
東京都教育委員会（2003）「都立学校評価システム確立検討委員会一次報告――都立学校の自己評価の確立に向けて」。
吉本二郎（1984）『学校の経営行為と責任』ぎょうせい。

第6章

教育における評価の意義

梶田叡一

1　「学びと育ちの見極め」を踏まえて次のステップに

一人一人の学びや育ちを確認し，次のステップへの足場を準備する活動が教育評価である。言い換えるなら，教育評価は「学びと育ちの見極め」であり，それを踏まえて次のステップへの方向付けやポイントを明確にするための活動である。学んでいく上でも指導していく上でも，時にこうした確認なり見極めを手掛かりにしないと，現実的な根拠の希薄な上滑りの学びや指導となり，思いこみだけが先行する教育，行き当たりばったりの教育，になってしまうことになる。

教育評価は，当然の事ながら，「個」の学びを支え，育ちを支援するものでなくてはならない。しかし，それが本当に「個」を生かすことにつながっているかどうか，時に点検してみる必要がある。その子の学びや育ちの現実を見つめ，その子のさらなる学びや育ちにつながっていくために機能させるべき評価が，まずい場合には，その子の学びや育ちをかえって阻害し，歪めてしまうことがないわけではないからである。

評価されて自信を失う子，劣等感を持つ子もいる。逆に，優越感を持つ子，驕り高ぶりの気持ちに支配されてしまう子も出てくる。いずれも，その子らしい素直で実直な学びと育ちを歪めてしまうことになる。そして残念なことに，学校での評価には，現実に，こうした点で「個」の学びや育ちを歪めてしまっているのでは，という危惧が常につきまとっている。テストや成績付け等の評価が嫌われることがあるのは，こうした副作用があるからである。しかし，だからといって評価活動を捨て去ってしまうわけにいかない。評価には教育にとって不可欠な働きがあるからである。

日本で言えば，７世紀の飛鳥時代に都に大学，諸国に国学，といった公立学校が設立されてから今日まで，どんなに世の中が乱れようと，連綿として定期試験と成績付けが行われてきている。欧米においても中国においても日本以上に古い時代から，連綿として試験や成績付けが行われてきているのである。これは，いったい，どうしてなのであろうか。嫌なこと，心楽しくないことであるなら，チャンスさえあればやめようと努めるはずである。それなのに，洋の東西を問わず，時代の古今を問わず，学校といった組織的教育機関が存在するかぎり，さまざまな形での評価活動が行われてきたのである。これは，よほど重要な存在理由（レゾン・デートル）があるからであろうし，関係者の多くが内心で常にそれを感じとっているからに違いないであろう。

では，それほど大事な教育評価の存在理由とはいったい何なのであろうか。なぜ，どういう理由で，教育において評価の活動をやらなくてはならないのであろうか。

2　学ぶ側における評価の意義は何か

まずは，学習者にとって評価はどのような意味で有用であり，必要であるかである。これには少なくとも３点が考えられるであろう。

（1）価値の方向に気づく

まず第一は，外部からの評価に接していくことによって自分に期待されている価値の方向性に気づくことができる，という点である。

たとえば一生懸命に絵を描くという活動に没頭しているとしよう。没頭すること自体はいいのであるが，先生から「うーん，ここはもうちょっと……」と指摘されるなら，先生が期待している画面構成，色彩構成の方向がどのようなものか，少しずつ分かっていくことになる。そしてそれによって，自分の没頭していた世界を一度対象化し，客観的に見つめ直すことが可能となる。これによって，時には独り善がりの世界から抜け出していくこともでき，より高次な価値の世界に目覚めていくことにもなるのである。

教科学習一般について考えてみるならば，評価される際の具体的ポイントが，その教科において学ぶべき点を如実に指し示しているのである。たとえば何かの教科のテストを受けるとしよう。何点取れるかということもさることながら，どのような問題が出題され，どのような配点がなされているかで，その教科の学習に関して指導する側が何をどの程度に重視しているか，暗黙のうちに伝わってくることになる。これによって，学習すべき内容や程度，そこでのものの考え方などが分かってくることになるのである。

このような教育評価の機能は，指導する側の「教える」活動を暗黙のうちに支えるものであり，教育目標に関するコミュニケーション機能の一環をなすもの，と言ってもよいであろう。

（2）自己認識の機会となる

第二は，外部からの評価によって自分自身の姿に気づくことができるという点である。

多くの場合，人は自分自身を「これでいいのだ！」と見てしまいがちである。自己を受容・肯定しなくては積極的に生きていけない，という事情が各自の心理に暗黙のうちに存在するとはいえ，これが行き過ぎると独善的になり，より高次の段階に向かって伸びていくことが不可能になる。こういう人に対しては「まだまだ，こういう点では駄目だよ。自分で満足していてはどうにもならないよ」ということを，直接の指導・助言だけでなく，試験の点数や成績評価等々としても示していかなければならないであろう。これを学習者の側で的確に受け止めることによってはじめて，独善の泥沼に落ち込まない形で着実に学習を積み上げていくことが可能になるのである。

もちろん，独善への歯止めと言うだけではない。大人でも子どもでも，自分でどんどん伸びていく人は，常に「まだ，まだ」と自分の現状を厳しく見る習慣を確立していることが多い。しかしながら，これが行き過ぎると病的な完全主義となって，自分の現状を受け入れ，肯定することができなくなり，にっちもさっちも行かなくなることがある。こういう人に対しては，「あなたとしては満足できない点があるかもしれないけれど，今の段階では，そのくらいできれば御の字だよ」といった指導する側からの評価が，大きな救いとなるのではないだろうか。本人は，それによって自分の現状を，それなりに受容・肯定して見ることができるようになるのである。

このように教育評価は，学習者に対して外の世界からの目や外的な期待水準に気づかせるという機能を持つものであり，これは外的評価基準に関するコミニュケーション機能と言ってもよいでろう。

（3）学習のペースメーカーとなる

第三は，教育評価を定期的に行うことによって，そのスケジュールに合わせる形で学習に着実な積み重ねが可能となる，という点である。

１回ごとに完結するような学習であるなら，その時間が充実しているというだけで結構である。しかし，多くの学習は，長い年月にわたっての積み重ねを必要とする。前にやったことが分かっていなくては，次の学習が十分にできない。だからこそ，学習をやりっぱなしにするのでなく，どこかできちんと復習して身に付ける努力をしなくてはならない。その機会となっているのが，現実には，時折のテストとか定期試験なのである。

人間は弱い存在である。授業の中だけで十分に分かったわけでない，ということを感じていたとしても，自分でもう一度復習してみるということは，なかなかできないものである。外側から強制され，やむを得ず，ということでなくては，きちんとした復習の習慣がつくものでない。自分の願いに支えられ，自分の力だけで，一歩一歩着実に学習を積み重ねていける人も居ないではないがこれができるのはごく例外的な人だけであるということを我々は銘記すべきであろう。

学習に対するこうした外的縛りとしての評価の機能は，言い換えるならば，学習のペースメーカーとしての機能ということができるであろう。

3　指導する側における評価の意義は何か

さて，教える側，指導する側にとって，評価はどのような意味で有用であり，必要なのであろうか。いろいろな指摘がこれまでなされてきたが，まとめてみると次の2点となるであろう。

（1）指導の対象を理解する

まず第一は，評価することによって指導する当の相手，学習者の実態を知り，理解する手がかりを得る，という点である。

教える側は，相手がどこまで分かっているのか，できるようになっているのか，をつかんでいなくては，的確な指導をすることができない。相手のことを知らないままで教えても，相手は分からないまま我慢して聞いているか，分かりきったことに退屈して眠り込むか，のいずれかであろう。しかしながら，現実には，相手の実態を知ろうとしないまま，教科書をこなせばいい，指導計画を消化すればいい，といった授業が見られないではないのである。

目がキラキラしていた，みんなイキイキしていた，といった常套表現がある。指導主事等が授業の講評をする際によく出てくる表現である。しかし，外的な印象だけでは，つまり子どもの顔を見ているだけでは，本当に分かっているかどうか，できるようになったかどうか，知ることなど不可能である。だからこそ，テストをしたり，ワークシートの記述内容を点検したり，子どもに書かせたコメントや感想文に目を通して整理してみたり，でき上がった作品をさまざまな視点から吟味検討してみたりするのである。

指導の前提として学習者の実態を知る，という評価の機能は，着実で的確な指導を行う上で必要不可欠な条件となるものと言ってよい。

（2）教育目標の実現状況を確認し，その十分な実現に向け新たな手立てを考える

第二は，教える側が，教育活動を通じて相手の上に実現してほしいと願ってきた目標が現実にどの程度まで実現しているか，評価することによって確認する，という点である。もちろん，まだ十分には実現していない部分が分かったならば，評価結果に基づいて新たにどのような手立てを講じたらよいか考え，実施しなければならない。

履修主義の名のもとに，やりっぱなしの教育活動をして恥じない教師も，未だ居ないわけでない。自分が行った指導によって所期の目標が実現したのかどうか，ということにこだわらないとしたら，無責任極まりない話である。教育は，相手である学習者が教育目標とされていた何かを獲得してはじめて意味を持つのである。何年間，学校で一緒に活動しました，楽しい授業をしました，指導計画も無事こなしました，というだけではどうにもならないのである。

こう考えるならば，どうしてもどこかで評価をして，目標としてきたもの（教師のねがいとねらい）の実現状況を確認しなくては，ということになる。そのためには，目標そのものが明確化されていなくてはならないし，また，そこでの評価結果をこれこれの目標の実現状況として見る，といったことが可能になるような評価方法が準備されていなくてはならない。さらには，目標の実現状況の確認の上に立って，次にどのような手を打てばいいのか，といった補充・深化の手立てが準備されているのでなくてはならない。

評価のこうした機能は，まさに，これまで形成的評価として実践的な工夫が積み重ねられてきたところにほかならない。現代の教育評価論において，最も着目されている機能と言っても過言ではないだろう。

4　教育を管理運営する側における評価の意義もまた

もう一つ，学校の管理職とか，教育委員会など，教育を管理し運営していく側にとって見落とすことのできない評価の機能がある。これは，基本的には，

教育の社会的責任に関わるものである。

公立学校の場合，多額の税金によって学校が維持され，運営されている。そして教職員の給与等も税金によって賄われている。私立学校の場合にも，現実には多くの公費（税金）が投入されており，これに加えてその学校に来ている児童生徒の保護者が納める授業料等によって維持され，運営されている。いずれにせよ，学校というところは，預かった子どもたちをきちんと教育し，お金を払っている人たちが「なるほど，これでいい」と思ってくれるような成果を挙げなくてはならない，という社会的な責任を負っている。教師の好きなことを好きなようにやっていていい，というわけにはいかないのである。

こうした社会的な責任の根幹をなすのは，学習者が何を獲得したのか，それは学校に期待されたところを満たしているのか，という点である。つまり，学校に行ったなら，どの子どもにも，ある一定以上の教育成果が実現されなくてはならないのである。これを実証的に示すためにも，評価をきちんとやっていかねばならない。そして，保護者や地域の方々など関係者のすべてがその評価結果に納得する，という形でそれが示されるのでなくてはならない。通知表や指導要録，一斉テストの結果の提示や作品の展覧会，体育祭（運動会）や文化祭（学芸会）などは，こうした機能を果たすものである，ということに，学校としてもっと理解を深める必要があるのではないだろうか。

評価のこうした機能は，とくに欧米において強く意識されている。しかし，我が国においても，やっと「学力保障」といった形でそうした発想の土台が示されるようになった，と言ってよい。我々がベンジャミン・ブルームのマスタリー・ラーニング（完全習得学習）理論を日本的に発展させ，「学力保障と成長保障の両全」ということで，1970年代以降ずっと取り組んできた課題も，基本的には，こうした発想に基づくものであった。ちなみに，ここでの「学力保障」とは当面の見える学力をすべての学習者に実現しようということであり，「成長保障」とは，将来にわたって生きて働く見えない学力をすべての学習者に実現しようということである。

5　多面的総合的評価に向けポートフォリオ的な運用を

学ぶ側でも指導する側でも，評価すること自体の教育的重要性を十分に認識していくことが不可欠であるが，その評価の仕方についても，最終的には多面的総合的でなくてはならないことを，ここで改めて強調しておくことにしたい。

一つの指標，一つの資料で評価するのでなく，いくつもの指標に関して，数多くの資料に基づき多面的に評価する，ということが重要なのである。たとえば，客観テスト方式で測定された基礎学力に加えて記述式テストで評価された思考力や問題解決力なども大事にしなくてはならないであろう。さらには小論文やレポートによって，また面接の結果や実際に作成させてみた作品の実物などによって，感性や表現力等も見ていくことが考えられるべきである。こうしたさまざまな評価結果を一人一人についてファイルし，それらの総合評価として成績や合否などを判断しようという多面的総合的な評価こそ，これからの教育評価としてめざすべき方向である。

こうしたポートフォリオ的な評価は，我が国においても大学入試について今後これを一層重視するということが言われているし，小中高等学校での成績評価についても今後はこれを中心に，という声がある。煩雑と言えば煩雑であるが，実態把握を踏まえて次のステップの取り組みを，という形成的な評価の基本から言えば，多面的に児童生徒を見ていくという方向は，当然過ぎるほど当然のことと言ってよい。

教育における評価は，テストなどによる実態把握にしても，成績付けや合否判定にしても，点数（100点満点の何点など）とか評点（ＡＢＣなど）といった形で１次元的に問題にされるのが長い間の伝統であった。このため評価によって格付けや序列の意識が生じたり強化されたり，といった反教育的な弊害も生じがちだったわけである。私自身も参画した1980年の指導要録改定で，評点だけでなく複数の観点からの評価をする観点別学習状況の評価欄を設けたり，それまで知能指数などを記入していた標準検査の記録欄を廃止したりしたのは，評価の多面化総合化に向け大きく舵を切ったものであった。

そして，2000年前後からとくに強調されているのがポートフォリオ評価なのである。ポートフォリオというのは，もともとは資料を入れる「かばん」のことであり，そうした「かばん」に子どもの学びや育ちに関わる多様な資料を集積していこうということである。ただし，目標意識が明確でないまま資料をやみくもに集積していけば，量的に膨大なものになって，それをその子の指導に生かしていくことなど到底できなくなる。目標を明確化して，集積していくべき資料を精選し，またそうした資料をどのような視点から整理して指導等に生かしていったらいいのか，十分に考えて取り組まなくてはならない。また，ポートフォリオという場合，子ども一人一人で蓄積していく資料の量が大きく異なっていくということにも留意すべきであろう。指導上気になる子どもに関しては，どうしても資料を多く集めなくてはならなくなるはずだからである。

6　教育的機能を十分に果たす評価に絞りこんでいきたい

ここまでのところから，教育において評価活動が不可欠であること，そして今後の学校教育において基本的にどのような評価が必要とされるか，といった事情が見えてくるのではないだろうか。ここで見てきたような機能を評価が果たしているからこそ，どんなに嫌なことであったとしても，評価を追放したり忘却したりすることはできないのである。

要は，こうした諸機能がうまく発揮されるような評価のあり方を工夫することである。逆に言えば，なぜやっているのか分からないような評価活動，たんに書類を作ってファイルしておくだけといった評価活動は，思いきってやめてしまうことである。

学校で行われている評価活動を，具体的には授業の中でのチェック，小テスト，定期試験，通知表や指導要録，等々のあり方を，ここで述べてきた視点に立ってもう一度見つめ直していきたいものである。

さらに学びたい人のための図書

B. S. ブルーム他／梶田叡一他訳（1973）『教育評価法ハンドブック――教科学習の形成的評価と総括的評価』第一法規出版。

▶現代評価理論の基礎となっているB. S. ブルームらの理論の主要部分を概説。デューイの教育論，タイラーのカリキュラム理論，ブルームの評価理論・学習理論と続く，3代の師弟関係を踏まえた体系的な論述。現代の教育評価の基礎となる古典。

梶田叡一（1983）『教育評価』有斐閣。（何度か小改訂がなされ，第2版補訂2版は2010年に刊行）

▶ B. S. ブルームらを中心とする現代の教育評価理論の展開を踏まえて，タキソノミー（教育目標の分類体系）やマスタリー・ラーニング（完全習得学習），形成的評価など主要な事項について論述。また，欧米における教育評価の歴史的展開と同時に，日本における飛鳥時代から今日にまで至る教育評価の歴史についても概観。

梶田叡一（1994）『教育における評価の理論Ⅰ　学力観・評価観の転換』金子書房。
梶田叡一（1994）『教育における評価の理論Ⅱ　学校学習とブルーム理論』金子書房。
梶田叡一（1994）『教育における評価の理論Ⅲ　社会・学歴・教育改革』金子書房。

▶教育評価に関わる諸問題を総合的に論じた3巻本。第1巻では，知識・理解・技能中心の受け身的な学力観から思考力・問題解決力に重点を置いた能動的な学力観への転換，一次元的な優劣・序列化の評価観から各自の個性的な成長・発達を跡付ける多面的総合的な評価観への転換，等が論じられる。第2巻では，学校という教育機関の歴史的社会的な諸条件の中での最適な教育の在り方の実現を論じ，学校教育における望ましい評価の在り方に関わる諸研究の概観がなされる。第3巻では，教育評価の社会的な面での意義や課題について，入学試験や学歴，教育改革と評価の問題などが論じられる。

第Ⅱ部　評価することとひととしての成長

第7章

学習意欲を育てる評価

伊藤崇達

1　学習意欲とは何か

(1) 学習意欲とは

本章では，学習意欲とは何か，そして，学習意欲を育てる評価の在り方について述べていく。学びに向かおうとするエネルギーに満ち溢れることで，ひとの育ちは豊かなものとなるだろう。ひとを育てるという営みにおいて，学びに向かおうとする力をどのように捉え，これをいかに引き出すべきか，すなわち，学習意欲を育てる評価の在り方について深く考えておく必要がある。

「学習意欲」という言葉は，日常語としても教育用語としても用いられる。「学習に対する意欲」ということであるが，鹿毛（2013）は，「学びたい」という欲求と，「成し遂げたい」という意志，すなわち「意」と「欲」の両者があってはじめて，「学習意欲」は成立するものと説明している。

学習意欲の問題は，アカデミックな文脈では，「動機づけ」（motivation）あるいは「学習動機づけ」の概念で，理論的，実証的な検討が進められてきた。「動機づけ」の学術上の一般的な定義として，「行動を生起させ，これを維持し，方向付け，収束するプロセスの総体」（速水，1998；櫻井，2009）というものがある。この学術上の動機づけの定義付けにおいて，注目しておくべきは，「プロセスの総体」としている点である。ヒトのやる気についてよく言われる表現に，心の中に火を灯すという言葉があるが，これに留まらず，情熱の炎を燃やし続けることができているか，というようにプロセスをも包含しうる概念化が図られているといえる。

また，動機づけは，ベクトルの概念でたとえられることが多い。行動を引き起こす「エネルギー性」と，行動を特定の方向へと向かわせる「指向性」という二つの側面で構成される，と捉えるものである。前者は，動機づけの強さや大きさを表し，後者は，何に向けられた動機づけであるかということを表している。社会科の学習には意欲があまり湧かないが，理科の学習になると，高い意欲を示すといったことが，ベクトルの概念でうまく説明できる。ひとは，さまざまなモノ，コトに対して動機づけられる生き物である。とりわけ，学ぶということに向けられた動機づけが「学習意欲」にあたる。

（2）創発的な現象としての動機づけ

動機づけは，ひとと環境との相互作用を通じて生起してくる現象である。ある個人が，特定の文脈や状況に置かれることで，学びたいという動機づけが立ち現れてくる。ある数学の授業が面白くて，さらに「解きたい」「学びたい」という気持ちが高まっている生徒の様子を想像してほしい。「解きたい」「学びたい」というように，学習活動を起こさせようとする，内面から突き動かすような「原因」にあたる心理状態のことを一般に「動機」という。「動機」は環境と無関係に生じてくる訳ではない。興味を惹く教え方の授業や，面白そうだと思える数学の課題がある，といった環境に置かれることで，学びたいという動機が生まれる。授業において学習行動が維持され，方向付けがなされていくなら，動機づけがある，ということになる。

学びたいという動機は，個人内において活性化するものであるが，どのような心理的な要素によって規定されるだろうか。学ぶことが楽しければ，学ぶ意欲は高まるだろう。楽しさという「感情」が，動機づけを支えていくことになる。学んでいる内容に価値があると認識すれば，学ぶ意欲が高まるだろう。価値を認めるという「認知」が，動機づけを支えていくことになる。「もっと知りたい」という知的好奇心が喚起されれば，これも学びに向かう動機づけとなる。知的好奇心をはじめとする「欲求」も，動機づけの重要な要因の一つである。「認知」「感情」「欲求」は，動機を規定する個人内の心理的要因として捉えられ（鹿毛，2004），個人外の要因である「環境」との間で相互に影響しあうプロセスを通じて，学習動機づけ，すなわち，学習意欲を形成していくことになる。

教育評価において，学力の評価の観点として，「知識・理解」や思考力，判断力などは「認知面の評価」とされ，「関心・意欲・態度」は「情意面の評価」であると，区分して捉えられることがある。「関心・意欲・態度」が，「学習意欲」とほぼ対応付けて捉えることができるとすれば，学習意欲の評価は，情意面の評価ということになるが，学習意欲そのものは，心理学的な観点から見れば，「認知」「感情」「欲求」が，その主たる個人内要因ということで，多面的な心理的要素からなっているということに留意しておきたい。

少し複雑なことになるが，学力の「情意面」に相当する学習意欲の向上をめざすにあたり，学習内容の価値付けや，「自分にもできる」という期待を持たせる学習支援は，学習者の「認知」面に働きかけている，ということになる。

2　どのような評価によって学習意欲は育まれるか

（1）評価とは

ひとを育てる営みに評価は欠かせない。学校教育における「評価」とは，児童生徒がさまざまな活動への取り組みを通じて，どのような学びや育ちをしたかについて確かめることである。教育者と学習者のいずれの視点から捉えるかで，「教育評価」ないし「学習評価」といった言い方がなされる。学習者の成長や発達を促すことが教育実践のめざすところであることから，学力・適性・身体・健康など，学習者の諸側面についての変化が，主たる評価の対象となるだろう。

評価の問題を考えるにあたっては，誰が行うか（評価主体），いつ行うか（評価時期，タイミング），どのように行うか（評価方法や評価基準など），何を評価するのか（評価対象）について検討する必要がある。学習意欲との関連を見た場合，従来の研究では，主として「評価主体」や「評価基準」がどのような影響を及ぼすかについて明らかにされてきた。

（2）評価主体と学習意欲の関係

評価主体の在り方が，子どもの学習動機づけにどのような影響をもたらすかについて検証した先行研究を見ていくことにしたい。小倉・松田（1988）は，中学生を対象に漢字学習を取り上げ，評価主体が動機づけにどのような影響を及ぼすかについて実証的に明らかにしている。動機づけは，賞罰などの外的な要因によって引き起こされる「外発的動機づけ」と，興味や関心，楽しさなどのように内的な要因によって引き起こされる「内発的動機づけ」の２種類に分けて捉えられる。外発的動機づけに比べて，内発的動機づけによって取り組んでいる学習者のほうが，一般に，課題成績が高く，粘り強さも大きい傾向にある。学習におけるパフォーマンスの質は，内発的動機づけのほうが優れている。この研究では，自由選択場面での課題の遂行量が内発的動機づけの指標となっている。教師による外的評価群，自己評価群，無評価群などが設定され，比較検証が行われた結果，自己評価を行った群の生徒たちの内発的動機づけが上昇したことが明らかにされている。

鹿毛（1990）では，大学生を対象に，「他者による採点・評価」と「自己による採点・評価」の２条件を設定し，内発的動機づけや状態不安にどのような違いが見られるかについて検証を行っている。図形の配列を推論する課題が提示され，内発的動機づけへの効果が調べられた。内発的動機づけの指標は，後続実験への参加意志，課題プリント購入希望枚数，自主提出プリントの郵送，内発的動機づけ尺度（楽しさ，興味，挑戦心などの質問）であった。その結果として，「他者による採点・評価」の群に割り当てられた大学生は，練習試行の評価教示を受けた直後，本試行の直前において，状態不安が高かった。失敗経験も重なり，本試行の後の内発的動機づけが低かった。

他者による外的評価は，学習意欲に阻害的に作用するものといえる。とりわけ，興味・関心といった内発的動機づけは，自己評価によって高められやすい教師をはじめとする学習を指導する立場にある人間は，学習者に「他者に評価されている」という意識が喚起されないような環境づくりに努めるべきである。評価の形はフォーマルなものとインフォーマルなものがあるが，いずれにせよ，学習者が「自らの学びを自ら評価している」と実感できる場面を多く設けるよう努める必要がある。

（3）評価基準と学習意欲の関係

評価基準とは，どのような「ものさし」によって評価を行うか，ということであり，教育現場で議論されてきた代表的な評価基準としては，相対評価，絶対評価，到達度評価，個人内評価をあげることができる。これまでの研究によって，これらの評価基準のうち，いずれに依拠するかによって，学習者の動機づけには差異が生じてくることが明らかにされてきている。

鹿毛・並木（1990）は，小学校６年生を対象に算数の学習を取り上げ，到達度評価に比べ，相対評価のほうが内発的動機づけが低く，事後テストの成績も低下させることを明らかにしている。また，相対評価条件では，学習中の緊張や不安も高くなることが明らかになっている。さらに，鹿毛（1993）では，小学校５年生を対象に，到達度評価が内発的動機づけを高め，学力が低い学習者の学びを促すことが明らかにされている。この研究では，評価主体と評価基準の組み合わせについても検証がなされており，自己評価によって到達度評価を行う条件で，もともと意欲の低い子どもたちの内発的動機づけに向上が見られることが明らかになっている。

西松・千原（1995）の研究では，中学校１年生を対象に数学の学習が取り上げられ，相対評価，絶対評価，個人内評価，無評価の比較がなされている。その結果として，個人内評価の条件で，単元終了後に最も高い内発的動機づけが示されている。

自分はどのくらい進歩しただろうか，という個人内での評価を行うこと，そして，それぞれの学習単元での到達目標に照らして，自分はどの程度達成できただろうか，という到達度の自己評価を行うことが，興味や楽しさなどを抱き，自分から前向きに学んでいこうとする学習意欲を育んでいく傾向にあることが示唆されている。

3　自律的な学習意欲と自己評価

――自己調整学習の見地から――

（1）自律的な学習意欲と教育理念

現行の教育基本法では，学校教育において自ら進んで学習に取り組む意欲を高めることを重視する旨，明記されている。学校教育法や学習指導要領においては，学力の３要素として「知識及び技能」「思考力，判断力，表現力等」「学びに向かう力，人間性等」が示され，学習評価についてもこの３観点に沿った整理と改善が検討されてきているところである。学習評価を通して，学習指導を見直すこと，個に応じた指導の充実を図ること，学校組織としても改善を図ることが求められるようになってきている。これらの実践は，学習指導と学習評価を一体化させたPDCAサイクルによって進められるべきである。指導計画の策定（Plan），指導計画を踏まえた教育の実施（Do），児童生徒の学習状況と指導計画の評価（Check），授業や指導計画の改善（Action）の各ステップを着実に履行していくことが求められる。

今の日本の教育において，自律的な学習意欲，主体的な学習態度をいかに育成すればよいかということが，実践上の大きなテーマとなっている。児童生徒の「学びに向かう力」をどのように育んでいけばよいか，新たな実践が求められている。次項では，教育心理学の自己調整学習の見地から，このことについてさらに考えを深めることにする。

（2）自己調整学習とはどのようなプロセスであるか

赤ん坊が周りの環境に能動的に働きかけを行い，成長していく様子を思い返してみてほしい。本来，ひとは自ら学ぼうとする力を持っており，また，周りの環境にある力を借りながら，自らの学ぶ力を発現していく生き物といってよ

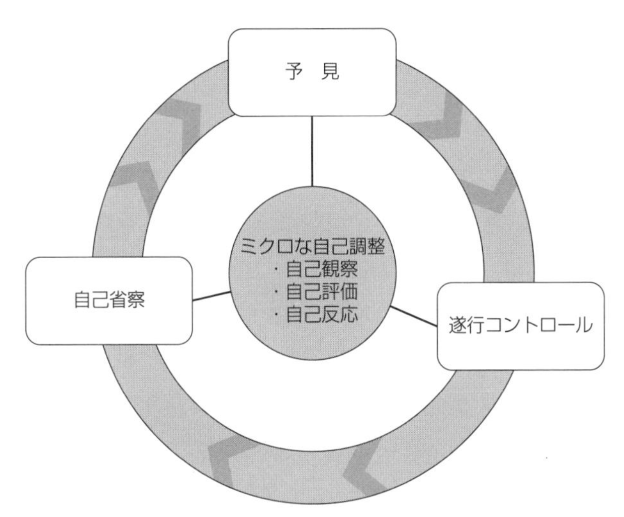

図 7-1　自己調整学習のサイクルとミクロな自己調整機能

（出所）Bandura（1986）と Zimmerman & Schunk（2011）をもとに筆者作成。

いだろう。

このひとが持つ自ら学ぶ力，主体的に学ぶ力の在り方については，教育心理学では，自己調整学習と呼ばれる学習理論のもとで研究が進められている。先行研究（e.g. Usher & Schunk, 2017）での定義付けをふまえると，一般的には，次のような説明ができる。自己調整（self-regulation）とは，ひとが自ら設定した目標の実現に向けて，自らの思考や感情，行動をシステマティックに方向付けていく営みであり，その一連のプロセスのことを表している。自己調整学習（self-regulated learning）ないし学習の自己調整（self-regulation of learning）とは，とりわけ，ひとが学ぶということにかかわっての自己調整ということになる。

社会的認知理論（Bandura, 1986）に基づくと，三つの認知的な下位機能が作用することで，自己調整活動が始められ，展開していく。図 7-1 の中心部に位置付けられているが，これらは，ミクロな自己調整機能として自己調整学習の全体を支えている。自己観察，自己評価（ないし自己判断），自己反応の三つの下位機能（Bandura, 1986）が，自己調整学習のそれぞれのステップを何らかの形で規定していることになる。

ミクロな自己調整機能について，順に見ていくことにする。まず，「自己観察」とは，新たな課題に取り組む際に，学習者が自らの思考や行動を観察することである。自己についての気づきがあるかどうかで，行動変容の在り方は異なってくる。

「自己評価」（ないし自己判断）とは，学習者が，自分自身の状態や自らが置かれた状況の在りようについて，外的基準や内的基準と照らして評価を行うことである。外的基準は，典型的には，親や教師によって与えられる。子どもは，外から与えられた基準を自分の内に取り込みながら，学習を進めていくが，どのような基準をどのように自分のものにしていくか，すなわち，内在化のプロセスが重要になってくる。親や教師による価値基準の伝え方次第で，子どもの内面には何らかの葛藤を伴うことになる。内在化された自己基準は，自己システムに大きな影響をもたらしていくことになる。

「自己反応」とは，自らの思考や感情，行動に対して，何らかの応答をすることである。自ら設定した目標を成し遂げて，自己満足感を抱けば，さらに努力を続けようとするだろう。自己満足感は，自己反応の一種にあたる。困難な課題をやり遂げた後に，自分にご褒美を準備して，一生懸命に頑張ろうとするのは，物理的報酬を自ら得ることが，自己反応として有効に作用することを知っているからである。

ひとが何らかの形で学習に取り組んでおれば，ミクロな自己調整機能が働いていることになる。とりわけ，ひとが自ら学んでいる状態というのは，自己観察，自己評価，自己反応の螺旋的，循環的なプロセスが，よりよい形で展開している状態にあるということになる。ジマーマンとシャンク（Zimmerman & Schunk, 2011）は，社会的認知理論（Bandura, 1986）の考え方をさらに発展させ学習の三つのフェーズに着目し，「予見」「遂行コントロール」「自己省察」からなる自己調整学習理論を構築している。主たる学習活動がまずあって，これは，まさに課題解決に没頭している時間のこと（「遂行コントロール」のフェーズ）をさしている。この主たる活動の前後には，準備段階に相当する事前のフェーズ（「予見」の段階）と，学習活動について振り返り，自己評価を行う事後のフェーズ（「自己省察」の段階）が存在する。主たる学習活動の最中にも，自己観察は起こるが，これから学習に取り組もうとする事前のフェーズにおいても，自己観察はなされている。自ら学んでいる学習者であれば，学習を行うにあたって，自分がすでにもっている知識や技能は何か，どの程度か，自己観察をし，自己評価を行うであろう。自己調整学習のサイクルとミクロな自己調整機能の関係は，図 7-1 に示すとおりである。

自己調整学習のサイクルについて，さらに説明を加えておきたい。これまでに数多くの理論的，実証的研究がなされてきており（Zimmerman & Schunk, 2011；伊藤，2009を参考），主体的に学びを進めるにあたっては，「予見」「遂行コントロール」「自己省察」の三つの学習フェーズが鍵を握っている。これらのフェーズが，循環的かつ螺旋的な形でサイクルを成していることがきわめて重要である。

「予見」ステップは，「見通す」ことであるが，ある特定の学習活動に入る事前の準備段階のことをさしている。自分なりの学習目標の設定を行うこと（「目標設定」）や，どのような学習方法で進めていくかについて考えること（「プランニング」）が主たる自己調整活動としてあげられる。「自分にできそう」という「自己効力感」の高さや，「面白そうだ」といった「興味」の高さが，自己調整を促していくことになる。

二つ目の「遂行コントロール」は，学びを進め，深めていくフェーズをさす。まさに学習活動に没入している段階にあたる。「遂行コントロール」では，「（メタ認知的）モニタリング」と「（メタ認知的）コントロール」が，中核的な役割を担っている。さまざまな工夫をしながら，自分の学習について，いわば，実況中継をしていくような心の働きをさしている。学習目標に照らしつつ，また，自ら立てたプランに従って，学習が進行しているか，自己モニターをし，学習が滞っているようであれば，微調整を行う必要が生じてくる。自らの学びの微調整は，さまざまな手立てを講じてなされるが，これはメタ認知的コントロールと呼ばれる。これは，別の言い方をすると，学習方略（効果的な学び方の工夫や方法）が実行されていくプロセスでもある。自己に暗示をかけたり，自らを鼓舞したりすること（伊藤・神藤，2003を参考）も，「遂行コントロール」の重要な役割になる。自己調整学習者は，自分の学びのスタイルや個性に応じた，効果的な学びの手立て，すなわち，学習方略のレパートリーを豊かに有しており，このような心理的要因が自己調整のサイクルの駆動を確かなものにしている。

三つ目の「自己省察」のフェーズは，「振り返り」のことである。ある程度の時間の経過があって，学習の区切りがついたところで，学びの成果やその過程について振り返りを行う段階にあたる。当初の学習目標に照らして，成功・失敗の判断，あるいは，到達度について自己評価がなされる。そして，ヒトは経験した出来事について，それを引き起こした原因は何だったかを内省する生き物である。たとえば，「成功したのは，自分の能力や努力によるものである」といったように内的な要因に帰属したり，「失敗したのは，運が良くなかった」「課題が難しかった」といったように外的な要因に帰属したりする。これは「原因帰属」と呼ばれる。成功したのは，自分の能力の高さだと認知すれば，次も成功するであろうと，自己効力感をさらに向上させるだろう。失敗を反省して，学習目標と学習方法を見直して，次につなげていくこともあるだろう。このように三つのフェーズが，螺旋的かつ循環的な形で展開していくことが，まさに「自己調整学習」という学びの在り方を表している。

（3）自己調整のサイクルの多様な展開

自己調整サイクルの展開には多様性がある。学ぶことから逃避しているのでない限り，何らかの自己調整がなされており，さまざまな形でサイクルが展開していると考えたほうがよいだろう。それぞれの下位機能とフェーズには，学習の文脈に応じた心理的な内実があるということである。自己調整サイクルの在り方に多様性をもたらす要因には，多くのものが想定できる。ここでは，思考様式の違いに着目して説明を試みることにする。

心理学では，思考様式の一つとして「収束的思考」と「拡散的思考」というものがある。「収束的思考」とは，すでにある情報や知っている事柄からはじめて，論理的に推論を進めていき，唯一の正解を導くような思考の様式をさしている。収束的思考では，できるだけ速く正解にたどりつくことがめざされやすい。一方，「拡散的思考」とは，すでに知っている情報から，先入観にとらわれず，できるだけ柔軟に考えを広げていくような思考の様式をさす。解は一つとは限らず，できるだけ斬新なアイディアや，今までにない考え方を探そうとするもので，創造性が求められる。学習において，いずれの思考様式に力点が置かれるかによって，自己調整の在り方は異なってくる。

たとえば，環境問題に関する学習を取り上げて考えてみたい。ある単元で追求するテーマが，「環境問題の解決法で，最も早期に，最大限の効果をもたらすものは何だろうか？」というものであったと想定する。子どもたちの学習目標としては，「最善の解決法をさがす」という収束的思考によるものになるであろう。「予見」のフェーズでは，この目標を成し遂げるために，「効果の大きさ，解決の速さを一つ一つ検証してみよう」といったプランニングがなされるであろう。「遂行コントロール」のフェーズでは，「手順を追って考える」「明確な理由付けをする」「相互に比較し検証する」といったような方略が実行されるだろう。「収束的思考を促す方略」をどの程度有しているかが，自己調整による学習の質を高める上で，鍵を握ることになる。ある程度，学習が進んだところで，「自己省察」がなされることになる。「それぞれの解決法の優劣を吟味する」「優先順位を決めていく」といった方針のもと，振り返りがなされるであろう。

こうした思考様式による自己調整学習において学習者に求められることは，地道に物事を突き詰めていく態度や意欲であり，忍耐力の高さであると考えられる。「学習において正解は一つだ」というような「単答主義」の学習観が形成されていくかもしれない。このような授業単元を通じて，自己調整サイクルにおける認知や動機づけのプロセスは，収束的思考が深化していく方向で螺旋状に循環していくことになるだろう。

一方，学習単元のねらいが，「環境問題のこれまでにない解決法を考えよう」というようなものであった場合を考えてみる。「予見」のフェーズにおいて，子どもたちに内在化される学習目標は，できるだけ斬新で，新規なアイディアを生み出そうとする拡散的思考によるものになるであろう。学習を進めていく上でのプランニングとしては，「今までの方法を確認した上で，新たな方法を広く探ろう」というようなものになるであろう。「遂行コントロール」のフェーズでは，「視点を変えてみる」「無関係なものとつなげる」「発想を柔らかくする」など「拡散的思考を促す方略」が実行され，モニタリングがなされるであろう。「自己省察」のフェーズでは，学習を深めるには，さらに拡散的思考を推し進める必要があり，「現実性や実現可能性は，とりあえず考えないようにしよう」「オープンマインドで，すべてを肯定的に評価しよう」といった姿勢で，振り返りがなされ，次の見通しを立てていくことになるだろう。

拡散的思考による自己調整学習が成立するには，自由に発想しようとする態度や，探究しようとする意欲が不可欠になる。「学ぶことにおいて，正解は一つではない」といった「多答主義」の学習観が，子どもたちの内面に形成されていくことになるかもしれない。

自己調整のサイクルは，一様なものではない。ここで示した例から，求められる思考様式の違いによって自己調整のサイクルの内実が大きく異なってくることが分かる。学習者にどのような資質や学習意欲が備わっているかによって自己調整のサイクルがどのように深化するかどうかが左右される。拡散的思考が優位な子どもにとって，そうした自己調整のサイクルを重視した授業は，学びの成果が得やすいものになるだろう。拡散的思考を促す方略をどの程度持っているか，多答主義の学習観がどの程度確立しているかによって，自己調整のサイクルの質は異なってくる。これらの心理的要素は，学ぶための力を支えるものであり，また，学んだ結果として身に付く力ともなりうるものであることに留意が必要だろう。学習の指導や支援を行うにあたっては，子どもたちにどのような学ぶための力を求めており，また，どのような力を身に付けさせたいかについて考えておく必要がある。そして，これらの力によって自己調整のサイクルをどのように展開させようとしているのかについて自覚的になり，意図的，計画的に，授業デザインの中に反映させていくことが求められるだろう。

4 自律的な学習意欲を育てる実践に向けて
――自己評価によって自ら学ぶ力を育てる――

（1）自己調整学習における自己評価の重要性

自ら学ぶ力を育成するにあたり，自己評価を促す実践がなされてきている。自らの学習目標のもと，学習の見通しを立て，学習活動のモニタリングとコントロールを着実に進めていき，学んだ成果を次の学びへと活かしていくにあたって，自己評価の実践は欠かせない。

自らの学習活動を振り返り，どこができており，どこができないのかについて見積もることが自己評価であるが，自己調整学習のサイクルが実現する上で，中心的な働きを担うものといえる。自己評価は，認知面と情意面の自己評価というように区分して捉えることが可能である（北尾・速水，1986）。認知面の自己評価は，学習した後に，自らの知識・理解や技能について振り返ることである。一方の情意面の自己評価とは，学習にあたって自らの「関心・意欲・態度」はどのようであったかについて振り返ることである。現在，学校教育では，知識や技能を身に付け，理解を深めるとともに，学んだ知識や技能を実生活においても活用できる力が求められている。「関心・意欲・態度」が，学ぶ力の基盤として育つことで，知識や技能の習得のみならず，活用する力の向上にも結びつくであろう（梶田，2002を参考）。

認知面，すなわち，何ができたか，何が分かったかについて振り返ることが，まず，重要であることはいうまでもない。それとともに，自分は，どのような「関心・意欲・態度」を形成しているのかについて振り返ることで，より確かな学習意欲が育まれていくだろう。認知面と情意面の両面の自己評価を行うことで，相乗効果が期待でき，質の高い学習の自己調整が実現できるだろう（伊藤，2009を参考）。

想定される効果として，次のようなことがあげられる。学習結果に関するフィードバック情報が，認知面と情意面での成果を実感させ，自己効力感を向上し，動機づけをさらに高めるという効果がありえるだろう。また，自己評価を行うことが，自らの学習活動の意識化，すなわち，メタ認知（思考や判断，推論など，自らの認知プロセスについて一段高いところから認知すること）を促し，自己調整を導くという効果もありえるだろう。これらは，指導や支援によって，着実に学習の成果が得られていることや，目の前の課題への取り組みを通じた成長があることが前提となる。肝要なことは，ともすると一面的になりがちな自己評価の実践を，多面的なものにする工夫と配慮であるだろう。

（2）自己調整学習における3種類の振り返りと自己評価

自己調整学習においては，ミクロな機能としても，マクロなサイクルとしても自己評価が不可欠な役割を担っている。自己評価が自覚的になされることに加え，学習を深めていくような質の高い自己評価がなされることが重要になる。教育評価論では，評価のタイミングによって，診断的評価，形成的評価，総括的評価の3種類があるとされている。学習者の視点に立てば，自己評価のタイミングとしても，診断的，形成的，総括的なものがありうると考えてよいだろう。

表7-1は，自己調整学習における3種類の振り返りと自己評価についてまとめている。通常，教育評価としての診断的評価，形成的評価，総括的評価は，評価の時期が，順に，教育活動の開始時点，途中の時点，終了時点に相当する指導計画の流れに即して，テストや課題への取り組みが，タイミングに応じて診断的，形成的，総括的な視点から評価されることになる。これを学習者の自己評価の活動として捉える場合，ある面で，さらに柔軟な形で学習活動に位置付けられることになるだろう。この3種類の振り返りと自己評価は，自己調整のサイクルである「予見」「遂行コントロール」「自己省察」といくらか対応するものと見ることができるだろう。学習の目標や内容をどのような大きさ，時間の長さで認識するかに応じて，それぞれのフェーズの立ち上がりの様相は異

表 7-1　自己調整学習における 3 種類の振り返りと自己評価

3 種類の自己評価	自己評価活動の特長と留意点
診断的な振り返りと自己評価	・これから学習に向かう「見通し」としての「振り返りと自己評価」 ・前提となる知識や概念が分かっているか？ ・学習の目標は何か？ ・学習の進め方はどうするか？（学習方略の活性化） ・学習の進行とともに見えてくる部分もある
形成的な振り返りと自己評価	・学びの途中段階で行う「振り返りと自己評価」 ・ここまでの達成状況と今後すべきことは？ ・ダイナミックで，学びの進行とともに行われるもの ・柔軟に学習目標と学習方法を微調整していくことが容易になる ・頻繁かつ詳細な情報を得る自己評価は難しい
総括的な振り返りと自己評価	・学習の最後に総括として行う，いわゆる「振り返りと自己評価」 ・トータルでみたときに，学習成果がどうであったかについて把握できる ・学習目標を達成したかというチェックとしては有効だが，うまく学べなかったときに柔軟な軌道修正が難しい

（出所）筆者作成。

なってくるだろう。一つの課題解決に向けて，方略を行使していく「遂行コントロール」のフェーズの中には，ミクロな次元で，診断的，形成的，総括的な振り返りと自己評価が進行しているかもしれない。心理的な構成要素とその機能を踏まえると，3 種類の振り返りと自己評価と，自己調整のサイクルとの関係は単純なものではないだろう。現実の学習は，入れ子状の複雑な現象として立ち現れるものと考えられる。

実践上，留意しておきたい点について，もう少しふれておきたい。自己評価活動を実践の中に取り入れる場合，振り返りシートに代表されるように，総括的な自己評価に取り組ませることが多いのかもしれない。三つの視点で自己評価を捉え直した場合，「診断的な自己評価」や「形成的な自己評価」については，授業の導入や展開部分に相当するものであり，教師が肩代わりしてしまっている傾向にあることが推察される。つまり，教師による「発問」や「みとり」によってつかんでいるというのが実態だろう。自己評価する力とともに自己調整する力を育成するなら，意図的，計画的に，学習者自身に「診断的な自己評価」や「形成的な自己評価」をさせる機会をさらに設けてもよいのかもしれない。広く捉えれば,「振り返りと自己評価」は，学びのあらゆるプロセスに埋め込まれており，また，埋め込んでいく支援や「しかけ」が必要だろう。自己評価活動にアプローチしつつ，これを中核に据えながら，継続的な形で自己調整のサイクルが駆動していくことを支援する実践が求められる。

（3）自己調整の発達段階と3種類の自己評価

学習の自己調整は，容易に進むものではなく，いくつかの段階を経て成立するものと考えられている。いわば，自己調整の発達プロセスが存在し，外からの支援によって学んでいた者が，自己の内的な力のもと，自ら学び続けるようになっていく。自己調整の発達は,「観察」「模倣」「自己コントロール」「自己調整」の四つの水準からなり（Zimmerman & Schunk, 2001；Zimmerman & Schunk, 2011を参考),「観察」「模倣」は，有能な他者によって影響を受ける段階で,「自己コントロール」「自己調整」は，その影響の源が自己に移行した段階として捉えられる。各水準の内容について，順に見ていくことにする。

まず,「観察レベル」は，観ることによって学ぶ段階である。学習者は，手本を示してもらったり指導を受けたりしながら，基本的な知識，技能や方略を身に付ける。モデルを観察することによって，学習者は，技能の認知的な表象を形成し，基本的な理解を得ることとなる。

次に,「模倣レベル」では，指導者からフィードバックや励ましを受けつつ，実践練習を行う。学習者のパフォーマンスは，モデルが有している全般的な形式に近づいていく。観察レベルとの違いは，模倣レベルでは，初歩的なものではあるが，学習者が実際に行動を起こすことができるという点にある。

第三の「自己コントロールレベル」になると，自らの力で技能や方略を利用できるようになる。さまざまな学習場面をこえて，自らの力で実行することができるようになる。他者の支援がなくても実行できる段階ではあるが，状況に合わせて柔軟に調整していくことは，まだ難しい段階でもある。

第四の「自己調整レベル」になると，個人や文脈の要件に応じて，柔軟に技能や方略を適用していくことができるようになる。学んだことをかなり洗練された形で，自分なりのやり方で取り組んでいくことができる段階である。自分なりの目標を立てて，確かな自己効力感を持ち，継続的に学んでいこうとする動機づけも形成される。

以上のように，自己調整の発達には，四つの段階があるとされているが，それぞれのレベルの中で，他者評価ないし自己調整に基づく評価の実践がなされているものと考えられる（Cash, 2016を参考）。自己調整の発達とともに，評価の様相はかなり異なったものとなるだろう。表 7-2 に示すように，四つの発達レベルのそれぞれに，診断的評価，形成的評価，総括的評価が，独自な形で位置付けられる。

「観察レベル」では，教師が主導して評価がなされる。具体的，特定的な情報に焦点が向けられ，この段階は，基本的な知識，技能や方略についての学びが中心となる。「観て学ぶ」ということが，三つの評価の実践によってより確かなものとなるだろう。

「模倣レベル」では，教師はファシリテーターとして，その立ち位置が変わる。基本的な知識や技能，概念理解のみならず，自己調整の実践にも取り組みはじめ，学ぶことの自己責任性を実感させていく。自己評価も，より多面的，多角的なものとなっていき，他者を交えたものになっていく。「真似ることで学ぶ」ということが，三つの自己評価によってさらに促され，自らの学びのスタイルと特性に基づき，主体的に学ぶ姿勢が作られていく。

「自己コントロールレベル」において，教師のかかわりは，コーチングというスタイルへ移行する。指導者と学習者が協働して学びのプロセスを進めつつ，学習者が自らの思考，感情，行動を自己調整できるように支えていく。さらに技能の向上と理解の深化が図られ，学びあいの機会なども通じて，まさに「自己評価」がなされていく。学習者の自律性を尊重し，学習者主体の診断的，形成的，総括的な振り返りと自己評価を支援することで，自己調整のサイクルの形成が促されることになるだろう。

「自己調整レベル」になると，教師のスタンスとしては，あたかもコンサル

表 7-2　自己調整の発達段階と診断的，形成的，総括的評価

評価＼発達段階	観　察 （指導・教示）	模　倣 （ファシリテーション）	自己コントロール （コーチング）	自己調整 （コンサルティング）
診断的評価 （他者評価から自己評価へ）	・指導者が学習者に対して，すでに有している背景知識，技能や方略，概念理解について気づかせる。	・指導者が学習者とともに，知識や経験を明確にしていく。 ・疑問点，興味，学習上の好みなどを見いだす。	・指導者と学習者が協働して，学習者自身が納得できる目標を設定し，興味を深める。 ・動機づけや技能の獲得について見極める。	・学習者にとって価値のある問題や課題，場面などを見つけ，自己決定を支える。 ・目標をさらに明確にし，どのような過程をふめばよいか明らかにする。
形成的評価 （他者評価から自己評価へ）	・指導者が学習者に対して，指導の中で提示された学習内容が理解できているか，気づかせる。	・学習内容についてのさらなる気づきを促し，何をめざしているのかについて明確にする。	・指導者がきっかけを与え，学習者自身が，動機づけ，技能の向上，概念理解について自己評価する。 ・目標達成についての具体的なフィードバックをする。	・目標達成についての明確なフィードバックを熟達者などから得る。 ・動機づけ，技能のさらなる向上，理解深化について自己評価をする。
総括的評価 （他者評価から自己評価へ）	・指導者が学習者に対して，次の学習に進む上で必要な基本的な内容が身に付いているか，知らせる。	・概念理解の深さや，他の学習内容に応用するための情報を得させる。 ・さらに深めていく準備を支援する。	・仲間による評価を得る機会を設定する。 ・学習成果や努力の程度について自己評価する。 ・学習者自身が今後の学習に活かすようにする。	・学習成果の真正性について，熟達者，仲間などの評価を求める。 ・学習成果や努力の程度について自己評価する。 ・学習者自身が今後の学習に活かすようにする。

（出所）Cash（2016）をもとに筆者作成。

タントのような存在になる必要がある。求めに応じて，助言，支援，専門的なフィードバックを提供することになる。自分なりの学びの成果を，多様な文脈に結びつけ，活用していこうとする力が育ってくる段階といえる。学びのプランニング，モニタリングとコントロール，振り返りは，学習者が完全に担うことになる。三つの自己評価を自ら進めていくことで，学びの質が深まり，さらに個性化されたものとなっていくであろう。

教育実践を構想するにあたり，主体的な学びには，いくつかのレベルがあって，どのような発達を遂げていくかについて踏まえておく必要があるだろう。そして，自ら学ぼうとする力の発達は，自己評価の経験の積み重ねによって促されるであろう。自己評価をプロセスで捉えると，診断，形成，総括という三つの役割が浮かび上がってくる。他者に導かれた評価から自己評価へ，学習者の発達に応じて働きかけを合わせていくことが求められる。自己調整の四つの発達レベルによって，診断，形成，総括という評価のプロセスの在り方は異なっている。それぞれの学習者の自己調整する力が最大限に活かされる実践の実現に向けて，本項で示した自己調整学習の発達と評価のプロセスに関する枠組みは，一つの有効な視座となりうるだろう。

(4) 人間教育の実現に向けて

人間として成熟・成長をめざす教育を実現していく上で，真の意味で主体的な学び手となっているかということを問い直しておく必要があるだろう。現在，国内外において，コンピテンシーを備えた人間，すなわち，有能な人間の育成が，教育の目標として掲げられてきているが，梶田（2016）は，有能な「駒」ではなく，賢明な「指し手」をいかに育て上げるかが，人間教育の大きな課題であると指摘している。「駒」（ポーン）とは，チェスのコマのことで，将棋でいえば「歩」に相当し，ドシャーム（deCharms, 1968）が提唱したオリジン・ポーン理論に由来する。自分の行為が，外側の原因によって引き起こされているという感覚，すなわち，「やらされている」という感じを持つ個人が，「駒」にあたる。一方，「指し手」（オリジン）とは，自分の行為を引き起こす原因が，自己の内側にあるという感覚，すなわち，「自らの力で進んで取り組んでいる」という心理状態をさしている。賢明な「指し手」であるためには，現実への適応が図られ，社会から求められる期待に応え，責任を果たしつつも，自らの実感・納得・本音に根差した生き方を実現していくことである（梶田，2016を参考）。本章で，自己調整のサイクルは，その質が重要であり，たとえば，思考様式の違いによって異なってくるということを論じてきた。人間教育の課題と結びつけて捉え返すなら,「指し手」か「駒」か, という自己原因性の動機づけの様式によっても, 自己調整のサイクルの内実が異なってくる可能性がありうるだろう。これは一つの可能性であり, 真に自立した主体性のある人間を育てる「学びのサイクル」の在り方はいかなるものか, また, それらを支える評価の在り方はいかにあるべきか, 今後, さらなる検討を重ねていく必要があるだろう。

さらに学びたい人のための図書

鹿毛雅治（2013）『学習意欲の理論——動機づけの教育心理学』金子書房。

▶学習意欲に関する諸理論が広範に網羅されており, 教育実践に関する深い洞察がなされている専門書である。

伊藤崇達（2009）『自己調整学習の成立過程——学習方略と動機づけの役割』北大路書房。

▶自己調整学習に関する理論と実証的知見を踏まえて, 自ら学び続ける力を育む実践の在り方が検討されている。

引用・参考文献

Bandura, A. (1986) *Social foundations of thought and action: A social cognitive theory,* New Jersey: Prentice-Hall.

Cash, R. M. (2016) *Self-regulation in the classroom: Helping students learn how to learn,* Minnesota: Free Spirit Publishing Inc.

deCharms, R. (1968) *Personal causation,* New York: Academic Press.

速水敏彦（1998）『自己形成の心理——自律的動機づけ』金子書房。

伊藤崇達（2009）『自己調整学習の成立過程——学習方略と動機づけの役割』北大路書房。

伊藤崇達・神藤貴昭（2003）「中学生用自己動機づけ方略尺度の作成」『心理学研究』第74巻, 209-217。

鹿毛雅治（1990）「内発的動機づけに及ぼす評価主体と評価基準の効果」『教育心理学研究』第38巻, 428-437。

鹿毛雅治（1993）「到達度評価が児童の内発的動機づけに及ぼす効果」『教育心理学研究』第41巻, 367-377。

鹿毛雅治（2004）「『動機づけ研究』へのいざない」上淵寿編『動機づけ研究の最前線』北

大路書房。
鹿毛雅治（2013）『学習意欲の理論――動機づけの教育心理学』金子書房。
鹿毛雅治・並木博（1990）「児童の内発的動機づけと学習に及ぼす評価構造の効果」『教育心理学研究』第38巻，36-45。
梶田叡一（2002）『教育評価』有斐閣。
梶田叡一（2016）『人間教育のために――人間としての成長・成熟（Human Growth）を目指して』金子書房。
北尾倫彦・速水敏彦（1986）『わかる授業の心理学――教育心理学入門』有斐閣。
西松秀樹・千原孝司（1995）「教師による個人内評価と自己評価が生徒の内発的動機づけに及ぼす効果」『教育心理学研究』第43巻，436-444。
小倉泰夫・松田文子（1988）「生徒の内発的動機づけに及ぼす評価の効果」『教育心理学研究』第36巻，144-151。
櫻井茂男（2009）『自ら学ぶ意欲の心理学――キャリア発達の視点を加えて』有斐閣。
Usher, E. L. & Schunk, D. H.（2017）"Social cognitive theoretical perspective of self-regulation," In D. H. Schunk & J. A. Greene eds., *Handbook of self-regulation of learning and performance*, New York: Routledge.
Zimmerman, B. J. & Schunk, D. H. eds.（2001）*Self-regulated learning and academic achievement: Theoretical perspectives*, New Jersey: Lawrence Erlbaum Associates.
Zimmerman, B. J. & Schunk, D. H. eds.（2011）*Handbook of self-regulation of learning and performance*, New York: Routledge（ジマーマン，B. J. &シャンク，D. H.／塚野州一・伊藤崇達監訳（2014）『自己調整学習ハンドブック』北大路書房）.

第 8 章

自己を育てる評価

——自己を評価する——

天谷祐子

1　自己概念の形成

（1）自己概念とは

自己概念とは，その人の特徴や基礎的な信念，自分に対する態度や感情等の記述的要素（例：学業的自己概念，身体的自己概念，家族自己概念等）から構成される（Alsaker & Kroger, 2006）。一方で，それらの自己概念の全体的評価に関わるものとして，後述する「自尊感情」が存在する。研究者によって，自己概念と自尊感情を区別せずに捉えようとする立場と，区別して捉えようとする立場の両方が存在する。

自己概念を捉えようとする場合，統一体として捉える場合と，多面体として捉える場合がある。前者の場合は，領域を具体的に想定しない全体的自己概念や全体的自己価値，自尊感情によって捉えることができるだろう（全体的自己価値・自尊感情については本章にて後述する）。

自己概念を多面体として捉える後者の場合，その測定法には，大きく２種類存在する。第一には，直接的に個人の自己概念を把握することができる（Keith & Bracken, 1996）自己記述方式が挙げられる。その代表的研究として挙げられるのは，モンテマイヤーとアイゼン（Montemayor & Eisen, 1977）による研究で，小学校高学年生から大学生を対象として20答法（Who am I ? テストやそれに準ずる方法）により回答を求め，記述内容を分類した知見がある。その研究では，年齢が上がるに従い，自己記述の内容が客観的記述（例：「身体的外見」「遊びの活動」）から，主観的抽象的記述（例：「個人的信念」「対人関係上の特徴」）になる傾向が示されている。

第二の測定法は心理尺度方式である。代表的なものとしては，シェイベルソンら（Shavelson et al., 1976）による階層モデルに基づいて作成された自己記述質問紙Ⅰ（SDQ Ⅰ）（Marsh, 1988）や自己記述質問紙Ⅱ（SDQ Ⅱ）（Marsh, 1990a）を利用して盛んに実証的検討が行われている（榎本，1998）。SDQ Ⅰでは，身体的能力，身体的外観，仲間関係，親との関係，読解，算数（数学），学校一般という七つ，SDQ ⅡではSDQ Ⅰの仲間関係をさらに同性関係と異性関係の二つに分割した計 8 領域から測定している。

また，ハーター（Harter, 1985）により作成された尺度も存在し，これは五つの領域（学業能力，友人関係，運動能力，身体的外見，行動・品行）に全体的自己価値（後述する「自尊感情」に相当する）を加えた六つの下位尺度から構成されている。これらの心理尺度を使用して，児童や青年の自己概念の発達の在りようや自己概念に寄与する要因に関する研究が重ねられてきた。

（2）自己概念の発達

自己概念がどのように形作られるかについて，ハーター（Harter, 1985）の尺度を用いて日本人児童生徒を対象とした調査研究がいくつかある。自己概念の発達的変化について眞榮城（2000）は小学校 3 年生から中学校 2 年生の自己概念の発達的変化を調べている。その結果，自己認知が中学校 1・2 年生から低下することを明らかにしている。また各々の自己概念と全体的自己価値について，藤崎・高田（1992）は，小学生では友人関係と全体的自己価値，中学生では，容姿と全体的自己価値，成人では仕事と全体的自己価値が一つの因子として抽出され，全体的自己価値に影響している下位尺度，つまり具体的よりどころが発達段階によって異なることを示している。

またクライン（Crain, 1996）は，身体的自己概念について，小学校時代は性差が見られないが，青年期の始まりとともに，性差が見られることを示した。男性の方が女性よりも一貫して肯定的である。身体的外観に関して，女性は仲間を魅了する手段として，男性は経済的地位といった特性の中心とみなす傾向が影響していると述べている。ただ，全体としては男女で類似している傾向である。この知見は第二次性徴による身体の変化が起こる時期と重なり，性別によってそれらから受ける影響が異なることを裏付けているものとも言える。

（3）自己概念と学業成績

自己概念と学力の関連については，研究結果は一貫していない。マーシュ（Marsh, 1992）は，学業的自己概念と学力の間の相関は.45～.70（平均 r = .57）とかなり高いことを報告している。さらにマーシュ（Marsh, 1992）は学力得点間の相関（.42～.72，平均 r = .58）の方が，自己概念得点間（.21～53，平均 r = .34）よりもかなり高いことを報告している。学業的自己概念の側面の方が，それに一致する学業科目の領域よりも大きな違いがある（Byrne, 1996）。

また学業的自己概念と学力のうち，どちらが因果関係の先行要因にあたるのか，一貫した結果が得られていない。バーン（Byrne, 1984）は，学業的自己概念が学力に影響を与えると論じる研究が11であるのに対して，学力から自己概念への因果的方向性を示している研究が11，方向性を決められないものが1と因果関係が相反する主張が拮抗していることを示した。マーシュ（Marsh, 1990b）による10年生から高校卒業1年後までの4回の縦断調査のデータから，11年生・12年生の成績の平均は，その前年に報告された学業的自己概念に影響を受けているのに対して，逆はそうでなかった。学業的自己概念が学力に対して因果的に先であることを示している。つまり，方向性としては，自身の自己概念の在りようが実際の学力への原動力となる。自身の自己概念を（正確ではないかもしれないけれども）どのように捉えるかが，その後の学習行動を左右する。

2　自己評価（概念）維持の方略

（1）自己評価維持モデル（SEM）

テッサー（Tesser, 1986）が提唱した自己評価維持モデルは，自己評価を維持しようとする心理的メカニズムを三つの要因（親密さ，重要性，パフォーマンス）から説明している。鹿毛（2013）はテッサーのモデルについて，省察プロセス（他者への親密さとその他者の優れたパフォーマンスによって自己評価が高められるプロセス）と，比較プロセス（自己評価が低められるプロセス）の二つを仮定していると解説し，表8-1のようにまとめている。

省察・比較のどちらのプロセスが優勢になるかは，要因の一つ，重要性の認識に依存する。自身を価値付ける上で重要で，有能さをめざして努力している領域であればあるほど，比較プロセスが働き，親密な他者の優れたパフォーマンスに悩むことになる一方，当人にとって重要性が低ければ，省察プロセスが働いて，自己評価が高められる（鹿毛，2013）。他者のパフォーマンスに接した際，当人にとってどのような結果になるのか，当人の主観的指標という，周囲からは見えにくい要因がポイントとなる。

（2）セルフハンディキャッピング

定期試験直前に，「自分はここ数日熱が出ていて体調が悪いから，勉強が充分にできなかった」といった「学習に支障をきたす出来事が自分に降りかかった」ことを周囲の人にアピールする場合がある。多くは，定期試験で悪い点数を取る口実をあらかじめ用意する目的で使われる。これをセルフハンディキャッピングと呼び，バーグラスとジョーンズ（Berglas & Jones, 1978）は「失敗を外在化し，成功を内在化する機会を高めるような行動や状況の選択」と定義している（光浪，2010）。セルフハンディキャッピングは自分自身の評価が下がることから自分を守る機能があるとされている。

しかし，セルフハンディキャッピングに関しては議論が続いており，前述の

表 8-1　自己評価維持モデルが予測する親密さ，重要性，パフォーマンスの変化

親密さ 他者のパフォーマンスが，自分のパフォーマンスよりも優れているとき a．もし，その領域が自己規定にとって重要であれば，親密さを低める。 b．もし，その領域が自己規定にとって重要でなければ，親密さを高める。
重要性 他者との親密さが増したとき a．もし，その他者のパフォーマンスが自分より優れているなら，重要性の認識を低める。 b．もし，その他者のパフォーマンスが自分より優れているわけではないなら，重要性の認識を高める。
パフォーマンス 他者との親密さが増したとき a．もし，その領域が自己規定にとって重要であれば，自らのパフォーマンスを高める／他者のパフォーマンスを低める。 b．もし，その領域が自己規定にとって重要でなければ，自らのパフォーマンスを低める／他者のパフォーマンスを高める。

（出所）Tesser & Campbell（1985）より筆者作成。

例のように自尊心の低下を回避する回避的目標の存在のみを想定する立場だけでなく，自尊心を高めるための接近的な目標も想定する立場もあり，議論は対立している（村山・及川，2005）。さらにセルフハンディキャッピングの中には，実際にハンディキャップを実行する獲得型と，言語的にその存在を主張するのみの主張型があり，その機能が異なる。そのためセルフハンディキャッピングと遂行成績の間に一貫した関係が見られていない（村山・及川，2005）。

（3）悲観主義

「自分はダメだ」と悲観的に捉えてしまうと，その後の課題遂行に関して支障をきたしてしまいがちである。しかし，悲観的に捉えることで成功している適応的な悲観主義者が存在する。ノレム（Norem, 2001）はそのような人たちの取る方略を防衛的悲観とし，「過去の似たような状況において良い成績を修めていると認知しているにもかかわらず，これから迎える遂行場面に対して低い期待を持つ認知的方略」とされる（外山・市原，2008）。

外山・市原（2008）は，中学生を対象に，防衛的悲観主義者と方略的楽観主義者の間で学業成績に相違が見られるか否かを検証した。その結果，２回調査

した中で実際の学業成績（1回目と2回目のテスト点数の予測）においては両群間で有意な差が見られないにもかかわらず，1回目時点における2回目のテストの予想点数では，楽観主義者の方が防衛的悲観主義者よりも有意に高かった。つまり，防衛的悲観主義者は悲観的であることで，課題に対する対応策を十分に練り，結果的に楽観的な人と同じようなパフォーマンスを示しているということである。さらに，方略的楽観主義の人は，悪い結果にならないと楽観的に考えることによって成績の向上が見られるが，防衛的悲観主義の人は，楽観的に考えないことによって，成績向上につながることが示された（外山・市原，2008）。当人の捉え方を教育者が理解し，認めながら，その後の成績向上へのつながり方に応じた適切な働きかけをすることで，彼らなりの適応的自己を育てることになるだろう。

3　自己評価とパフォーマンス

（1）ステレオタイプ脅威とパフォーマンス

ステレオタイプには多様なものがあるが，ここではジェンダーステレオタイプを取り上げ，パフォーマンスとの関係を説明しよう。とくに，ステレオタイプが自身に対して自覚的になった状態になると，パフォーマンスにマイナスの影響があるという研究がある。スペンサーら（Spencer et al., 1999）は，アメリカの女子大学生を対象に，数学のテストを実施する際に，「このテストはこれまで性差が見られた」「このテストはこれまで性差が見られなかった」と教示した。その結果，「性差がある」と告げられた群は，実際にテスト得点で性差が見られたが，「性差がない」と告げられた群は，性差が見られなかった（森永，2017）。さらに女性の得点は「性差あり」群が「性差なし」群よりも低かった。また，子どもを対象とした研究においても，2群に分けて幾何学能力テスト，または描画能力テストが実施されているが（Huguet & Régner, 2009），大学生の研究と同じように，性別によって能力の捉え方に違いが見られ，スペンサーら（Spencer et al., 1999）による研究結果と同じような現象が確認されている。自身が自身の持つステレオタイプにとらわれてしまうことで，パフォーマンスを発揮できなくなるということである。

一方で，このようなステレオタイプ脅威に関して，介入研究も行われている。森永ら（2017）は女子中高生を対象に，数学の試験で良い点をとった後，数学教師から「女の子なのにすごいね」とほめられるシナリオを用いて，その後の数学に対する学習意欲を尋ねた。その結果，ステレオタイプを喚起させられるほめ言葉を聞くと，数学の学習意欲が低下した。ステレオタイプに該当する状況にある子どもたちに対して，教育者がそれらのステレオタイプに左右されない姿勢を見せることが，彼ら彼女らの自己を育てることにつながっていく。

（2）集団の中での自己評価

自身をさまざまな特性について「平均よりも上である」と捉えることを平均以上効果（above average effect）（Dunning, 1993）と呼ぶ。ギロビッチ（Gilovich, 1991）によれば，アメリカの高校生100万人を対象とした調査で70％以上が自分の指導力を平均より上だと考えており，他人とうまくやっていく能力では，ほぼすべての高校生が平均以上であると答えた。また，伊藤（1999）は日本人大学生において同様の調査を行っており，「優しさ」「まじめさ」では，平均的大学生よりも自分の方が優れているとする自己高揚の傾向が認められた。この二つの特性については，低自尊心者も高自尊心者も，自己評価が平均的他者に対する評価を上回っていた。これら社会的関係を構築する重要な特性に関しては，自身を平均よりも上と評価するバイアスが働きやすいようである。一方で「経済力」「学校評判」「要望」「社交」では自己を低く評価する自己卑下傾向が見られ，欧米の研究結果と異なる部分も見られている。

また自己と他者を比べる社会的比較は幼児期から見られる行動である。社会的比較は，自己以外の他者が存在していなければ成立しない。高田（2004）は自己観察や社会的フィードバックのような他の機制よりも，社会的比較が自己知識の獲得に重要な役割を占めることを指摘している。さらに，青年期になると主要な自己認識手段となり，その中には，自己評価機能も含まれている。高田（2004）は関連の研究を概観し，社会的比較を通じた自己評価が可能となるのは８歳前後の児童期中期であることを指摘している。外山（2008）の調査結果によると，日本の中学生の80.2％が学業について何らかの上方比較をしていることを報告している。引き続いて外山（2008）は，中学生の社会的比較により意欲感情が喚起されると，学習活動に対する努力行動につながり，その結果学業成績につながるプロセスを示した。一方で社会的比較により自己評価が脅威にさらわれるネガティブな感情（たとえば卑下・憤慨感情）が喚起されると，学習活動に対する回避行動が行われやすく，その結果，学業成績の低さに結びつくプロセスが確認された。意欲感情を高めるには，注意を自己に焦点化させたり，努力が学業達成につながるという統制感を子どもに持たせることも合わせて示された。これらの知見から，自己を他者と比較することのみから，ポジティブ／ネガティブな結果が引き出されるわけではなく，比較するにあたりどのような視点を持ちながら比較するのか，比較によりどのような感情が喚起されるかによって変動しうるものであり，ある種「両刃の剣」であることが分かる。

また，周囲との比較を通して自己の相対的位置や得意・不得意を判断するだけでなく，能力的には同様であっても，よくできる人ばかりの学校・クラスの中では，優秀な人たちとの比較のために否定的学業的自己概念を形成し，あまりできない人ばかりの学校・クラスの中では，レベルの低い人たちとの比較のために好ましい学業的自己概念を形成しやすいという現象があり，それは「井の中の蛙」効果と呼ばれる（外山，2008）。マーシュ（Marsh, 1987）は26か国中24か国の高校生において，レベルの高い学校に所属することによって否定的学業的自己概念を形成しやすくなる「井の中の蛙」効果を確認しており，偏回帰係数の推定値の平均は－.20であった。日本の高校生に関しても，2003年国際学力調査 PISA の日本調査のデータを用いて，日本人高校生の数学の学業的自己概念に対する学校平均学力の影響が検討されている（鳶島，2014）。その結果，対比効果（準拠集団との比較によって生じる効果）が－.185，同化効果（同じ学校・学級への同化によって生じる効果）が.020，両者の net effect が－.165という推定値が得られており，日本でもこの効果が確認されている。外山（2008）によると，学力水準が低い生徒にとっては普通クラスよりも能力別クラスに在籍する方が，精神遅滞や発達障害の子どもにとって普通クラスよりも特別支援クラスに在籍する方が，自身の学業的自己概念にプラスの影響を与えることが確認されている（Schwarzer et al., 1982）という。自身の能力に見合った集団に所属することが，適切な学業的自己概念を形成し，ひいてはその人の学業的自己概念に見合った学業的達成が期待できる。

（3）自己評価と無力感

「自分は何をやってもだめだ」とあきらめてしまっている状態を「無力感」のある状態と呼ぶが，この状態は，最初から形成されているわけではなく，学習されて獲得される状態と心理学では説明される。セリグマンとメイヤー（Seligman & Maier, 1967）では，イヌを対象に異なった条件で電気ショックを与えた実験から，学習性無力感の存在を示した。自分でコントロールできない条件にあったイヌが無力感を学習した。その後，人間を対象とした実験でも，同様の現象が確認されている。

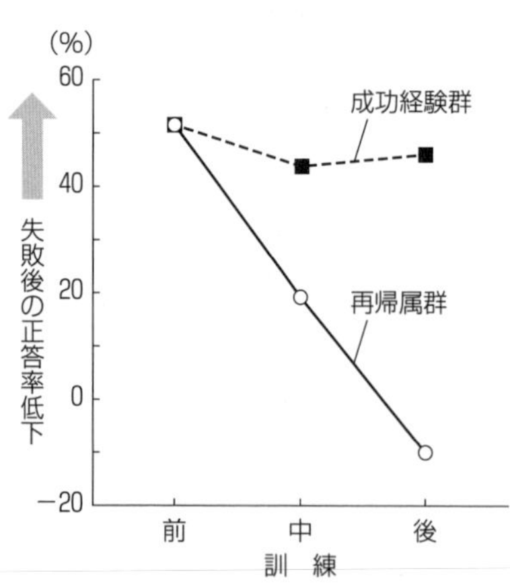

図 8-1　再帰属群と成功経験群の失敗後の正答率の低下

（出所）Dweck（1975）

そのような学習性無力感を獲得してしまった学習者に対して，どのような支援・介入が可能なのであろうか。ドゥベック（Dweck, 1975）は算数が苦手で無力感を学習してしまったと思われる８歳から13歳の子どもを対象にトレーニングを行った。トレーニングには２群設けられ，「成功経験群」「再帰属群」に分けられた。「成功経験群」は成功となる基準がやや低めに設定してあり，毎回成功できるようになっていた。一方で「再帰属群」は基準がやや高めで，15回のうち，

2，3回失敗するようになっていた。その失敗時に実験者が「がんばりが足りなくて失敗したのだ」と強調した。その結果が図8-1となっている。

25日間のトレーニングでは，トレーニングの最中と後に，難しい問題が入れてあり，失敗を経験させられた際に，どのようなふるまいとなるかを測定した。その結果，「成功経験群」は失敗経験後のテスト成績が低下するが，「再帰属群」では正答率低下が起きず，粘り強く取り組むようになったことが示されている。

このトレーニングに関する研究は，たんに成功する課題ばかりを与えられることが無力感を軽減するのではなく，失敗経験時にその理由を自身の努力というコントロール可能なものに帰するよう介入することが無力感を軽減することを示している。失敗時の自身の原因帰属の在り方を変えること，つまり広い意味での自己評価の内容を変えることで，課題との対面の仕方が変わってくる。

4　自尊感情

（1）自尊感情とは

自尊感情という用語はなじみがなくとも，「自分を価値ある存在と思えるかどうか」「自己肯定感」と説明されると，聞きなじみがあるかもしれない。「自分は何をやってもどうせダメだ」「自分は価値ある存在でない」と感じている状態だと，よい教育的働きかけが教育者からなされたとしても，よりよい学習や取り組みにつながらないように感じられるだろう。原田（2008）は自尊感情が抑うつ，学業成績，対人関係といった多くの精神的健康や社会適応と関連していることを指摘している。つまり自尊感情の在りようは，児童期・青年期において「適応指標」として多用されている。

自尊感情の測定法としては，主にローゼンバーグ（Rosenberg, 1965, 1979），クーパースミス（Coopersmith, 1981）によって開発された自尊感情尺度を使用して進められることが多い。ローゼンバーグ（Rosenberg, 1979）による尺度は「少なくとも人並みには，価値のある人間である」といった項目内容（山本他，

1982；清水，2001）をはじめとする10項目からなり，全体的自尊感情をたずねる一因子から構成される尺度である。この尺度は項目数が少ないこともあり，アメリカのみならず日本でも多くの研究において使われており，世界中で最も頻繁に用いられている自尊感情の尺度である（小塩他，2016）。ローゼンバーグ（Rosenberg, 1965）によると，自尊感情とは「自分自身で自分の価値や尊重を評価する程度」である。

また，クーパースミス（Coopersmith, 1981）による自尊感情尺度は成人版は25項目から構成され，ローゼンバーグによる尺度と同様，多くが全体的自己に関する質問項目からなっている。キースとブラッケン（Keith & Bracken, 1996）によると，この尺度はローゼンバーグ（Rosenberg, 1965）による尺度よりもより多くの項目から集められ，説得力のある理論や根拠に基づいて作成されていると評価が高い。しかし，残念ながらローゼンバーグによる尺度ほどは使用されていないのが現状である。

（2）自尊感情の発達と国際比較

自尊感情はいつごろからどのように生じ，発達するのだろうか。結論から言うと，青年期を中心としたその前後の時期の変化は年齢関数とはなっていない。ジマーマンら（Zimmerman et al., 1997）は6年生から10年生を対象としたクーパースミス（Coopersmith, 1981）による自尊感情得点の縦断データを，それぞれクラスター（一貫して高い／低い群や徐々に低下する群等）に分け，クラスター別の発達的変化を検討している。結果，年齢による違いよりも，友人からの圧力に対する影響の受けにくさや逸脱行動の少なさといった社会的要因が，自尊感情の高さに寄与していることが分かった。

日本においては，諸外国に比べ，自尊感情の得点が低いことが報告されている。シュミットとアリック（Schmitt & Allik, 2005）によって報告された国際比較の平均値一覧の中で，日本のそれは最も低い値であった（図8-2）。また香港・大韓民国といったアジア地域についても比較的低い傾向にあり，アジアでは自尊感情が低めであることが分かっている（小塩他，2016）。また大学生に比

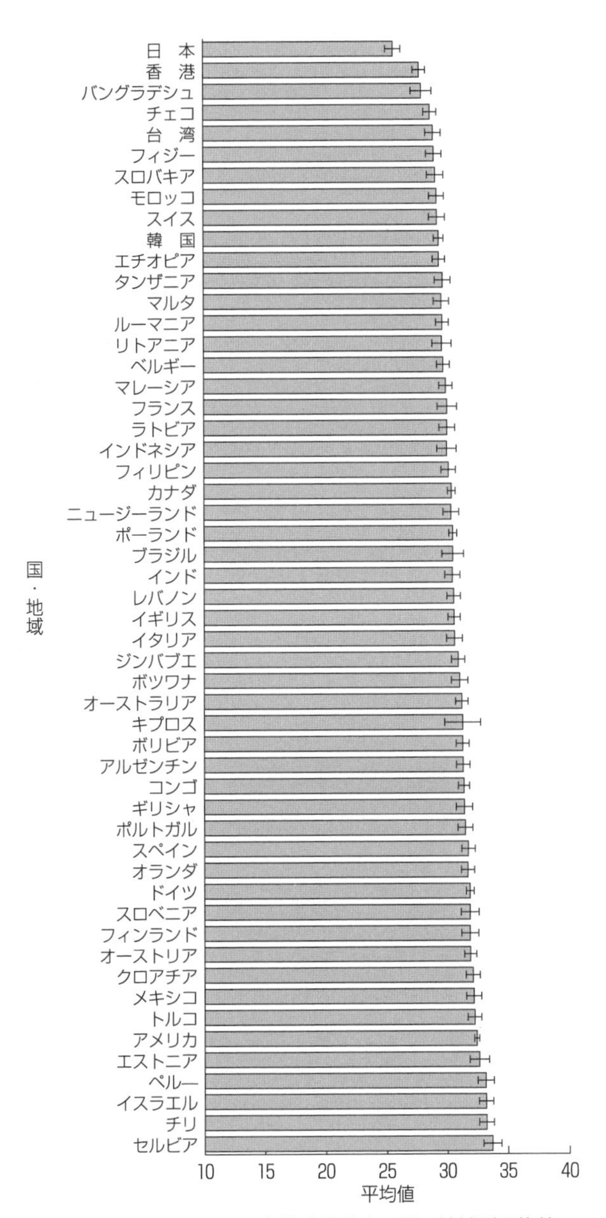

図 8-2　Rosenberg の自尊感情尺度の国・地域別平均値

（出所）Schmitt & Allik（2005），小塩他（2016）。エラーバーは平均値の95％信頼区間。

べ，中高生の平均値は低く，成人の平均値が高い傾向にあることも示されている（小塩他，2016）。

日本人が諸外国に比べて自尊感情が低いという現象について，「自尊感情の低さをより高くする働きかけが必要だ」と感じられるかもしれない。しかし，その必要はなさそうである。村本（2010）によると，日本人は他者から好意的な評価を得ることで，間接的に自己高揚していると指摘している。他者の前で自己卑下することで，他者がほめてくれることによって自尊心が高まるという仕組みである。他者との関係性により，自己を育てていくことができる。

（３）自尊感情と教育

前項のような研究結果からなのか，日本の教育現場において，子どもたちの自尊感情の低さが取り上げられている。中央教育審議会初等中等教育分科会教育課程部会（2007）では，学習指導要領改訂にいたる審議過程において，子どもたちの自尊感情の低さが取り上げられている。アメリカで1980年代に盛んに取り組まれた「自尊感情を高める教育」が時代を経て日本にも導入されるようになったようである。

ではそのような教育が果たして有効なのかという問いについて，自尊感情と学業成績の関連について，４歳から15歳まで継続的に調べたマルヤマら（Maruyama et al., 1981）による研究では，自尊感情と学業成績に直接的因果関係はないことが示されている。この結果について，子どもの IQ と親の社会的地位が，自尊心と学業成績の両方と関連するために，自尊感情と学業成績の間に関連があるように見えているだけだとしている（新谷，2017）。つまり，自尊感情を高めると成績が良くなるかと問われると，その答えは YES ではないのである。

5　自己評価と自律的学習

（1）メタ認知

メタ認知とは，認知についての認知を意味する（三宮，2008）。三宮のまとめによると，メタ認知は主に「メタ認知的知識」と「メタ認知的活動」の二つから構成される（図8-3参照）。概念的には，「メタ認知的知識」にはさらに下位に三つ存在し，「人間の認知特性についての知識」（例：私は英文読解は得意だが英作文は苦手だ），「課題についての知識」（例：計算課題では数字の桁数が増えるほど計算ミスが増える），「方略についての知識」（例：相手が知っている内容にたとえると，難しい話を理解してもらえる）から構成される（三宮，2008）。「メタ認知的活動」にはさらに下位に二つ存在し，「メタ認知的モニタリング」（例：発表をした際に自分の発表の成功・失敗の原因を分析する），「メタ認知的コントロール」（例：次回の発表にむけて計画を立て直す）というもので，両者は課題遂行時の事前段階・遂行段階・事後段階にそれぞれ機能している（三宮，2008，図8-4参照）。メタ認知的知識とメタ認知的活動の両者がお互いに関係しながらとくに認知活動の調整が行われ，学習者が効果的な学習の在り方を追究するための切り口となるという。さらにメタ認知は教育可能と考えられるため，学習者・教師のメタ認知に働きかけることで，学習法・教授法の改善が見込める（三宮，2008）。

（2）教育評価における自己評価

自身の学習活動について，それを評価するのは誰なのか，という問題について，近年他者評価だけでなく自己評価の視点も取り入れられるようになってきている。赤沢（2005）はこの傾向について，二つの考え方が主な理論的背景にあるとしている。一つは構成主義的学習観で，自らの学習状況を自分自身で確認，調整する（モニタリングする）ことが重視されるという理論的背景である。二つには，子どもの参加論であり，子どもが学習の主体として自らの学習の構

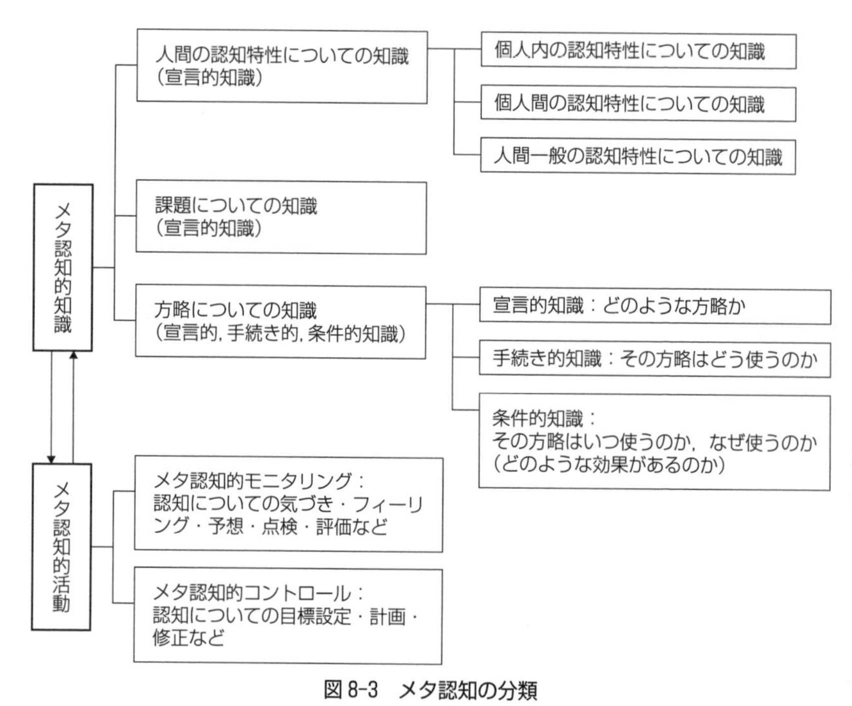

図 8-3　メタ認知の分類

（出所）三宮（2008）

成（目標，実践，評価）に参加することが重視されるという理論的背景である。このような背景により，近年は部分的にではあるが，通知表に自己評価を取り入れて表記する流れが出てきている。

また，自身の学習活動に関して，自己評価によるその後の動機づけの在りようについて，鹿毛・並木（1990）は自己評価とは，児童自身がフィードバックを行う評価方法で，個人的目標構造を提供するとしている。鹿毛・並木（1990）は小学校6年生を対象に，相対評価・到達度評価・自己評価条件の3群に分け，算数のカリキュラムを行った。その結果，自己評価の評価構造は到達度評価の評価構造ほど内発的動機づけを高めなかった。しかし，相対評価に比べると，到達度・自己評価の方が主体的学習活動を向上させていた。

自己評価は，相対評価に代表される競争的目標を提示するよりは，学習者の動機づけを悪化させずにすみ，自身の遂行行動の程度が弱くなるほどではない

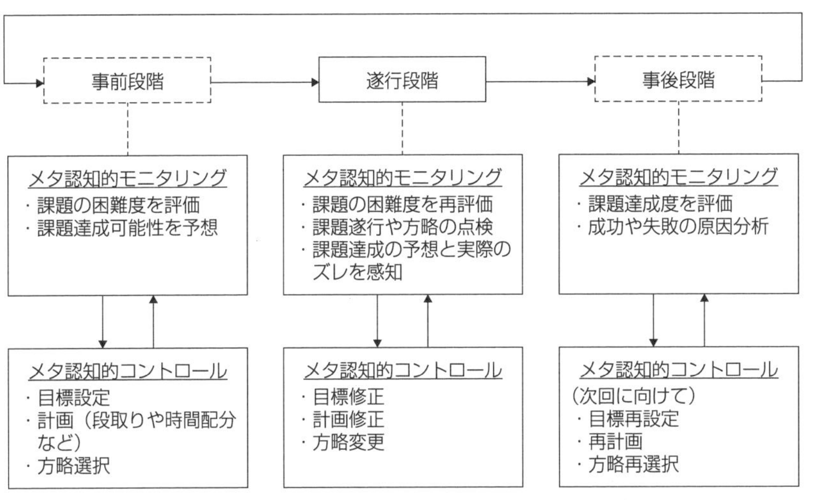

図 8-4　課題遂行の各段階におけるメタ認知的活動

（出所）三宮（2008）

という知見は，学習者にとって他者との競争や到達度を意識することなく個人的目標のみに依拠して，よりリラックスした環境でのびのびと学習に取り組んだとしても，それなりに効果をもたらすことを示唆している。自己評価を適度に導入しながら学習活動を進めるスタイルの可能性が期待される。

（3）介入の効果

ここでは，自己をモニターすることについて，教育者からのプラスの介入による学習者への影響と，教育者からのマイナスの介入による学習者への影響の2点について紹介しよう。前者について，バトラー（Butler, 1988）は低学力児童に対して，相対評価的な成績をつけて返却する群と，良いところ・悪いところをコメントする群とで，その後の課題遂行の違いを見た。その結果，コメント群で課題遂行成績が改善されたのに対して，成績のみをフィードバックする群では改善が見られなかった。これは，コメントにより，学習者の自己理解が進み，評価が低い中にも具体的にどこが良いのか悪いのかを認識でき，後続の積極的な課題遂行につながる可能性を示唆している。

そして後者について，中山（1994）は小学校高学年を対象に，自身のテストの点数に対する自己評価と母親からの評価が動機づけへ及ぼす影響を検討している。その結果，自己評価が高かったのに母親から否定的評価を受けた場合の動機づけの低下が，自己・母親ともに否定的評価を行う場面以上に負の動機づけ効果をもたらしていた。小学校高学年生にとっては，児童自身の自己評価よりも母親からの評価の在りようが強い影響を与えることが示された。この知見からは，教育する立場にある大人が子どもに対してどのように評価を伝えるかを，慎重に行う必要があることが分かる。

（4）自己調整学習

自己調整学習において中核をなすのは，予見，遂行，自己内省という三つのフェイズで構成されるサイクルである（篠ヶ谷，2017）。「予見」フェイズとは，学習に際し学習者が計画を立て，学習課題にどのように取り組むかの見通しを持つことを言う。次に「遂行」フェイズとは，実際にさまざまな方略を使用しながら学習課題に取り組むことである。最後に「自己内省」とは，遂行フェイズの結果の分析が行われる段階である。三宮（2008）によると，自己調整学習研究では，学習者を，知識やスキルを能動的に求めようとする存在とみなしているという。ジマーマンら（Zimmerman & Martinez-Pons, 1986）は自己調整学習を促進するための学習方略を10示しており，その中にはたとえば「自己評価」「目標設定とプランニング」「自己強化」等が挙げられている。自らを律しつつ環境要因を活用する方略が求められ，「自分を律する自分」「自分を評価する自分」「自分をマネジメントする自分」という状況が常に求められる取り組みである。その中には，第1項で触れた「メタ認知」的知識や活動も含まれている。

このような自己調整学習の視点は，PISA などの国際比較調査における日本の生徒の学力の現状（一定の手続きを適用して計算を行い正答を導いたり多肢選択式の課題の正答率は高く手続き的知識やスキルの水準は高い一方，判断の理由を自分の言葉や図式で説明する課題の正答率は高くなく，概念的理解やその思考表現の水準は相対的に低い）（藤村，2005）を変化させていくための手がかりとなるだろう。広い意味での自己評価や主体的に学習に取り組む姿勢が，今後ますます求められてくる。

さらに学びたい人のための図書

ブラッケン，B. A. 編／梶田叡一・浅田匡監訳（2009）『自己概念研究ハンドブック——発達心理学，社会心理学，臨床心理学からのアプローチ』金子書房。

▶自己概念や自尊感情について，その歴史的背景から構造，測定道具，領域固有の自己概念，年齢・ジェンダーの効果や臨床的応用まで多岐にわたって豊富な文献に基づいてレビューされている。

富岡比呂子（2013）『児童期・青年期の自己概念』ナカニシヤ出版。

▶上記の書籍でも多く触れられているSDQを日本人について対象としたデータを集めて日米で比較，議論しており，文化的な背景についても触れられている。

引用・参考文献

赤沢早人（2005）「子どもの自己評価をとりいれた通知表」田中耕治編『よくわかる教育評価』ミネルヴァ書房，162-163頁。

Alsaker, F. D. & Kroger, J. (2006) “6 Self-concept, Self-esteem, and identity,” In S. Jackson & L. Goossens eds., *Handbook of Adolescent Development*, New York: Psychology Press.

Berglas, S. & Jones, E. E. (1978) “Drug choice as a self-handicapping strategy in response to noncontingent success,” *Journal of Personality and Social Psychology*, 36, 405-417.

Butler, R. (1988) “Enhancing and undermining intrinsic motivation: The effects of task-involving and ego-involving evaluation on interest, and performance,” *British Journal of Educational Psychology*, 58, 1-14.

Byrne, B. M. (1984) “The general/academic self concept monologcal network:A revies of construct validation research,” *Review of Educational Research*, 54, 427-456.

Byrne, B. M. (1996) “Academic Self-Concept: Its Structure, Measurement, and Relation to Academic Achievement,” In Bracken, B. A. eds., *Handbook of Self-Concept Developmental, Social, and Clinical Considerations*, New York: John Wiley & Sons, 287-316（バーン，B. M.（2009）「学業的自己概念——その構造，測定，学力との関

連」ブラッケン，B. A. 編／梶田叡一・浅田匡監訳『自己概念研究ハンドブック――発達心理学，社会心理学，臨床心理学からのアプローチ』金子書房，335-367頁）.
中央教育審議会初等中等教育分科会教育課程部会（2007）「教育課程部会におけるこれまでの審議のまとめ」[https://www.next.go.jp/content/1292164_1.pdf]。
Coopersmith, S.（1981）*Coopersmith self-esteem inventory*, Palo Alto: Consulting Psychologists Press, Inc.
Crain, R. M.（1996）"The Influence of Age, Race, and Gender on Child and Adolescent Multidimensional Self-Concept," In Bracken, B. A. eds., *Handbook of Self-Concept: Developmental, Social, and Clinical Considerations*, New York: John Wiley & Sons, 395-420（クライン，R. M.（2009）「児童・青年の多次元的自己概念への年齢，人種，ジェンダーの効果」ブラッケン，B. A. 編／梶田叡一・浅田匡監訳『自己概念研究ハンドブック――発達心理学，社会心理学，臨床心理学からのアプローチ』金子書房，461-491頁）.
Dunning, D.（1993）"Words to live by: The self and definitions of social concepts and categories," In J. M. Suls ed., *Psychological perspectives on the self*, Vol. 4, Hillsdale, NJ: Erlbaum, pp.99-126.
Dweck, C. S.（1975）"The role of expectations and attributions in the alleviation of learned helplessness," *Journal of Personality and Social Psychology*, 31, 674-685.
榎本博明（1998）『「自己」の心理学――自分探しへの誘い』サイエンス社。
藤村宣之（2005）「子どもの学力を心理学的に分析する」『学校図書館』666巻，60-61。
藤崎眞知代・高田利武（1992）「児童期から成人期にかけてのコンピテンスの発達的変化」『群馬大学教育学部紀要　人文・社会科学編』41，313-327。
ギロビッチ，T.／守一雄・守秀子訳（1993）『人間――この信じやすきもの』新曜社。
原田宗忠（2008）「青年期における自尊感情の揺れと自己概念との関係」『教育心理学研究』56巻，330-340。
Harter, S.（1985）*Manual for the Self-Perception Profile for Children*, Denver, CO: University of Denver.
Huguet, P. & Régner, I.（2009）"Counter-stereotypic beliefs in math do not protect girls from stereotype threat," *Journal of Experimental Social Psychology*, 45, 1024-1027.
伊藤忠弘（1999）「社会的比較における自己高揚傾向――平均以上効果の検討」『心理学研究』70巻，367-374。
鹿毛雅治（2013）『学習意欲の理論――動機づけの教育心理学』金子書房。
鹿毛雅治・並木博（1990）「児童の内発的動機づけと学習に及ぼす評価構造の効果」『教育

心理学研究』38巻，36-45。

Keith, L. K. & Bracken, B. A. (1996) "Self-Concept Instrumentation: A Historical and Evaluative Review," In Bracken, B. A. eds., *Handbook of Self-Concept Developmental, Social, and Clinical Considerations*, New York: John Wiley & Sons, 91-170（キース，L. K. & ブラッケン，B. A.（2009）「自己概念の測定用具――歴史的，評価的レビュー」ブラッケン，B. A. 編／梶田叡一・浅田匡監訳『自己概念研究ハンドブック――発達心理学，社会心理学，臨床心理学からのアプローチ』金子書房，109-196頁).

眞榮城和美（2000）「児童・思春期における自己評価の構造」『応用社会学研究』10巻，63-82。

Marsh, H. W. (1987) "The-big-fish-little-pond effect on academic self concepts," *Journal of Educational Psychology*, 79, 280-295.

Marsh, H. W. (1988) "Self-description questionnaire-I," *Manual and research monograph*, San Antonio: Psychological Corp.

Marsh, H. W. (1990a) "Self-description questionnaire-II," *Manual and research monograph*, San Antonio: Psychological Corp.

Marsh, H. W. (1990b) "Causal ordering of academic self-concept and academic achievement: A multiwave, longitudinal panel analysis," *Journal of Educational Psychology*, 82, 646-656.

Marsh, H. W. (1992) "Content specificity of relations between academic achievement and academic self-concept," *Journal of Educational Psychology*, 84, 35-42.

Maruyama, G. M., Rubin, R. A., & Kingsburry, G. G. (1981) "Self-esteem and educational achievement: Independent constructs with a common cause?" *Journal of Personality and Social Psychology*, 40, 962-975.

光浪睦美（2010）「認知的方略の違いがセルフ・ハンディキャッピングやストレス対処方略の採用に及ぼす影響――学業場面における４つの認知的方略の分類」『パーソナリティ研究』19巻，157-169。

Montemayor, R. & Eisen, M. (1977) "The development of self-conceptions from childhood to adolescence," *Developmental Psychology*, 13, 314-319.

森永康子（2017）「女性は数学が苦手――ステレオタイプの影響について考える」『心理学評論』60巻，49-61。

森永康子・板田桐子・古川善也・福留広大（2017）「女子中高生の数学に対する意欲とステレオタイプ」『教育心理学研究』65巻，375-386。

村本由紀子（2010）「心の文化差――異文化間比較の視点」池田謙一・唐澤譲・工藤恵理

子・村本由紀子編『社会心理学』有斐閣，395-416頁。
村山航・及川恵（2005）「回避的自己制御方略は本当に非適応的なのか」『教育心理学研究』53巻，273-286。
中山勘次郎（1994）「児童の達成への態度に対する自己評価と他者評価の影響」『上越教育大学研究紀要』13，119-130。
新谷優（2017）『自尊心からの解放――幸福をかなえる心理学』誠信書房。
Norem, J. K.（2001）“Defensive pessimism, optimism, and pessimism,” In E. C. Chang ed., *Optimism, and pessimism: Implications for theory, research, and practice*, Washington, DC: American Psychological Association, pp. 77-100.
小塩真司・脇田貴文・岡田涼・並川努・茂垣まどか（2016）「日本における自尊感情の時間横断的メタ分析――得られた知見とそこから示唆されること」『発達心理学研究』27巻，299-311。
Rosenberg, M.（1965）*Society and the adolescent self-image*, New Jersey: Princeton University Press.
Rosenberg, M.（1979）*Conceiving the self*, New York: Basic Books.
三宮真智子（2008）『メタ認知――学習力を支える高次認知機能』北大路書房。
Schmitt, D. P. & Allik, J.（2005）“Simultaneous administration of the Rosenberg Self-esteem Scale in 53 nations: Exploring the universal and culture-specific features of global self-esteem,” *Journal of Personality and Social Psychology*, 89, 623-642.
Schwarzer, R., Lange, B., & Jerusalem, M.（1982）“Selbstkonzeptenwicklung nach einem Bezugsgruppenwechsel (Self-concept development after a reference-group change),” *Zeitschrift Fur Entwickrift fur Entwicklungspsychologie und Padagogische Psychologie*, 14, 125-140（Lüdtle, O., Koller, O., Marsh, H. W., & Trautwein, U.（2005）“Teacher frame of reference and the big-fish-little-pond effect,” *Contemporary Educational Psychology*, 30, 263-285 による）.
Seligman, M. E. P. & Maier, S. F.（1967）“Failure to escape traumatic shock,” *Journal of Experimental Psychology*, 74, 1-9.
Shavelson, R. J., Hubner, J. J., & Stanton, G. G.（1976）“Self-concept: Validation of construct interpretations,” *Review of Educational Research*, 46, 407-441.
清水裕（2001）「自己評価・自尊感情」堀洋道監修『心理測定尺度集Ⅰ　人間の内面を探る〈自己・個人内過程〉』サイエンス社，26-43頁。
篠ヶ谷圭太（2017）「トピック３－６自己調整学習」藤澤伸介編『探究！教育心理学の世界』新曜社，178-181頁。

Spencer, S. I., Steele, C. M., & Quinn, D. M. (1999) "Stereotype threat and women's math performance," *Journal of Experimental Social Psycholosy*, 35, 4–28.

高田利武（2004）『「日本人らしさ」の発達社会心理学――自己・社会的比較・文化』ナカニシヤ出版。

Tesser, A. (1986) "Some effects of self-evaluation maintenance on cognition and action," In R. M. Sorrentino & E. T. Higgins eds., *Handbook of motivation and cognition: Foundations of Social Behavior*, New York: Guilford, pp. 435–464.

Tesser, A. & Campbell, J. (1985) "A selfevaluation maintenance model of student motivation," In C. Ames & R. Ames eds., *Research on motivation in education (vol. 2): The classroom milieu*, New York: Academic Press, pp. 217–247.

鳶島修治（2014）「学業的自己概念に対する学校平均学力の対比効果と同化効果」『東北大学大学院教育学研究科研究年報』62巻，241–265。

外山美樹（2008）「教室場面における学業的自己概念――井の中の蛙効果について」『教育心理学研究』56巻，560–574。

外山美樹（2009）「社会的比較が学業成績に影響を及ぼす因果プロセスの検討――感情と行動を媒介にして」『パーソナリティ研究』17巻，168–181。

外山美樹・市原学（2008）「中学生の学業成績の向上におけるテスト対処方略と学業コンピテンスの影響――認知的方略の違いの観点から」『教育心理学研究』56巻，72–80。

山本真理子・松井豊・山成由紀子（1982）「認知された自己の諸側面の構造」『教育心理学研究』30巻，64–68。

Zimmerman, B. J. & Martinez-Pons, M. (1986) "Development of a structured interview for assessing student use of self-regulated learning strategies," *American Educational Research Journal*, 23, 614–628.

Zimmerman, M. A., Copeland, L. A., Shope, J. T., & Dielman, T. E. (1997) "A longitudinal study of self-esteem: Implications for adolescent development," *Journal of Youth and Adolescence*, 26, 117–141.

第9章

キャリア教育と評価

三川俊樹

1　キャリア教育の基本的な考え方

（1）キャリア教育の目標――キャリア教育の基本的理解

日本におけるキャリア教育は，1999（平成11）年の中央教育審議会答申（初等中等教育と高等教育との接続について）において，学校と社会および高等教育の円滑な接続を図るための教育を，小学校段階から発達段階に応じて実施する必要があると指摘されたことに由来する。これを受けて2004（平成16）年，文部科学省の「キャリア教育の推進に関する総合的調査研究協力者会議報告書」では，キャリア教育を「児童生徒一人一人のキャリア発達を支援し，それぞれにふさわしいキャリアを形成していくために必要な意欲・態度や能力を育てる教育」，端的には「児童生徒一人一人の勤労観，職業観を育てる教育」と定義して，キャリア教育がスタートした。その後，2006（平成18）年12月の教育基本法の改正，2007（平成19）年7月の学校教育法の改正を経て，2008（平成20）年7月に閣議決定された教育振興基本計画では，小学校からのキャリア教育，中学校の職場体験活動，高等学校普通科のキャリア教育が日本の教育施策として推進されることになった。そして，2009（平成21）年3月に公示された現行の高等学校の学習指導要領では，キャリア教育の推進が学習指導要領に初めて明記された。

さらに，2011（平成23）年1月の中央教育審議会の「今後の学校におけるキャリア教育・職業教育の在り方について」（答申）において，キャリア教育は

「一人一人の社会的・職業的自立に向け，必要な基盤となる能力や態度を育てることを通して，キャリア発達を促す教育」とあらためて定義され，児童生徒の個別支援のためにはキャリア・カウンセリングが有効であり，日々児童生徒に接している教職員がカウンセリングに関する知識や円滑なコミュニケーションをとるための方法を修得することが必要であることが指摘された。

キャリア教育は，子どもや若者の社会的・職業的自立に向けて，一人一人のキャリアを形成するために必要な能力や態度を育てることを通してキャリア発達を促す教育であり，発達段階に沿った計画的・継続的な学習プログラムを基盤に，個別対応を重視したキャリア・カウンセリングを活用して，体験的活動等を中心としたさまざまな教育活動の中で展開される教育である。

(2) キャリア発達とは——キャリア選択とキャリア発達

キャリア（career）という言葉の語源は，ラテン語の「車の道」や「轍」を意味する言葉であるが，「進路」または「経歴」と訳されることが多かった。1987年日本進路指導学会の「進路指導の定義」の中では，キャリアは「一人の人が生涯にわたって踏み行き形成する職業経歴の全体をいう」（総合的定義），「一人の人が生涯にわたって踏み行き形成する進路経歴の全体をいう」（学校教育における定義）などと表現されていた（藤本，1987）。

ところで，スーパー（Super, 1980）は，生涯キャリア発達の視点を強調し，人生役割（life role）の組み合わせによるライフキャリアの概念を示していた。すなわち，日常生活における個人の役割の結びつきが個人のライフスタイルを構成し，その継続的な結合がライフサイクルを構成する。スーパーは，このような考え方をライフスパン・ライフスペース・アプローチ（a life-span, life-space approach）と呼び，これを図示したのがライフキャリア・レインボウ（the life-career rainbow）であった。

ライフスパンを構成するライフステージは，成長・探索・確立・維持・下降という五つの段階からなり，この進行にともなって，ライフスペースを構成する人生役割が変化する。また，心理学的・生物学的な個人的要因と，歴史的・

社会経済的な状況的要因の相互作用の結果，キャリアが決定されることになる。キャリアとは，生涯発達において変化する多様な役割の統合とその連鎖であり，最も簡潔に表現すれば「人生」あるいは「生き方」という言葉がふさわしい。

スーパーは，世界中のキャリア教育の推進施策や実践に大きな影響力を与えた研究者（藤田，2014）であるが，日本のキャリア教育におけるキャリア概念も，スーパーの提案したライフキャリアの考え方が基礎にあるとみてよい。

2011年１月の中央教育審議会の「今後の学校におけるキャリア教育・職業教育の在り方について」（答申）においては，この「役割」という概念を中心にして，「自分の役割を果たして活動すること，つまり『働くこと』を通して，人や社会にかかわることになり，そのかかわり方の違いが『自分らしい生き方』となっていく」と述べている。そして，「人が，生涯の中で様々な役割を果たす過程で，自らの役割の価値や自分と役割の関係を見いだしていく連なりや積み重ねが，『キャリア』の意味するところ」であり，キャリアは「子ども・若者の発達の段階や発達課題の達成と深くかかわりながら段階を追って発達していくもの」であるとした上で，「社会の中で自分の役割を果たしながら，自分らしい生き方を実現していく過程を『キャリア発達』という」と簡潔に述べている。

（3）社会的・職業的自立に必要な基盤となる能力

また，同答申（2011）においては，キャリア発達を促すために，「学校教育では，社会人・職業人として自立していくために必要な基盤となる能力や態度を育成することを通じて，一人一人の発達を促していくことが必要である」ことが指摘され，「社会的・職業的自立に向け，必要な基盤となる能力や態度」のうち，その育成をキャリア教育が中核的に担うものとして「基礎的・汎用的能力」が提示されている（図9-1）。これは，「基礎的能力」とその基礎的能力を広く活用していく「汎用的能力」の双方が必要であると考え，両者を一体的なものとして整理したものである。そして，社会人・職業人に必要とされる基礎的な能力と，学校教育で育成している能力との接点を確認し，これらの能力

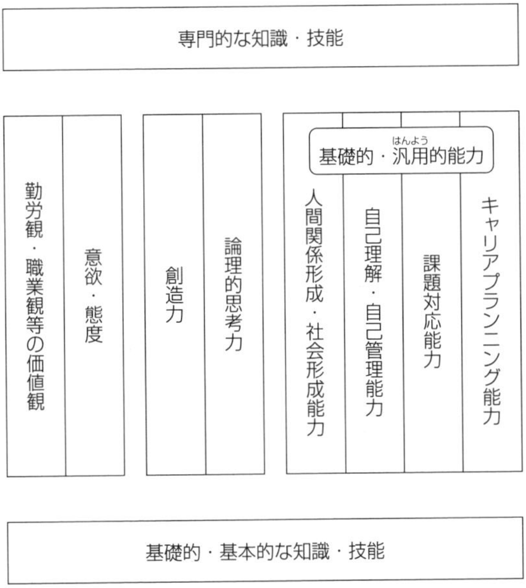

専門的な知識・技能

勤労観・職業観等の価値観	意欲・態度	創造力	論理的思考力	人間関係形成・社会形成能力	自己理解・自己管理能力	課題対応能力	キャリアプランニング能力

基礎的・汎用（はんよう）的能力（人間関係形成・社会形成能力，自己理解・自己管理能力，課題対応能力，キャリアプランニング能力）

基礎的・基本的な知識・技能

図 9-1　「社会的・職業的自立，社会・職業への円滑な移行に必要な力」の要素

（出所）中央教育審議会答申（2011）27頁。

表 9-1　基礎的・汎用的能力を構成する「四つの能力」

・人間関係形成・社会形成能力 多様な他者の考えや立場を理解し，相手の意見を聴いて自分の考えを正確に伝えることができるとともに，自分の置かれている状況を受け止め，役割を果たしつつ他者と協力・協働して社会に参画し，今後の社会を積極的に形成することができる力 ・自己理解・自己管理能力 自分が「できること」「意義を感じること」「したいこと」について，社会との相互関係を保ちつつ，今後の自分自身の可能性を含めた肯定的な理解に基づき主体的に行動すると同時に，自らの思考や感情を律し，かつ，今後の成長のために進んで学ぼうとする力 ・課題対応能力 仕事をする上での様々な課題を発見・分析し，適切な計画を立ててその課題を処理し，解決することができる力 ・キャリアプランニング能力 「働くこと」の意義を理解し，自らが果たすべき様々な立場や役割との関連を踏まえて「働くこと」を位置付け，多様な生き方に関する様々な情報を適切に取捨選択・活用しながら自ら主体的に判断してキャリアを形成していく力

（出所）中央教育審議会答申（2011）25-26頁。

育成をキャリア教育の視点に取り込んでいくことは，学校と社会・職業との接続を考える上で意義があるとし，これらの能力は，分野や職種にかかわらず，社会的・職業的自立に向けて必要な基盤となる能力であり，具体的内容には，仕事に就くことにも焦点を当て，実際の行動として表れる観点から，表9-1に示したように「四つの能力」として整理したものである。

2　キャリア発達の評価

（1）職業的成熟・キャリア成熟の考え方

キャリア発達を評価する試みは，スーパー（Super, 1957）によって構築された職業的発達理論の中で，職業的発達を評価するための職業的成熟（vocational maturity）という概念が取り上げられ，発達段階に応じた職業決定と適応をもたらす能力について提案されたのが始まりであった。その後，クライツ（Crites, 1973）は職業的発達の基準を整理して，キャリア成熟（career maturity）を測定する尺度（Career Maturity Inventory：CMI）を作成し，進路選択の「一貫性」「現実性」「遂行能力」「態度」の4側面から構成されるキャリア成熟の因子モデルを提案した。さらに，スーパーは，「キャリア成熟とはキャリア発達課題に取り組もうとする個人の態度的・認知的レディネスである」（Super, 1984）としたほか，「身体的・社会的発達や社会的期待に伴って，個人が直面する発達課題に対処するためのレディネス」（Super, 1990）であると定義した。このように，キャリア成熟はキャリア発達課題に取り組むためのレディネスであるとともに，そのキャリア発達課題を達成することを通して，さらにキャリア成熟が促進されると考えられてきた。

なお，ネヴィルとスーパー（Nevill & Super, 1988）によれば，成人期以降のキャリア発達を説明する際にはキャリア成熟という概念は十分ではないことが指摘され，社会が安定し一定の秩序が保たれている時にはキャリア成熟という概念は有効であるが，絶えざる変化にさらされている現代の環境にはそぐわないとして，予測できない仕事や状況の変化に適応するためのレディネスを含め，キャリア・アダプタビリティ（Career adaptability）という概念が提案された。

その後，サビカス（Savickas, 1997）は，キャリア・アダプタビリティを現在および今後のキャリア発達課題，職業上のトランジションやトラウマに対処するためのレディネスおよびリソースであると考えた。その上で，キャリア・アダプタビリティを，①働く者として自分の将来に対して関心を持つ「キャリア関心」(Career Concern)，②将来の職業生活についてのコントロール力を高める「キャリア統制」(Career Control)，③自己の可能性を探求する好奇心をもつ「キャリア好奇心」(Career Curiosity)，④自分の大きな志を追求する自信を強める「キャリア自信」(Career Confidence）の4次元で構成している。

野淵（2005）によれば，そもそも「成熟」という概念は，個人を取り巻く社会や文化の期待の表現である「発達課題」を基準にして評価された各段階の成長・発達のレベルを指すものであり，個人のキャリア発達を評価する基準としては，「成熟」という概念は妥当であるとはいえないという。また，アダプタビリティとは「調節力」であるが，これは社会の期待水準に合わせるという意味は持たず，むしろ，内に向かっては個人としての潜在的可能性を追求する力であり，外に向かってはその可能性の実現を期して「事態」(個人と環境，およびその間の関係）の変化を調節する能力であるという（野淵，2005)。そして，キャリア・アダプタビリティは，児童期から青年期，青年期から成人期に移行するにつれて，一般にその能力のレベルは高くなると期待され，また各発達段階の「キャリア・アダプタビリティ」は，順次，次の発達段階で働く「キャリア・アダプタビリティ」のレディネスとなるなど，それ自体に発達の連続性と順次性が認められると述べている（野淵，2005)。

（2）日本における進路成熟とキャリア成熟の評価

日本においても，キャリア発達を評価する試みが学校進路指導との関係において行われており，中学校・高等学校における進路指導では，進路成熟という言葉を用いてキャリア成熟の概念が取り上げられてきた。この中で，坂柳・竹内（1986）によって「進路成熟態度尺度」(CMAS-4）が開発されており，教育的進路成熟（主に進学に関するもの）と職業的進路成熟の2側面について「自立度」「計画度」「関心度」の三つの態度特性が設定されている。しかしながら，進路成熟尺度は進路指導の過程における進路決定や職業選択に重点を置いて構成されており，現在のキャリア教育が重視するキャリア発達を促進する諸能力を含めるには至っていなかった。

その後，坂柳（1991）は，キャリア成熟とは「キャリアの選択・決定やその後の適応への個人のレディネスないし取り組み姿勢である」とし，中学生および高校生の「教育的進路成熟」（進学先の選択・決定への取り組み姿勢など），「職業的進路成熟」（職業選択への取り組み姿勢など），「人生進路成熟」（人生や生き方への取り組み姿勢など）の3側面からなる進路成熟尺度（坂柳，1992）のほか，大学生のキャリア成熟を測定するキャリア・レディネス尺度（CRS）を開発している（坂柳，1996）。この尺度は「人生キャリア・レディネス」（人生や生き方への取り組み姿勢）と「職業キャリア・レディネス」（職業選択と職業生活への取り組み姿勢）の2系列を設定した上で，それぞれを「関心性：自己のキャリアに対して積極的な関心を持っているか」，「自律性：自己のキャリアへの取り組み姿勢が自律的であるか」，「計画性：将来展望をもち，自己のキャリアに対して計画的であるか」の三つの態度特性によって評価する（表9-2）。

（3）進路選択自己効力およびキャリア・アダプタビリティの評価

また，キャリア発達を評価する指標として注目されてきた概念に，進路選択に対する自己効力（carrer self-efficacy）がある。富永（2008）によれば，Bandura（1977）の提唱した自己効力を進路関連領域の研究に取り入れたキャリア・セルフエフィカシー研究は，1980年代初頭からアメリカで発達してきたが，激変する社会において生涯繰り返される課題として認識されるようになってきた「進路を決める」という過程についての自己効力は，最近の10年で最も研究が蓄積された一領域である。「進路選択自己効力」という用語は，Taylor & Betz（1983）による Career Decision-Making Self-Efficacy の訳語であり，進路選択自己効力とは，個人が進路を選択・決定するにあたって必要な課題を

表9-2　大学生のキャリア・レディネス尺度の概要

人生キャリア・レディネス尺度（Life Career Readiness Scale）		
領域	要素	項目内容の例（1項目のみ抽出）
関心性	志向性	これからの人生や生き方について，とても関心を持っている
	探索性	希望する人生を送るにはどうすればよいか，調べたことがある
	一体性	どのような生き方が自分に向いているのか，真剣に考えたことがある
自律性	主体性	これからの自分の人生は，自分の力で切り開いていくことができる
	責任性	どんな生き方をしていけばよいかは，最終的には自分自身の責任で決める
	向上性	希望する人生を送れるように，日頃から自分を向上させるように心がけている
計画性	展望性	希望する生き方を送るための具体的な計画を立てている
	目標性	どのような生き方をしたいか，まだわからない（逆転項目）
	現実性	充実した人生を送るための計画に沿って，すでに取り組んでいることがある
職業キャリア・レディネス尺度（Occupational Career Readiness Scale）		
領域	要素	項目内容の例（1項目のみ抽出）
関心性	志向性	将来の職業や就職について，とても関心を持っている
	探索性	希望する職業に就くにはどうすればよいか，調べたことがある
	一体性	どのような職業が自分に向いているのか，真剣に考えたことがある
自律性	主体性	職業人になったら，自分から進んで積極的に仕事を行おうと思う
	責任性	充実した職業生活を送れないのは，自分自身の責任が大きいと思う
	向上性	職場で難しい問題にぶつかっても，自分なりに克服していこうと思う
計画性	展望性	希望する職業に就くための具体的な計画を立てている
	目標性	どのような職業につきたいか，まだわからない（逆転項目）
	現実性	職業選択や就職は，自分の個性と就職機会の両面から十分考えている

（出所）坂柳（1996）より筆者作成。

成功裡に収めることができるという信念（Betz, 2001）であるという（富永, 2008）。

日本では，浦上（1993）によって開発され，1因子構造が確認された「進路選択に対する自己効力尺度」が使われてきた。この尺度は，「自分の能力を正確に評価すること」「自分が従事したい職業（職種）の仕事内容を知ること」「5年先の目標を設定し，それに従って計画を立てること」「もし，望んでいた職業に就けなかった場合，それにうまく対処すること」などの30項目に対して，それぞれのことがらを行うことに対してどの程度の自信があるかを4段階で評価させるもので，進路選択に対する自己効力を1次元で測定できる点が特徴である。その一方では，わが国の状況を反映させて独自の項目を追加し，多因子

表 9-3　中学生を対象にしたキャリア・アダプタビリティ尺度の項目例

（将来設計・展望力）
5．将来の職業や就職先のことについて考えている
8．どんな職業を選ぶかを，自分で考えている
7．自分の興味のあることを職業にしたいと強く思うようになった
（進学設計・展望力）
28．進学先について，いろいろと検討している
26．何のために進学するのかを考えるようになった
24．進学や進学先のことについて考えている
（変化対応力）
38．失敗しても，あきらめずに，うまくいくまでがんばろうと思う
22．最初は友だちになる気がしない人でも，すぐにあきらめないで友だちになろうとする
40．友だちが困ったときには，助けることができると思う
（援助要請力）
44．友だちに助言を求める
45．問題を解決するために，人に援助してくれるようたのむ
41．自分のおかれた状況を人に聞いてもらう
（責任力）
6．自分のしたことには自分で責任をもつことが大切だと思う
9．何かしようとする時，自分にそれができるかどうか不安になる（逆転項目）
10．これからの人生では，自分の意思と責任で生き方を決めていきたい
（時間解決）
48．こんなこともあると思ってあきらめる
46．時が過ぎるのにまかせる
43．これでもかまわないと納得する

（出所）四宮（2010）に基づき，各因子から 3 項目ずつ抽出した。

構造となった尺度も見られる。

富永（2008）は，進路選択自己効力は児童生徒がキャリア教育で身に付けることが期待される力と強い関連があるが，進路選択自己効力に関連する要因にはさまざまなものが挙げられており，その育成方法と効果測定に関しては先行研究の知見は必ずしも一貫していないという。また，進路選択自己効力は，キャリア教育やキャリア・カウンセリングの実践の評価指標として期待されているが，その際に不可欠となる発達的な視点からアプローチされた研究は数少ないと指摘し，今後の課題の一つとして，進路選択自己効力と進路選択能力を中心としたキャリア発達の諸側面との関連を明らかにしていく必要があることを示唆している（富永，2008）。

表9-4　大学生版キャリア・アダプタビリティ尺度の項目例

(コミュニケーション)
8．自分の方から友達を作るのがうまい
64. 自分から人と親しくなることができる
59. おもしろく話をすることが得意だと思う
(ソーシャルサポート)
41. 自分の考えや気持ちを素直に話せる人がいる
34. 自分のことをわかってくれる人がいる
27. 困ったときには，頼りになる人がいる
(将来展望)
1．将来の職業や就職先のことについて考えている
7．自分が将来何をしたいのか考えている
16. 今から将来のことについてしっかり考えている
(積極的対処)
60. 色々なことを知りたいと思っている
55. 新しいことや珍しいことが好きな方だ
48. 困ったときには，自分でやれることをやってみようと思う
(課題実行)
24. 自分が立てた計画はうまく実行できる自信がある
20. 問題を整理することができる
58. 困難なことでも前向きに取り組むことができる
(楽観性)
56. 自分の将来の見通しは明るいと思う
61. 自分の将来にはきっといいことがあると思う
29. 自分の将来に，希望をもっている

(出所) 藤田 (2018) に基づき，各因子から3項目ずつ抽出した。

一方，日本においては，学校段階にある子どもや若者のキャリア・アダプタビリティの測定に関する研究はまだ萌芽的な段階にある。四宮 (2010) は，中学生を対象にしたキャリア・アダプタビリティ尺度を作成し，6要因を抽出して学校適応との関連を検討している (表9-3)。また，藤田 (2018) は，四宮 (2010) の作成した尺度を参考に六つの下位尺度で構成される「大学生版キャリア・アダプタビリティ尺度」(計30項目) を開発して，自己有用感やイラショナル・キャリア・ビリーフ，就職活動不安との関連を検討している (表9-4) が，児童期や青年期におけるキャリア・アダプタビリティの概念化や測定尺度の開発が期待される。

3　キャリア教育によるキャリア発達の評価

（1）キャリア教育で身に付けさせる力――４領域・８能力の測定

日本のキャリア教育は，子どもたちの全人的な成長・発達を促す視点に立った取り組みを積極的に進めることを強調し，育成する能力の例示として，四つの能力領域（人間関係形成能力，情報活用能力，将来設計能力，意思決定能力）ごとに二つの能力を想定した「４領域・８能力」を提案してきた（文部科学省，2004）。

この点について，川﨑（2007）は，キャリア教育の評価は，それぞれの学校が何を目的として取り組みを行っているのかという問題と関係しており，その目的に応じた効果測定の指標が用いられるべきであるとしながらも，「４領域・８能力」は，キャリア教育の取り組みを考える枠組みとして広く受け入れられており，これに対応する尺度を開発すれば，幅広く適用することが可能な効果測定の指標になると考えられると述べ，「４領域・８能力」の４領域に対応した中学生向けの「生きる力」尺度（表9-5）を試作し，キャリア教育の効果測定について検討している。また，川﨑（2009）は，小中学校が連携したキャリア教育の取り組みの効果を検証するために，めざす子ども像とそれを具体化する「３領域・10視点」に対応した30項目からなる小学生版・中学生版の効果測定尺度を作成している。

一方，新見（2008）は，これまで進路指導などの多くの場面で用いられてきた進路成熟尺度は，その項目が進路決定や職業選択に特化しているので，キャリア教育で重視している将来設計や意思決定の２領域とは対応するが，他の２領域とは対応せず，人間関係形成や情報活用についてはほとんど捉えられないという弱点があることを指摘している。また，キャリア発達に関する先行研究の多くは職業選択や進路選択に直面している大学生や高校生を対象とし，小学生や中学生のキャリア発達の状態を測定する試みはほとんど行われていないのが現状であると述べる（新見・前田，2009）。そこで，新見・前田（2009）は，

表 9-5　キャリア教育における効果測定――中学生の「生きる力」尺度

Ⅰ　将来設計能力 将来の仕事について考えることができる 将来の夢や希望を思いうかべることができる 将来についての計画を立てることができる　（7 項目中 3 項目のみ記載した）
Ⅱ　情報活用能力 集めた情報を整理し，まとめることができる 自分に必要な情報をさがすことができる 何かを調べる宿題をうまくやることができる
Ⅲ　人間関係形成能力 新しい環境や人間関係にすぐなれることができる グループや集団の中でもうまく行動できる 年齢のちがう集団に入っても，自分の仕事をやることができる
Ⅳ　意思決定能力 自分の目標に向かって，つづけて努力することができる 困難な問題でも，自分で解決していこうと努力することができる 自分にとって好きなものや大切なものが分かっている

（出所）川﨑（2007）より筆者作成。

日本のキャリア教育で重視されている 4 領域の能力・態度を捉えるために，キャリア意識を「キャリア発達に関わる基礎的な意欲・態度・能力に対する個人の自己評価」と定義し，小中高校生を対象にしたキャリア意識尺度を作成している。

（2）「生きる力」から「生き抜く力」へ――キャリアレジリエンスの測定

坂柳（2016）は，中央教育審議会が2013（平成25）年の「第 2 期教育振興基本計画について」の答申において，四つの基本的方向性に基づく方策の一つとして「社会を生き抜く力」の養成を掲げたことを踏まえ，キャリア教育は，当初の「勤労観・職業観を育てる教育」から「基礎的・汎用的能力を育てる教育」にシフトし，また「生きる力」から「生き抜く力」へと強調点が移行しているという。そして，キャリア教育における「生き抜く力」とは，「変化する社会のなかで，困難な状況にあっても，それを乗り越えて，自分なりのキャリアを創造していく力」であると定義し，キャリアレジリエンス（career resilience）の用語を互換的に用いている（坂柳，2015）。

キャリアレジリエンスに注目した尺度の開発は，主に成人を対象に行われており，児玉（2015）は，キャリアレジリエンスを，「キャリア形成を脅かすリスクに直面した時，それに対処してキャリア形成を促す働きをする心理的特性」と定義し，「チャレンジ・問題解決・適応力」「ソーシャルスキル」「新奇・多様性」「未来志向」「援助志向」から構成される測定尺度を開発しているほか，高橋ら（2015）は，「長期的展望」「継続的対処」「多面的生活」「楽観的思考」「現実受容」の五つの下位尺度から構成される「成人版ライフキャリア・レジリエンス尺度」を開発している。

一方，坂柳（2016）は，キャリア教育において，子どもたちの生き抜く力を育むためには，「基礎的・汎用的能力」（能力的側面）の育成だけでなく，「生き抜く態度」（態度的側面）の育成も併せて必要であると考え，小中学生の生き抜く力（キャリアレジリエンス）の程度・水準を，態度的側面と能力的側面の両面で測定する「キャリアレジリエンス態度・能力尺度」（Career Resilience Attitude-Competency Scales：CRACS）を作成し，その信頼性と妥当性を検討している。

この研究に先立っては，坂柳（2015）は「生き抜く態度尺度」の改訂・短縮版として，①自己肯定（自己のよさを理解し，肯定的に認める），②援助関係（コミュニケーションを図り，援助的な人間関係を構築する），③楽観思考（何事もポジティブに考え，前に踏み出そうとする），④将来展望（将来に夢や希望を持っている）の四つの態度領域（下位尺度）を設定していた。また，キャリアレジリエンス能力尺度（Career Resilience Competency Scales：CR-CS）の構成にあたっては，社会的・職業的自立に必要な基礎的・汎用的能力などを踏まえて，①自己発揮能力（自己を理解し，自己発揮ができる），②人間関係能力（コミュニケーションを図り，豊かな人間関係が構築できる），③問題対応能力（問題を見つけたり，解決方法などを考えることができる），④将来設計能力（将来に向けて，夢や目標を描くことができる）という，四つの能力領域（下位尺度）を設定していた

表9-6は坂柳（2016）の作成した「キャリアレジリエンス態度尺度」および「キャリアレジリエンス能力尺度」であるが，キャリア発達を促進するために

必要な態度と能力を幅広く捉えている点が特徴的である。

表 9-6　小中学生の生き抜く力——キャリアレジリエンス態度・能力尺度

キャリアレジリエンス態度尺度（CR-AS）		キャリアレジリエンス能力尺度（CR-CS）	
下位尺度	項目内容	下位尺度	項目内容
自己肯定	1　自分にはよいところがある 5　自分のことを，とても大切に思う 9　自分は，周りの人に必要とされている 13　自分に自信がもてる	自己発揮能力	1　自分のことがわかり，自分らしさを発揮できる 2　うまくいかなくても，またやってみることができる 9　自分で始めたことは，最後までやり抜くことができる 13　つらいことがあっても，自分なりにのりこえていく
援助関係	2　困ったときには，頼りになる人がいる 6　自分のことをわかってくれる人がいる 10　自分の考えや気持ちを素直に話せる人がいる 14　他の人の思いを大切にしている	人間関係能力	2　あいさつや返事がしっかりとできる 6　相手の気持ちをよく考えて，行動することができる 10　まわりの人と親しくすることができる 14　まわりの人と協力しながら，活動することができる
楽観思考	3　何でもチャンスだと思って，やってみようと思う 7　できないことでも，とりあえずやってみようと思う 11　失敗しても，また挑戦しようと思う 15　困ったときには，自分でやれることをやってみようと思う	問題対応能力	3　問題を見つけたら，調べ方を考えることができる 7　結果だけでなく，なぜそうなったかを考えることができる 11　何かをするときには，やり方や順序を考えることができる 15　困ったときに，いろいろなやり方を試してみることができる
将来展望	4　自分の将来に，希望をもっている 8　自分には，将来いろいろな可能性があると思う 12　将来の目標に向かって，努力している 16　自分の将来は，明るいと思う	将来設計能力	4　自分の将来について，いろいろ考えることができる 8　将来のことについて，いろいろ調べることができる 12　将来，自分が何をやりたいのかを見つけることができる 16　夢や希望を叶えるためのみちすじがわかる

（出所）坂柳（2016）より筆者作成。

（3）高校生の「キャリアデザイン力」の測定

先に述べたように，キャリア発達に必要な能力や態度には，初等中等教育のキャリア教育が参照してきた「4領域・8能力」や，社会的・職業的自立，社会・職業への円滑な移行に必要な力の要素として示された「基礎的・汎用的能力」（中央教育審議会，2011）のほかに，大阪府教育委員会（2011）の作成した『16歳からの“シューカツ”教本――高校生のためのキャリア教育＆就職支援ワーク集』の中で，「生徒が将来を自らの力で切り開いていくために必要な力」として提案された「七つのチカラ」（図9-2）がある。

1自分を理解するチカラ

将来のキャリアデザインを考えていくにあたり，主体である自分を理解しアイデンティティを確立していくことが大切です。「自分を理解するチカラ」では，積極的に自分の興味・価値観・長所を確認し，将来につなげていく力を育てます。

2職業とつなぐチカラ

将来を考えていくためには，様々な職業を具体的に知り，職業を体験し，自分が職業を通して社会とどのように関わるかを考えていくことが大切です。「職業とつなぐチカラ」では，様々な体験から勤労観，職業観を育み，職業選択をしていく力を身に付けます。

3考えるチカラ

何かに遭遇したときや情報を手に入れたときに深く考え意思決定し実行することは大切です。考えることで問題を解決する方向に導けます。「考えるチカラ」では，論理的思考力や創造する力を身に付けることで意思決定できる力を育てます。

4行動するチカラ

世の中の様々な情報を取り入れるためには，自ら動き，選択し実行していくことが必要です。「行動するチカラ」は，実際に前に一歩踏み出す力を育てます。

5コミュニケーション力

話す態度や聴く態度を学び，相手の気持ちを理解することは，よい人間関係を形成するのに役立ちます。「コミュニケーション力」では，お互いを理解しあい人間関係を構築する力を育てます。1対1のやりとりだけでなく，少人数での意見交換，多数に自分の考えを伝えることを含みます。

6チームワーク力

生活や仕事の様々な場面では，チームワークが必要です。「チームワーク力」ではチームにおける様々な役割の意味や意義について理解し，その場に応じて適切な役割や責任を果たそうとする力を身に付けます。また，相手の立場に立って考え互いに支えあい取り組む姿勢を学びます。

7自立するチカラ

社会の著しい変化に対応して生きていくことは大切です。「自立するチカラ」では，よりよい生活や生き方を実現するためにスキルアップをめざします。

図9-2　生徒が将来を自らの力で切り開いていくために必要な力（七つの力）

（出所）大阪府教育委員会（2011）

「キャリアデザイン力」チェックシートでわかる5つの能力

1. キャリアデザイン力は，次の5つの能力から成り立っています。
2. チェックシートの質問項目は，それぞれの能力につながる態度や行動を表しています。

1. 社会形成力

自らの役割や選択に責任を持ち，周囲の状況や，社会的なマナーやルールをふまえて行動するなど，社会人としての自己を形成するために必要な能力。

2. リーダーシップ力

自分から進んで行動し，気持ちや意見を発表するなどのほか，人に対しても積極的に働きかけて理解や協力を得ようとする能力。

3. 自己理解力

自分がどのようなことに興味があり，どんな人生を送りたいのかを理解し，その理解を将来の目標や職業の発見に活かしていくことのできる能力。

4. 問題解決力

問題や困った事態に直面したときに，意見や情報を集めて理解したり，状況の分析を行いながら，効果的な取り組み方やよりよい解決策を工夫する能力。

5. 職業理解力

職業や資格の種類，またそれぞれの職業に就くために必要な能力や知識を知るなど，目標とする職業に就くための進路選択を考えていくために必要な能力。

キャリアデザイン力とは（質問項目）

社会形成力	社会人としてのマナーを知っている
	働く上で，何を大切にしなければならないかわかっている
	自分が選択したことに責任を持つ
	周囲の状況を見て，ふさわしい言葉づかいや態度・行動をとる
	自分の果たすべき役割に，責任を持つ
	約束やルールをしっかり守る
リーダーシップ力	自分の考えや気持ちをうまく表現できる
	自分から積極的に話しかける
	グループ活動のときには，進んでリーダーシップをとることができる
	グループ活動のときに，自分から発言したり，意見を述べる
	さまざまなことに，自分から進んで取り組む
	人に対して，自分から働きかけて，理解や協力を得る
自己理解力	自分の好きなことがわかっている
	自分の好きなことは，将来の職業につながっていくと思う
	自分がどんな人生を送りたいのか，真剣に考えたことがある
	将来の目標がある
	自分はどんな仕事に興味があるかわかっている
	これからの人生を生きていく上で，自分が大切にしたいことがわかっている
問題解決力	困ったときには，どこに問題があるか見つけようとする
	よりよい解決策を見つけるために，できるだけ多くの情報を集める
	人の意見を聞いて，それを尊重する
	やるべきことや問題があるとき，今の自分の状況を分析する
	課題を解決するための方法を，あれこれと考える
	何かを選択するときには，その結果がどうなるかを推測する
職業理解力	いろいろな職業について知っている
	いろいろな職業について，それぞれどのような進路をとれば，その職業につけるか知っている
	いろいろな職業について，それぞれにどのような能力や知識が必要か知っている
	いろいろな職業が，それぞれ社会でどのように役立っているか知っている
	将来，自分の役に立つ資格について知っている
	職業を選ぶとき，重視したいことがわかっている

図 9-3 「キャリアデザイン力」チェックシート（キャリアデザイン力尺度）の概要

（出所）三川他（2017）

これまでに，三川ら（2013, 2015）は，教育活動全体を通した系統的なキャリア教育の実践を適切に評価し，その改善を図るためにはキャリア教育の効果を測定する指標が必要であるという認識に立って，高等学校におけるキャリア教育・職業教育の目標設定と評価のツールとして「キャリアデザイン力尺度」（高校生版）の開発を行ってきた。そして，3000名を超える高校生を対象に調査を実施して「キャリアデザイン力尺度」の因子構造を確認し，五つの下位尺度（社会形成力・リーダーシップ力・自己理解力・問題解決力・職業理解力）ごとに6項目を採択し，「キャリアデザイン力尺度」を確定した（図9-3）。

「キャリアデザイン力尺度」の信頼性は，α 係数が.762～.857というほぼ満足できる値が得られており，妥当性についても「職業忌避的傾向測定尺度」（古市，1995）および「就業効力感尺度」（古市，2010, 2012）との基準関連妥当性を検討したが，「キャリアデザイン力尺度」と「職業忌避的傾向測定尺度」との間には.269～.466の１％水準で優位な負の相関，「キャリアデザイン力尺度」と「就業効力感尺度」との間には.309～.505の有意な正の相関が認められ高校生に適用できる「キャリアデザイン力尺度」の信頼性と妥当性を確認した

4　キャリア教育における「見取り」と「点検」
――子どもたちの変容と教育活動の把握――

（1）キャリア教育の実践とその評価

キャリア教育実践においても，キャリア教育の目標を明確に設定した上で，適切な評価を行うことが重要である。キャリア教育の実践を評価するには，子どもや若者にどのような「力」が身に付いたのかを検討し，キャリア発達やそれに必要な能力や態度の発達に対する評価を踏まえて，それらを育成するための教育活動が効果的であったかどうかを検討するキャリア教育のカリキュラムやプログラムの評価が必要である。そのためには，キャリア発達に必要な能力や態度を明確にし，その能力や態度を測定した結果を指標として，キャリア教育のカリキュラムやプログラムを評価することが求められる。「キャリアレジ

リエンス態度・能力尺度」(坂柳, 2016) や「キャリアデザイン力尺度」(三川ら, 2013, 2015) などを活用することによって, キャリア教育の効果としての子どもたちの変容を評価する試みが行われることが期待される。

(2) キャリア教育の評価における「見取り」と「点検」の視点

キャリア教育の評価には,「見取り」と「点検」という二つの視点が提案されている (国立教育政策研究所生徒指導・進路指導研究センター, 2015)。

「見取り」とは, キャリア教育の実践により, 社会的・職業的自立に向けて必要な基盤となる能力がどのように身に付いたのか, それによってキャリア発達がどのように促されたのかなど, 子どもたちの変容をどのように評価するかという視点である。この点については, 国立教育政策研究所生徒指導・進路指導研究センターが2012年に実施した「キャリア教育・進路指導に関する総合的実態調査」の結果から, キャリア教育を進めていく上でキャリア教育の成果に関する評価については重要性を感じている一方で, キャリア教育の計画・実施についての「評価の仕方」に悩んでいることが明らかにされている。

「点検」とは, キャリア教育による子どもたちの変容を評価した結果と, さまざまな教育活動の実施状況を把握することである。この点についても, キャリア教育の取り組みをその改善につながるように点検することの重要性の認識は各学校に浸透してきているが, キャリア教育の計画を立てる上で取り組みの改善につながる評価を実施することを重視した学校は少なく, キャリア教育の成果について評価することをキャリア教育の全体計画内に組み込んでいる学校は多くないことが指摘されている。

このような状況を踏まえて, 国立教育政策研究所生徒指導・進路指導研究センター (2015) は,「見取りを行う上で大切にしたいポイント」および「点検を行う上で大切にしたいポイント」を, 表9-7のように簡潔に提示しているが, キャリア教育実践における評価はその重要性は認識されてはいるものの, 評価の指標やその方法, 計画的な実施においては課題が多く, 改善に向けた取り組みが求められる。

表 9-7　キャリア教育の評価――「見取り」と「点検」の視点

Ⅰ　「見取り」を行う上で大切にしたいポイント
1　社会的・職業的自立に向けて身に付けさせたい力を明確にする ①　進学や就職といった短期的な目標に加えて，生涯にわたる長期的な見通しを持った上で，児童生徒に身に付けさせたい力を設定したか ②　生活や社会，将来の観点から必要と考えられる知識，技能や態度を想定した上で，児童生徒に身に付けさせたい力を設定したか
2　児童生徒の実態を踏まえた評価基準・指標を設定する ①　児童生徒の実態を踏まえた上で，「めざす児童生徒の姿」を具体的に設定したか ②　各取組の中で児童生徒の変容・成長がどのように表れてくるかを想定し，その過程を捉えられるように指標を設定したか
3　身に付けさせたい力を児童生徒と共有する ①　身に付けさせたい力は，児童生徒にもわかる言葉で示していたか ②　身に付けさせたい力が，将来の生き方や進路決定にどのように結びつくか，伝えていたか ③　身に付いた力について，児童生徒に振り返りを促していたか
Ⅱ　「点検」を行う上で大切にしたいポイント
1　組織の観点から：実践を継続的に進められる体制をつくる ①　全教職員で，キャリア教育を通して身に付けさせたい力を共有したか ②　各取組が，学級・ホームルームや学年を越えて，相互に関連付けられているか ③　取組を進める上で，各教職員に求める負担が過剰になっていないか
2　指導計画の視点から：目標，計画，実践の一貫性を確認する ①　身に付けさせたい力と，各教科での学習や体験活動等との関連が指導計画内に具体的に示されているか ②　目標の達成について，検証可能な計画になっているか
3　連携の視点から：キャリア教育の充実につながる関係をつくる ①　キャリア教育のねらいや身に付けさせたい力などを関係者と共有しているか ②　体験活動等に対する地域・保護者の理解と協力が得られているか ③　地域組織や企業・事業所との連携を図っているか

（出所）国立教育政策研究所生徒指導・進路指導研究センター（2015）を一部修正。

さらに学びたい人のための図書

藤田晃之（2014）『キャリア教育基礎論――正しい理解と実践のために』実業之日本社。

▶キャリア教育の本質を的確に示した上で，教育活動全体を通じたキャリア教育の実践に向けて着実な方向性を示してくれる。

文部科学省 国立教育政策研究所生徒指導・進路指導研究センター編（2016）『変わ

る！ キャリア教育――小・中・高等学校までの一貫した推進のために』ミネルヴァ書房。

▶キャリア教育の評価，個別対応の視点など，キャリア教育実践の要点と実践例が盛り込まれた教員必携の一冊。

引用・参考文献

Bandura, A. (1977) "Self-Efficacy: Toward a unifying theory of behavioral change," *Psychological Review*, 84, 191-215.

Betz, N. E. (2001) "Career self-efficacy," In T. L. Frederick & A. B. Leong eds., *Contemporary models in vocational psycology: A volume in honor of Samuel H. Osipow*, NJ: Lawrence Erlbaum Associates, pp. 55-77.

中央教育審議会（2011）「今後の学校におけるキャリア教育・職業教育の在り方について（答申）」（平成23年1月31日）。

Crites, J. O. (1973) *Career Maturity Inventory* (*CMI*). *Theory and research handbook*, McGraw-Hill.

藤本喜八（1987）「進路指導の定義について」『進路指導研究』8，37-39。

藤田晃之（2014）『キャリア教育基礎論――正しい理解と実践のために』実業之日本社。

藤田尚宏（2018）「大学生の進路選択におけるキャリア・アダプタビリティの研究――レジリエンスとの関連から」追手門学院大学心理学研究科2017年度修士論文（未公刊）。

古市裕一（1995）「青年の職業忌避的傾向とその関連要因についての検討」『進路指導研究』16，16-22。

古市裕一（2010）「大学生の職業忌避的傾向と自己効力感および職業不安」『日本キャリア教育学会第32回研究大会発表論文集』52-53。

古市裕一（2012）「大学生の職業忌避的傾向と自己効力感および就業不安」『岡山大学大学院教育学研究科研究集録』151，43-50。

古市裕一・久尾敏子（2007）「青年の職業忌避的傾向と就業不安および進路決定効力感」『岡山大学教育学部研究集録』135，1-7。

川﨑友嗣（2007）「キャリア教育の効果と意義に関する研究――中学校における効果測定の試み」関西大学人間活動理論研究センター『Technical Report』No. 7，43-52。

川﨑友嗣（2009）「キャリア教育の効果と意義に関する研究(2)――意岐部中学校区における効果測定尺度の作成」関西大学人間活動理論研究センター『Technical Report』No. 8，21-31。

児玉真樹子（2015）「キャリアレジリエンスの構成概念と測定尺度の開発」『心理学研究』86，150-159。
国立教育政策研究所生徒指導・進路指導研究センター（2013）「キャリア教育・進路指導に関する総合的実態調査」第二次報告書（平成25年10月）。
国立教育政策研究所生徒指導・進路指導研究センター（2015）「子供たちの『見取り』と教育活動の『点検』」（パンフレット）（平成27年３月発行）。
三川俊樹・石田典子・神田正恵・山口直子（2013）「高等学校におけるキャリア教育・職業教育の効果に関する研究――キャリアデザイン力尺度の開発」『追手門学院大学心理学部紀要』第７巻，57-77。
三川俊樹・石田典子・神田正恵・山口直子（2015）「高等学校におけるキャリア教育・職業教育の効果に関する研究(2)――キャリアデザイン力尺度の再検討」『追手門学院大学心理学部紀要』第９巻，69-84。
三川俊樹・石田典子・神田正恵・山口直子（2017）「高等学校におけるキャリア教育・職業教育の効果に関する研究(3)――キャリアデザイン力尺度の信頼性・妥当性の検討」『追手門学院大学心理学部紀要』第11巻，37-48。
文部科学省（2004）「キャリア教育の推進に関する総合的調査研究協力者会議報告書」（平成16年１月28日）。
Nevill, D. D. & Super, D. E. (1988) "Career maturity and commitment to work in university students," *Journal of Vocational Behavior*, 32(2), 139-151.
新見直子（2008）「中学生版キャリア意識尺度の開発」『広島大学大学院教育学研究科紀要』57，225-233。
新見直子・前田健一（2009）「小中学生を対象にしたキャリア意識尺度の作成」『キャリア教育研究』27，43-55。
野淵龍雄（2005）「マーク，L.サヴィカスのキャリア理論（その１）」椙山女学園大学『人間関係学研究』4，125-132。
大阪府教育委員会（2011）「16歳からの“シューカツ”教本――高校生のためのキャリア教育＆就職支援ワーク集」。
坂柳恒夫（1991）「進路成熟の測定と研究課題」『愛知教育大学教科教育センター研究報告』15，269-280。
坂柳恒夫（1992）「中学生の進路成熟に関する縦断的研究」『愛知教育大学教科教育センター研究報告』16，299-308。
坂柳恒夫（1996）「大学生のキャリア成熟に関する研究――キャリアレディネス尺度（CRS）の信頼性と妥当性の検討」『愛知教育大学教科教育センター研究報告』20，9-18。

坂柳恒夫（2015）「小・中学生の生き抜く態度に関する研究――生き抜く態度尺度（CRAS）の信頼性と妥当性の検討」『愛知教育大学研究報告（教育科学編）』64, 55-66。

坂柳恒夫（2016）「小・中学生の生き抜く力に関する研究――キャリアレジリエンス態度・能力尺度（CRACS）の信頼性と妥当性の検討」『愛知教育大学研究報告（教育科学編）』65, 85-97。

坂柳恒夫・中道明弘・栗田裕二・早川美子（2015）「大学生の生き抜く力に関する研究――キャリア・レジリエンス尺度の作成とその分析」『日本産業カウンセリング学会第20回大会発表論文集』32-33。

坂柳恒夫・竹内登規夫（1986）「進路成熟態度尺度（CMAS-4）の信頼性および妥当性の検討」『愛知教育大学研究報告』35, 169-182。

Savickas, M. L. (1997) "Career adaptability: An integrative construct for Life-span, Life-space theory," *The Career Development Quarterly*, 45, 247-259.

四宮康亮（2010）「中学生のキャリア・アダプタビリティに関する研究――学級適応感との関連から」追手門学院大学心理学研究科2009年度修士論文（未公刊）。

Super, D. E. (1957) *The psychology of careers: An introduction to vocational development*, Harper（スーパー, D. E.／日本職業指導学会訳（1960）『職業生活の心理学――職業経歴と職業的発達』誠信書房）.

Super, D. E. (1980) "A life-span, life-space approach to career development," *Journal of Vocational Behavior*, 16, 282-298.

Super, D. E. (1984) "Career & life development," In D. Brown, L. Brooks, & Associates eds., *Carrer choice & development*, Jossey-Bass, pp. 121-178.

Super, D. E. (1990) "A life-span, life-space approach to career development," In D. Brown & L. Brooks eds., *Career choice and development* (2nd ed.), San Francisco: Jossey-Bass, pp. 197-261.

高橋美保・石津和子・森田慎一郎（2015）「成人版ライフ・キャリアレジリエンス尺度の作成」『臨床心理学』15(4), 507-516。

Taylor, K. M. & Betz, N. E. (1983) "Applications of self-efficacy theory to the understanding and treatment of career indecision," *Journal of Vocational Behavior*, 22, 63-81.

富永美佐子（2008）「進路選択効力に関する研究の現状と課題」『キャリア教育研究』25, 97-111。

浦上昌則（1993）「進路選択に対する自己効力と進路成熟の関連」『教育心理学研究』41, 358-364。

第10章

「わかること」と評価

遠山孝司・浅田　匡

1　学習者の「わかる」とは

（1）ブルームのタキソノミーと「わかる」

「学び」の最もシンプルな捉え方の一つに「学習者の持っている記憶や知識を正誤や多寡で捉える」というものがある。これは覚えているか覚えていないか，知っているか知っていないかで「学んでいる」「学んでいない」「わかっている」「わかっていない」の判断を下すものである。だが「学び」とはそれにとどまるものではない。ブルーム（Bloom et al., 1956）は教育目標を分類整理する中で（教育目標のタキソノミー），認知領域に限っても，教育の評価は「知識」の有無だけでなされるものではなく，「理解」「応用」「分析」「総合」「評価」のそれぞれについて評価できることを示した。さらに認知領域以外の情意的な領域，精神運動的な領域のそれぞれについて知識の学びがどのように深まるのかを論じた（表10-1）。

表 10-1　教育目標のタキソノミーの全体的構成

6.0	評　価		
5.0	総　合	個性化	自然化
4.0	分　析	組織化	分節化
3.0	応　用	価値づけ	精密化
2.0	理　解	反　応	巧妙化
1.0	知　識	受け入れ	模　倣
	認知的領域	情意的領域	精神運動的領域

（出所）梶田（2010），初版（1983）。

これは教育がめざす目標が「学習者が学習内容を知識として受け入れて記憶し模倣すること」だけではなく，学習者が学習内容を理解し，応用し，分析し，総合（統合）し，評価することができるようになることを示しているものであり，学習者の「わかる」が「記憶する」だけにとどまるものではないことを示している。このタキソノミーから，学習内容を深く理解し応用することができるようになることも，より深く「わかる」ことを示していると考えられる。

表10-2 クリティカルシンキングに求められる思考，能力

	求められる思考，能力
1	情報源が信用できるかの判断
2	結論，理由，仮説の特定
3	理由や仮説，証拠が納得しやすいものであるかの判断を含む議論の質の判断
4	その問題に対する自分の意見や立場を見つけ，他の意見や立場の人間に対して反論できる能力
5	適切ではっきりとした質問ができる能力
6	自分の意見を検証するための実験をデザインし，実験計画を立てる能力
7	文脈に対する適切な用語の定義
8	オープンマインドであること
9	周囲に理解してもらえるよう努力すること
10	注意深く吟味した上で結論を導く

（出所）Ennis（1993）

（2）クリティカルシンキングと「わかる」

エニス（Ennis, 1993）は，クリティカルシンキング（critical thinking：批判的思考）についてその概念を整理し，「何を信じて何をすべきかについての合理的で省察的な思考」と定義した。彼はクリティカルシンキングができるひとに求められる思考や能力を示すとともに（表10-2参照），クリティカルシンキングはブルーム（Bloom et al., 1956）のタキソノミーの中の認知領域の教育目標の五つのレベル（理解，応用，分析，総合，評価）に位置付けられると述べている。また同時にブルーム（Bloom et al., 1956）のタキソノミーのレベルで示されている思考のレベルはブルームが提唱したように階層的ではなく，相互依存的であり，漠然としていてそれをどのように育成し，測るのかが難しいことを指摘している。

これは学習者がいろいろな物事について「わかる」ようになっていく中でクリティカルシンキングという思考様式や態度も身に付けていくことを示すものである。このことから，学習者の「わかる」には，クリティカルシンキングなどの思考様式や態度の習得が含まれていると考えられる。

一方でエニス（Ennis, 1993）は，「ブルームのタキソノミーだけではクリティカルシンキングの創造的な側面が十分に扱いきれない」「クリティカルシンキングの評価に関して，まだ十分な評価の基準が開発されていない」とも述べて

いる。「わかる」を論じ，評価するためには，その創造的な側面，そして思考様式や態度の習得についても考える必要がある。

（3）ブルームの改訂版タキソノミーにおける「わかる」

ブルームら（Bloom et al., 1956）が提案した教育目標のタキソノミーについて，アンダーソンら（Anderson et al., 2001；Krathwohl, 2002）はその改訂版を提案した。それは「事実的知識」「概念的知識」「手続的知識」「メタ認知的知識」からなる知識次元と，「記憶する」「理解する」「応用する」「分析する」「評価する」「創造する」からなる認知過程次元についての２次元構造のタキソノミーである（石井，2002，2004）。

この改訂版タキソノミー（表10-3）でも「事実的知識を記憶する」だけではない多様な教育目標が想定されている。学習する中で学習者は「メタ認知的知識」の下位概念である「方略の知識」「文脈と状況についての知識を含む認知課題についての知識」「自己についての知識」についても記憶，理解，応用，分析，評価，創造することなどが期待されている（Krathwohl, 2002）。つまり，学習の中で学習者は学習内容を事実として記憶することだけでなく，自分自身に対する知識も含めた多様な内容を「わかる」ことが求められており，「わかること」を評価する際には，複雑な思考の内容も含めて評価する必要があることを示している。

表 10-3　改訂版タキソノミーのタキソノミーテーブル

知識次元	認知過程次元					
	1．記憶する	2．理解する	3．応用する	4．分析する	5．評価する	6．創造する
A．事実的知識						
B．概念的知識						
C．手続的知識						
D．メタ認知的知識						

（出所）石井（2002）

（4）高次の思考を含む「わかる」の整理

ここまでの議論を整理すると，教育目標の観点から捉える「わかる」とは単に正解を記憶するだけの行為ではなく，創造的な思考や行為に至る認知・思考様式や態度を身に付ける過程でもあるといえる。このような学習者の「わかる」という過程は非常に複雑なものであり，教育者がそれを高次の思考も含めて評価し，学習者の「わかる」という過程を支援することが期待される。

だが一方で，教育者は学習者の「わかる」を学習者のテストでの解答や行動などから推測しているにすぎない，という議論もある。「わかる」という状態は，改訂版タキソノミー（Krathwohl, 2002）でいうところの事実的知識や概念的知識の記憶や理解を測るペーパーテストで「できた」か「できなかった」かで測られやすいという特質がある。そして「できる」と「わかる」の関係で「わかる」ということを考えると，頭では「わかって」いるのに表現や行動としては「できない」，つまりわかってからできるようになるといった「わかる」が「できる」に先行している場合や，できることをしているうちに何かがわかる（何かに気づく）「できる」が「わかる」に先行している場合がある。また，「できた」という体験を繰り返しているうちに「できる」ようになる前に「わかった」ことを意識しなくなる場合も存在する。このように「できる」「できない」は「わかる」「わからない」に単純に置きかわるものではないといえる。

さらには，単純な記憶の課題でも「再生（手がかり無しで思い出す）」ができるというしっかりとした「わかっている」状態と「再生」はできなくても「再認（以前覚えた物がどれか選択肢から選んだり，以前覚えたものかどうか判断したりする）」はできるといった少し曖昧な「わかっている」状態がどちらも「わかる」「わかっている」と評価される。また，「わかる」という言葉の中には「気づく」という意味が含まれており，気づくためには現象のどこに目をつけるかという観点や枠組みがその人の中に存在する必要がある。

このように「わかる」という言葉はいくつもの次元で捉えられる多様で複雑な活動，状態を含んでいる。このことをふまえ次節では学習者の「わかる」という状態についての教師による評価について，考えていきたい。

2　学習者の「わかること」と教師による評価

(1) 高次の思考も含む「わかること」と教師による評価

ここまでの議論で，学習者の「わかる」とは，単なる事実，正解の記憶にはじまり，創造的な思考や行為に至る認知・思考様式やスキル，態度の習得，自己理解なども含むものであることが整理された。教育者は学習者の学びを援助するために，指導の事前，途上，最後にそれぞれ診断的評価，形成的評価，総括的評価を行う（Bloom, 1971；Bloom et al., 1971）が，その際に学習者の「わかること」をどのように評価できるのだろうか。

学習者の「わかること」には，クラスウォール（Krathwohl, 2002）が改訂版タキソノミーで示すさまざまなレベルの知識が含まれている。ルイスとスミス（Lewis & Smith, 1993）は，学校の教師は子どもの高次の思考スキル（人が新しい情報を得て，それを記憶し，他の状況で目的を達成する，または問題状況で考えられる答えを見つけ出すために得た情報を関連付け，調整し，活用する際に起きる思考のスキル）を育てるために，低次の思考スキルで身に付く情報や記憶の単純な想起だけでは答えられないような問題や状況を子どもに与え，子どもたちが学んだことを単純に記憶するのではなく，学んだことやすでに知っていることを関連付け，調整して使用するように働きかけ，それを評価するべきであると述べている。ここから，クラスウォール（Krathwohl, 2002）の改訂版タキソノミーに示されたさまざまな教育目標を達成するために，教師は事実的知識の記憶のように正誤がはっきりしているものから，メタ認知的知識の創造のように正誤の境界がないものまでを含んだ問題や状況を準備して教育と評価を行う必要があるといえる。

協働型の学習，課題解決型の学習の中に，学習者が個人で一つの正解を求めることを重視するのではなく，集団の相互作用の中で創造的で柔軟な答えを出すことやその答えに至るまでの過程を重視する「開かれた」学習がある（Kelly, 2005）。このような学習における「わかる」とは，理解できた，納得できた，自分なりの結論が導き出せたなどの状況を指し，出た結論の正誤より，わかる過程の思考こそが評価の対象となる。また，協働的な場面での他者との協力や共有における社会的な態度や志向性も評価の対象となる。このような多様な「わかる」が想定される中，以下では学習者が学習活動の中で「わかっている」ことについて，教師にどのような評価ができるのかについて整理していく。

（2）学習者の「わかっていること」についての教師の評価

「わかっている」という言葉は「わかる」主体である学習者と，評価者である教師の間で意味合いが異なることがあり，「わかっている」の評価を学習者と教育者で共有することを難しくしている。

ナイサー（Neisser, 1967）は，人間が外界の刺激に対して受け身ではなく積極的に意味のあるまとまりや整合的な構造や一貫したルールを作り出しながら外界を認識しようとしていることを示した（佐伯，1985）。そして佐伯（1985）はこれを受け，「認知する」という過程を「外界の混沌とした無秩序なものとして捉えるのではなく，積極的に秩序づけ，効率的に適用できるようなルールを見つけたり，仮説を立ててそれを検証したりする過程」と整理している。学習者の「わかっていく」過程もこの「認知する」過程に通じるものがあり，学習者は，正解の記憶のような単純なものから認知・思考様式，態度まですべてについて，わかる対象を整合性の取れた（と本人が感じる）形でコンパクトに捉え，納得できた感覚があるときに，「わかった」「わかっている」と感じるのではないだろうか。

これに対し，わかっているかどうかを評価する教師の側は「基本となる知識を正しく理解している」「正しく理解していることが何らかの形で表出されている」という低次の思考スキルにおける正しさを前提とする状態をもって「わかっている」と評価しがちである。そのため，時として学習者の「わかった」「わかっている」感覚と，教師の「わかっている」という評価が一致しないことがある。

一方でこのことは，教師は学習者が学習の中で「わかったこと」の内容が，低次の思考スキルの評価と高次の思考スキルの評価のためにそれぞれ利用できる可能性を示している。たとえば問題には正解できなくても何らかの情報についてわかっており，それを応用しようとしているのであれば，それは「知識の応用」をしているものとして評価できる。2008年に改正された学校教育法30条では，学力の要素として「知識・技能」「思考力・判断力・表現力」「学習意欲」が挙げられたが，「思考力・判断力・表現力」や「学習意欲」は，本来「知識・技能」とは独立した部分も多いものとして評価されるべきであろう。

（3）学習者の「わかっていないこと」についての教育者の評価

「わかっている」状態と同様に学習者の「わかっていない」状態も時として一括りに扱われることがある。しかし，「学習者がわかっていることがない」状態と「学習者のわかっていることが間違っていることを教師が理解している」状態，「今の自分の考えが正解ではないことを学習者自身がわかっている」（メタ認知）状態もそれぞれに異なる意味を持つものとして整理できる。

特定の教育内容に関連して「学習者がわかっていることがない」という状態は，今後学習者が理解すべき内容が明らかになっている状態でもある。一方で「学習者のわかっていることが間違っていることを教師が理解している」状態は，学習者が間違った理解であっても理解するという思考を経験したこと，学習者本人の中では整合性や納得がある状態になっていることを示すものである。これは，学習者が「納得できる」「わかる」までは考えたということ，学習者に「わかる」という状態に向かおうとする態度，姿勢が備わっていることを意味する。そうであるならば，たとえその時点で学習者のわかっていることが正しくなかったとしても，さらに学んでいく中で自らの間違いに気づくことにより正しい理解につながることが期待できる。また，教師は学習者のその時点で理解している内容とそこに至った過程を精査することで，学習者の思考を理解し評価することができる。

そして「今の自分の考えが正解ではないことを学習者自身がわかっている」

という状態は，何らかの考えを持つに至るまでの思考を経験しただけでなく，それが正しいかどうかの吟味を行っていること，考えの修正が必要であることを自覚していることを意味している。コーダー（Corder, 1967）の学習者の誤りの意味に着目した発想は，日本でも英語，物理の学習における学習者の誤り，誤答の分析研究（赤堀，1986；深沢，1983）に発展し，学習過程の理解と効果的な指導を考えるための指針の一つになっている。これは，最終的な答えが誤りであってもその過程にある思考をすべて評価することができることを示すものである。

（4）学習者が「わかる」過程で示す非認知的能力

学習者の「わかる」過程や「わかっている」「わかっていない」状態の個人差を教師が評価する際には，知識や技能の記憶，習得やその応用，分析，総合などの思考過程だけでなく，その背景にある学習内容に対する興味や関心，学習活動に対する意欲や態度や動機付け，知らないことを学ぼうとする意欲や好奇心，態度についても評価することができる。

学習者は基本的にはわからない状態や納得できない状態よりもわかる状態や納得できる状態を好むが，わからない状態が続く中で，わかるまで長時間粘り強く考えようとするのか，早い段階でわかることをあきらめたり，わからなくてもよいのだと結論付けたりするのかには個人差がある。このような真面目さ，粘り強さ，自制心，忍耐力，気概，首尾一貫性などは「非認知能力」または「非認知的能力」と呼ばれ，認知能力だけでは説明できない個人が得る賃金の高低や適応に関連する要素であることが示唆されている（Heckman & Rubinstein, 2001）。

国立教育政策研究所（2017）も，人の生涯にわたる適応を支える能力として，この「非認知的能力」に注目し，その中でもストレス下のネガティブな情動の制御（コーピング）や共感性，向社会性，長期的な目標の達成につながる忍耐力である「グリット」（Duckworth & Peterson, 2007），脅威や困難のある状況で適応したり回復したりする能力である「レジリエンス」（Masten et al., 1990）などを含む社会情緒的コンピテンスについて検討している。その結果，社会情緒的コンピテンスはさまざまな縦断調査において収入や職業満足度，生活満足度，精神的健康に影響していることや，日本においても自尊心や学習への取り組みなどに影響を与えていることが示されている。

ルイスとスミス（Lewis & Smith, 1993）は，学校の教師は子どもの高次の思考スキルを育てるためには低次の思考スキルと高次の思考スキルが密接に結びついた形で必要とされる授業をするべきであると述べているが，学習者が「わかる」過程の中で教師は上記のような非認知的能力についても評価することができる。

3　「ひととしての成長」につながる「わかること」と評価

（1）わかることの評価と「ひととしての成長」

第Ⅱ部のテーマである「評価することとひととしての成長」を「わかることと評価」という観点から考えると，教師は学習者の学びをひととしての成長につなげるために，学習者の記憶だけでなく，ひととしての成長に関連する思考の過程や思考様式，非認知的能力，態度，価値観についても評価を行うことになる。それはたとえば好奇心，信念などの個性についての評価という形になるであろう。

教育評価は本来，学習者の成長や学習の進展に役立てるためのものである。したがって評価によって学習者が自信を失い，学習や成長への意欲が削がれるのは好ましくない。評価を受けることで学習者が自信を持ち，成長への意欲が高まるような評価，いわば「ひとを育てる学び」につながる評価が好ましい。この観点で評価というものを考えると，教育者は学習者が学習前の状態から，どのように変化したのかという観点での評価も必要になる。そのような評価をする際には，評価に妥当性や信頼性を求めるだけでなく，学びの中でひとはどのような段階を経て何がわかるようになるのかについてのビジョンを教育者が持ち，それに基づいて評価することが必要になる。評価の信頼性，妥当性は

「よい評価」の基準として扱われることが多いが，わかることと評価という問題について考えるとき，信頼できたり，妥当であったりしたとしても，その前提となる何を評価するのかの部分が十分に考えられていなければ評価として十分であるとはいえない。

その一方で村井（1978）は「私たちは教育と呼ばれる全ての行為において，窮極的にはつねに子どもの『善さ』を望んでいるということになる」と述べる一方で，その「善さ」についての議論も研究も行われていないと指摘している。わかることと評価について論じるとき，評価に信頼性や妥当性がある，という話とは別に，「わかる」とはどういうことなのかを考える必要がある。教育評価においてはその根本に教師の「こうなって欲しい」または学習者の「こうなりたい」という願いやねらいが含まれており，その願いやねらいに即して学習者の姿を把握し，指導に生かしていくためにテストや検査がある。教育評価について論じる際には，根本の部分にある人間観や教育観，成長観をまず共有する必要があるだろう。

学習評価の基準として，評価水準である尺度と，尺度を満たした場合の特徴の記述で構成されるルーブリック表（中央教育審議会，2012）を作り，その評価基準を明確にした上で評価するという方法がある（表10-4参照）。わかる過程の中での「ひととしての成長」は，評価するべき内容が多様であり，評価も容易ではないという難しさが予想されるが，さまざまな側面で評価するルーブリック表の作成は今後求められることになるだろう。

（2）「わかること」の評価と学習者の自己評価への影響

「ここまで考えた」「ここまでできた」「ここまでわかった」という学習者の成長や学習の進展を教育者が捉え，それを学習者にフィードバックすることで，学習者は自らの現状を把握し，成長の実感を持つだけでなく，「わかる」という過程において自らの中に起きる変化と自らの学習の方向性について指針を得ることになる。さらにフィードバックされた教師の評価の枠組みは学習者の自己評価の枠組みに影響を与え，その後の学習者の学習にも影響する。鈴木

表 10-4　ルーブリック表の例

評価項目	評価内容	評価基準			
		S（非常に優れている）	A（優れている）	B（よい）	C（もう少し）
知識・技能	筆記試験での〜に対する解答	〜ができているだけでなく〜	〜ができている	〜が概ねできている	〜ができていない
知識・技能	実技〜に関する試験	〜が正確で，流れが自然であるだけでなく〜	〜が正確で，流れが自然である	〜に不自然な箇所があるが，概ね流れは良好である	〜に不自然な箇所が多く，スムーズに流れていない
思考力・判断力・表現力等	筆記試験での〜に関する問題の解き方	〜という概念を拡張して利用し，考えることができている	〜という概念を利用して考えることができている	〜という概念を利用して考えようとしている	〜という概念についての思考がほとんど示されていない
思考力・判断力・表現力等	筆記試験での〜について説明を求める問いへの解答	〜についての説明に一貫して強い説得力がある	〜について相手を納得させられる説明ができている	〜についての説明は概ね納得できるものである	〜についての説明に不十分な点が多く説得力が感じられない
主体的に学習に取り組む態度	〜の際に示す行動，態度	強い〜をはっきりと示している	〜を示している	〜があることは感じられる	〜が示されていない

（出所）中央教育審議会（2012）より筆者作成。

(2011) はルーブリック表を学習者に提示することが，学習者の評価観に影響を与え，その結果として達成度を高めることを明らかにした。わかることを通じたひととしての成長の過程で起きることを，教育者が学習者に伝えることが，学習者が将来自律的に学ぶ際の自己評価の枠組みにつながる。たとえば将来の自律的な学びにつながる意欲，好奇心，向上心，時には自らの知識や信念を疑い常により正しいものを求め続ける姿勢，自分の能力や限界は努力と経験によって向上させることができるという信念，これらもひとが将来において育つ際に必要となる。そのような姿勢，価値観を正しいと考え，自らの信念と成長を信じる心構えなども教育者は評価の対象に含む必要があるだろう。

（3）教師の「わかること」と評価

教師が学習者の「ひととしての成長」を意図して，または「わかる授業」をめざして，学習者の「わかること」を把握し評価しようとするとき，教師自身の中にも変化が起きる。

ここまで論じてきたように，教師は，学習の途上にある一人の学習者の「わかること」を評価すると，その学習者のわかっていること，納得している内容，思考スキルをはじめ，多くのことを理解し，その後の教育計画を立てることができる。「わかること」の評価をめざす中で，教師は学習者の「わかる」という変化や行為や状態の意味やひとが学ぶという行為の意味を問い直し，自らの人間観や教育観を構築していく。

特定の時点で評価の対象である学習者について教師がわかったこと，理解したことは，あくまで教師が自らの持つ教育目標，教育観，人間観に基づき学習者を記述的，追体験的に「解釈」したものである。この「解釈」の背後にある教師の教育的な価値や教育目標を，教師が学習者について「わかったこと」「評価したこと」を正しく捉えるために，教師自身がしっかりと自覚する必要がある。プラトンが残したメノンのパラドックスでは「(ひとは) 知っていることを知ることしかできない」「知らないことを知ることはできない」と述べられているが，教師が学習者について「わかったこと」も「評価」も，学習者について教師が知っていることを自らの中にあるにある価値や目的で切り取った断面に過ぎず，全体が捉えられているわけではない。教師自身の教育観や価値観が変化することで，同じ子どもを見ても「わかること」や「評価」が変化することが考えられる。そのため，教師は「学ぶ」「わかる」「教育する」などの行為の意味について省察しながら，評価の対象である学習者を理解し，自らの教育活動を改善し続けることが求められる。

また，教師が評価の対象について「わかること」は，その瞬間にわかったこととそれ以前にわかっていたことを組み合わせたものである。さらに先ほど述べたように，その時の教師の教育目標や価値観に基づいた部分的，断面的な評価である。つまり，評価とは，その瞬間にわかっている情報を基に，一側面を切り取ったに過ぎない。評価は部分的であり，過去のものであるともいえる。より適切な，正しい評価をすることを志すのであれば，教師は評価する対象について，自分が知らないこともあるのではないかと考え続ける必要がある。

カーネマン（2011）は「人間は判断をする際に，まず直感で捉え，その後推論で修正する」と述べた。評価についても判断と同様に，直観的に行うだけでなく，その後それが正しいかを振り返ることでより適切になることが期待できる。教育者が自分自身の行った評価について振り返り，評価した対象について，まだ気づいていない部分や知らない部分があるのではないかと考えること，学習者について，一度きりの評価をするのではなく，評価を繰り返すことによりより正確な評価を追求することも，教師が持つべき姿勢なのであろう。

（4）「わかること」を評価するために

ルイスとスミス（Lewis & Smith, 1993）は児童生徒の高次の思考スキルを育成するために，まずは教師が研究するストラテジーを身に付けて高次の思考スキル育成のための研究をし，その研究の成果を教師の養成課程や研修で共有する必要があると述べている。しかしここまで扱ってきた「わかること」の評価についてはまだ十分に明らかになっていないことも多い。

佐伯（1985）は「認知する」という過程を，混沌とした外界の中に整合性を見つける過程であるとしたが，ゲーム理論において，ゲームのルールあるいはプレイするのに必要な情報がプレイヤー間で共有されていないゲームのことを「不完備情報ゲーム」，他のプレイヤーが行動するときにそれまでに起こっている情報をすべて把握することができないゲームを「不完全情報ゲーム」と呼ぶ。人間は人間のことを完全に把握できているわけではなく，教師は教育という営みや学習者について完全に理解できているわけではないという意味でも，教育の中で行われているのは，これらの不完備情報ゲームまたは不完全情報ゲームであるともいえる。教師はわかっていないこともある中でさまざまに試行し，そこで得られるフィードバックから全体像やルールなどの詳細を知ろうとし，よりよい教育を追求している。

一人の教師が少数の学習者を教えるときには，わかることを十全に活かした指導ができる。しかし，多数の学習者を相手にするときには，学習者一人一人のわかっていることを評価する際にわかることの多くを処理できない可能性は考えられる。そういった意味で実際に教師が担当している児童生徒の一人一人について評価を行うのは容易なことではないかもしれない。だが，2020年からの大学入試選抜における学力の三要素は「知識・技能」「思考力・判断力・表現力」「主体性・多様性・協働性」となり，知識の有無だけではなく態度や非認知的能力も含まれるようになる。そのような観点の「わかる」をどう評価するのかはこれからも検討し続ける必要はある。今後「わかること」や「ひととしての成長」についての追求が進んでいく中でより豊かな評価や教育が可能になるだろう。「わかる」ということと評価についてさらに追求を続け，教育に活かすことが，教育の中で評価を有効に活用しながらヒトを育てることにつながるのであろう。そして教育者の手を離れても，学習者が成長を続けるようになったとき「ひとが育つ評価」ができたといえるのかもしれない。

さらに学びたい人のための図書

梶田叡一（2010）『教育評価　第2版補訂2版』有斐閣双書（初版，1983）。

▶「教える」というのは，情報を伝えるだけではない。教えるときに何が起きているのかを捉える枠組みが得られる。

佐伯胖（1995）『「わかる」ということの意味　新版』（子どもと教育）岩波書店。

▶我々が日常使っている「わかる」という言葉の意味，「わかった気がする」という感覚の正体を捉え直すヒントが得られる。

カーネマン，D.／友野典男・山内あゆ子訳（2011）『ダニエル・カーネマン　心理と経済を語る』楽工社。

▶人間の判断は合理的なようで実は合理的でない部分が含まれる。人間の思考や判断のクセを理解するヒントが得られる。

引用・参考文献

赤堀侃司（1986）「記述式テストの誤答分析――誤答，その指導の分析の基礎」『日本教科教育学会誌』第11巻，87-94。

Anderson, L. W., Krathwohl, D. R., & Bloom, B. S.（2001）*A Taxonomy for Learning,*

Teaching, and Assessing: A revision of Bloom's Taxonomy of Educational Objectives, New York: Longman.

Bloom, B. S.（1971）"Mastery learning," In J. H. Block ed., *Mastery learning: Theory and practice*, New York: Holt, Rinehart & Winston, pp. 47–63.

Bloom, B. S., Hastings, J. T., & Madaus, G.（1971）*Handbook on formative and summative evaluation of student learning*, New York: McGraw–Hill.

Bloom, B. S., Engelhart, M. D., Hill, W. H., Furst, E. J., & Krathwohl, D. R.（1956）*Taxonomy of Educational Objectives: The Classification of Educational Goals. Handbook 1: Cognitive Domain*, New York: David Mckay.

中央教育審議会（2012）「新たな未来を築くための大学教育の質的転換に向けて～生涯学び続け，主体的に考える力を育成する大学へ～（答申）」（用語集）［https://www.mext.go.jp/component/b_menu/shingi/toushin/__icsFiles/afieldfile/2012/10/04/1325048_3.pdf］。

Corder, S. P.（1967）"The Significance of Learner's Errors," *International Review of Applied Linguistics in Language Teaching*, Vol. 5, 161–170.

Duckworth, A. L. & Peterson, C. G.（2007）"Perseverance and passion for long–term goals," *Personality and Processes and individual differences*, Vol. 92, 1087–1101.

Ennis, R. H.（1993）"Critical thinking assessment," *Theory Into Practice*, Vol. 32, 179–186.

深沢清治（1983）「誤答分析の方法論上の課題――elicitation procedure について」『中国地区英語教育学会研究紀要』第13巻，123–126。

Heckman, J. J. & Rubinstein, Y.（2001）"The importance of noncognitive skills: Lessons from the GED testing program," *American Economic Review*, Vol. 91, 145–149.

石井英真（2002）「『改訂版タキソノミー』によるブルーム・タキソノミーの再構築――知識と認知過程の二次元構成の検討を中心に」『教育方法学研究』第28巻，47–58。

石井英真（2004）「『改訂版タキソノミー』における教育目標・評価論に関する一考察――パフォーマンス評価の位置づけを中心に」『京都大学大学院教育学研究科紀要』第50巻，172–185。

カーネマン，D.／友野典男・山内あゆ子訳（2011）『ダニエル・カーネマン　心理と経済を語る』楽工社。

梶田叡一（2010）『教育評価　第２版補訂２版』有斐閣双書。

Kelly, P.（2005）*Using Thinking Skills in the Primary Classroom*, London: SAGE Publications.

国立教育政策研究所（2017）「非認知的（社会情緒的）能力の発達と科学的検討手法につ

いての研究に関する報告書」国立教育政策研究所『平成27年度プロジェクト研究報告書』。

Krathwohl, D. R. (2002) "A Revision of Bloom's Taxonomy: An Overview," *Theory Into Practice*, Vol. 41, 212-218.

Lewis, A. & Smith, D. (1993) "Defining higher order thinking," *Theory Into Practice*, Vol. 32, 131-137.

Masten, A. S., Best, K., & Garmezy, N. (1990) "Resilience and development: Contributions from the study of children who overcome adversity," *Development and Psychopathology*, Vol. 2, 425-444.

村井実（1978）『「善さ」の構造』講談社学術文庫。

Neisser, U. (1967) *Cognitive psychology*, New York: Appleton-Century-Crofts.

佐伯胖（1985）「『理解』はどう研究されてきたか」佐伯胖編『理解とは何か』（認知科学選書４）東京大学出版会，127-169頁。

鈴木雅之（2011）「ルーブリックの提示による評価基準・評価目的の教示が学習者に及ぼす影響――テスト観・動機づけ・学習方略に着目して」『教育心理学研究』第59巻，131-143。

第11章

「できること」と評価

北村勝朗

1 「できること」とは何か

スポーツ，音楽，芸術，科学，職人の匠の世界といったさまざまな領域で卓越した技能を発揮する人々が存在する。オリンピックの試合場面で難度の高いわざを見事に成功させるスポーツ選手，世界的な音楽コンクールで聴衆を魅了するすばらしい演奏を披露するピアニスト，匠のわざを駆使し素材を見分けて1000分の１ミリの精度で製品を作り上げていく職人。こうした人々はそれぞれの領域の熟達者としてその高い技能を評価される。そこでの評価は，決してたんなる速さや正確性，あるいは巧みな操作性といった手先の器用さのみで表現されるようなものではなく，刻々と変化する状況の中で困難な問題や異常に対応する問題解決力であり，そうした問題解決を可能にする知識・技術・分析力・判断力・実践力といった幅広い解決能力である。この点に関し生田（2001）は「わざ」の概念を用いて次のように説明している。「わざの卓越性は，単なる反復や繰り返しといった身体的訓練をとおして獲得できる『手先の器用さ』ではなく，むしろそうした身体的訓練をとおして『素材』を知り，その『素材』をどのように生かしていくかを知ること，すなわち『知的な総合的判断力』として捉えられる」。このように熟達者の卓越性は，一体化され総合化された「高次の認知的諸能力」（梶田，1986）と言い換えることができる。こうした諸能力は，学習経験に基づいた認知システムの変化（波多野，1996）であり学習性を伴うことから，子どもたちの学びを通して育成をめざす学力を考える際，学習評価の一つの方向性を示すという点で重要な意味を持つ。ではそうした熟達者の「できること」とはどのようなものなのだろうか。未熟達者と何が違うのだろうか。言い換えれば，評価の対象となる熟達者の「できる」の卓越性はどこにあり，どのようにしてそれぞれの匠なわざが「できる」ようになっていったのだろうか。本節では，まずは技能の熟達者の「できる」こととは何かを紐解いてみたい。

(1) 技能の熟達者から見る「できること」の姿

さまざまな領域の熟達者の卓越性，換言すれば，熟達者が「できること」は，領域ごとに異なる特性はあるものの，驚くほど共通点が存在している。その共通点は，「知っている」「やり通せる」「見通せる」の三つの要素でまとめることができる（図11-1)。以下，その一つ一つの要素について詳細に見ていきたい。

(2)「できる」の要素1　知っている

熟達者はじつにさまざまなことを熟知している。この「知っている」は図

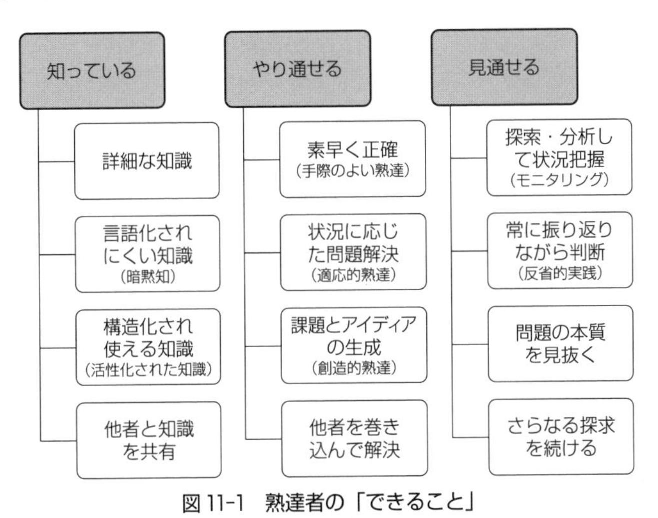

図11-1　熟達者の「できること」

（出所）筆者作成。

11-1に示す通り四つの状態で表現することができる。

第一に，当該領域に関わる詳細な知識・技術を身に付けていることである。当該領域の事象に関連した幅広く深い専門的知識を持ち，基礎基本に裏付けられた高度で洗練された技術が身に付いている。この詳細な知識・技術を駆使することにより分析的に物事を観察し，捉え，問題解決に向けた具体的行動に結びつけていくことができる。一例をあげれば，現代の名工としてその卓越した技能を評価されたバット職人は，打者の打球や体格，癖や感覚といった特徴を深く知った上で，素材に適した木を実際の山中で選び出し，その木から適した部位を選び出してバットを削り出していく感覚を「*木の音が見える*」と表現している。これは，素材としての木の生育特性，強度，硬度といった知識や，加工する技術に関する知識も含め，幅広い専門的知識と，基礎基本に裏付けられた高度で洗練された技術力を駆使することで課題解決できるように「知っている」ことを表している。

第二に，当該領域に関わった言語化されにくい，いわゆる暗黙知と言われる知識を持っていることである。感覚的に理解し体得し表現することができても言語化して説明することが困難な「知っている」状態である。この暗黙知をある金属加工職人は，「*あ，これはこうやった方がいいなとか，それは経験ですよね。理論を出して数学でわりきるような形じゃないですから*」と表現している。

ものづくりの経験を通して，問題解決の方法や展開を感覚的に「知っている」ことで「できること」が蓄積されていく。ものづくりに限らずさまざまな問題解決場面では非常に重要ではあるが言語化して説明科学的な表現が困難な「知っている」形である。

第三に，構造化されて使える知識を持っていることである。これは，知っていても必要な時に取り出せない知識ではなく，場面に応じて適宜活用できる活性化された知識をさす（図11-2）。ブランスフォードら（Bransford et al., 1989）はこの活性化された知識について，「知識と利用可能な条件が結びついた適用可能な記憶」と説明している。問題解決に必要な情報が正しく認知構造に取り

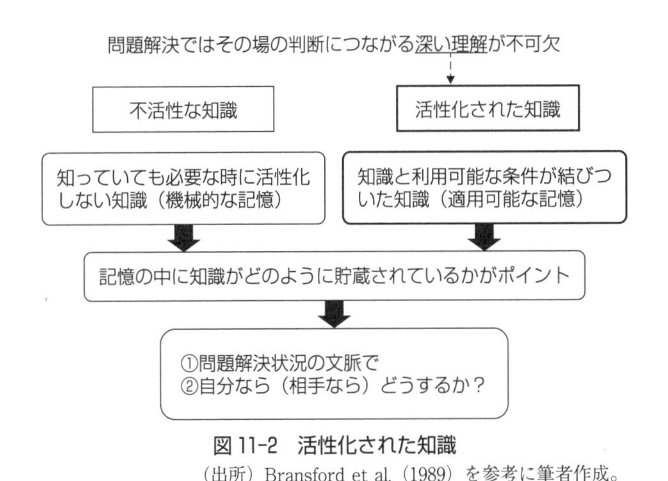

図11-2 活性化された知識

（出所）Bransford et al.（1989）を参考に筆者作成。

入れられており，それらが互いに関連付けられているため，問題解決に応用が可能となる。逆に不活性な知識は，知っていても必要な時に活性化しない機械的な記憶とされ，言われれば知ってはいるが，必要な時に自発的に想起できないため，実際の問題解決には結びつかない単純な記憶と言える。熟達者は，互いに関連付けられた知識が認知構造の中に存在し，適用可能な条件がついた，柔軟な問題解決可能な形で「知っている」と言える。ある熟練メッキ職人はこのことについて「*誰かが不具合とか何か具体的な問題を投げつけてくれてキャッチボールするとその問題解決の答えがパアッとでてくるんです*」と語っている。

ここで語られているように，熟達者の「知っている」は，たんに記憶されている「知っている」事柄が多いということではなく，問題場面に埋め込まれた形で適用され応用されるような動きのある問題解決力という側面を持つ。

そして第四に，他者と知識を共有して持っていることである。一人ですべてを知り尽くすことには限界がある。知ることを一人で完結するのではなく，他者と共有することで知り得る範囲を広げ，さらには共有された世界が拡大し続けている。この点について，あるものづくり企業の開発担当者は，「*同じチームの中で共通の言語があり共通の感覚知があり，それを育てていくイメージで*

すね」と表現している。熟達者の「知っている」姿は他者とつながり拡張し続ける。

このように熟達者が「できる」ことの要素の「知っている」状態は，当該領域に関わる詳細な知識・技術を持ち，言語化しにくい暗黙知を持ち，知識が活性化されており，そしてそれらを他者と共有しているような状態である。

（3）「できる」の要素2　やり通せる

熟達者は非常に高い精度で課題解決を成し遂げられる。「できること」の第二の要素である「やり通せる」は以下に示す四つの状態で表現することができる。第一に，自分自身を含む環境を制御し，素早く正確に課題目標を達成できることである。難度の高い課題解決を迫られる状況の中でも，手際よく，素早く情報を読み取り，適切な問題解決策を選び出し，効率的かつ正確に課題解決に至る。その精度は非常に高く，再現性も高い。この正確さに関し，あるオリンピック選手は自身の身体のコントロールについて，「*水面から足を垂直に上げる動作があります。自分の足が垂直から２度ずれていても分かりますよ*」と語っている。

こうした再現性の高い高度な技能習得は，「手際のよい熟達」（routine expertise）と呼ばれる（図11-3)。同じ問題解決手続きの繰り返しによって，特定の技能遂行が速く正確に安定して成功裏に実行することができる。

第二に，状況に応じた問題解決ができることである。常に一定した環境の中で安定した力を発揮できるだけではなく，変化に富んだ環境においても，柔軟に対応して課題解決行動を成功裏に実施できる。知識や経験が概念化され，環境の変化によって生じた新たな課題に対しても適切な技能遂行を実行することができる。前述したスポーツ選手は「*練習や大会会場のプールによって，水は全然違います。粘り気があったり，サラサラしたり，さまざまです。感じる水の感覚は異なりますが，その時々の水の特質に合わせて自身の身体や技術を合わせていきます*」と語っている。こうした適応的な柔軟な問題解決力は「適応的熟達」（adaptive expertise）と呼ばれる。

第三に，自ら課題を見出しそれをアイディアとして形にし，新たな問題解決方策を生成することができることである。そのためには，すでに持っている知識や経験に固執せず，いったん脇に置いて，自分自身で課題を設定し，解決方策を考案し，評価し，実践することができる。与えられた課題に対してさまざまな解決方策を活用して解決する再帰的な課題とは異なる創造的課題に対し，自ら課題を生成するこうした熟達は「創造的熟達」(creative expertise) と呼ばれる。たとえば数学オリンピック日本代表の高校生は，出題された問題を解いて正解を導き出すこと（手際のよい熟達）と同時に，他の人とは異なる解法で解くこと（適応的熟達）にも関心を持っており，さらには自分自身で問題を作り出すこと（創造的熟達）をめざして取り組んでいた。

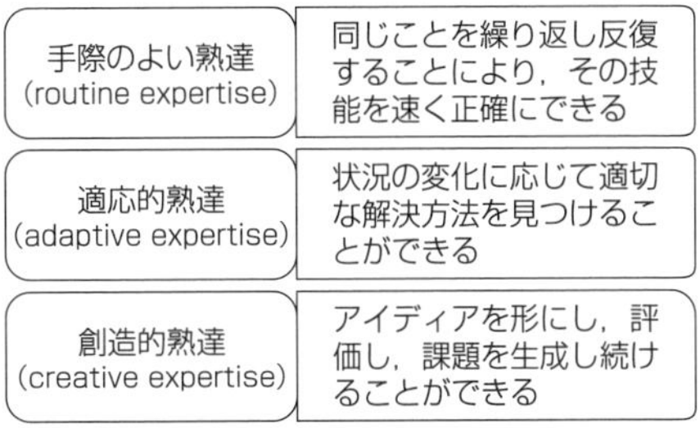

手際のよい熟達 (routine expertise)	同じことを繰り返し反復することにより，その技能を速く正確にできる
適応的熟達 (adaptive expertise)	状況の変化に応じて適切な解決方法を見つけることができる
創造的熟達 (creative expertise)	アイディアを形にし，評価し，課題を生成し続けることができる

図 11-3　熟達の 3 タイプ

（出所）波多野・稲垣（1983）；岡田（2005）；米国学術研究推進会議（2002）を参考に筆者作成。

課題解決場面の中で自ら課題を設定し，浮かんだ課題を指導のアイディアとして形にしていく。こうしたアイディアを生み出す力を蓄積し続けることが「できること」の一つの要素「やり通せる」の重要な一側面である。

第四に，他者を巻き込んで問題解決ができることである。現代社会における諸課題の多くは，一人では解決できないものが数多く存在する。また人の学びも他者との相互作用の中で成り立つ。したがって熟達の方向性は個人に閉じたものではなく，他者を巻き込んだ形に向かっている。この点について，ものづくり企業の開発責任者は，「*『やりたい，やろう』という人間と，それを『うん，いいんじゃない』という阿吽の呼吸というか，それが一つの人のつながりになる*」と語っている。

このように，熟達者が「できる」ことの要素としてあげられる「やり通せる」状態は，早さと正確さ，状況に応じた柔軟な問題解決，アイディアの生成，そして他者を巻き込んだ形で展開する状態なのである。

(4)「できる」の要素3　見通せる

「できる」第三の要素は「見通せる」ことである。この「見通せる」は図11-1に示す四つの状態で表現することができる。まず第一に，探索・分析して状況を把握できることである。言い換えれば，今の自分が置かれている状況を鳥瞰的に眺めつつ，周囲や前後の文脈をふまえながら，メタな視点で捉えることができることである。いわゆる時間的かつ空間的にモニタリングする力である。この点についてあるスポーツ指導者は，「*コーチになりたての頃はとにかく勝たなきゃ，結果を出さなきゃと思って焦っていて，練習中も試合中も，どなったり叱ったりの連続でした。今考えると悪い行動だけを見て，そこを早く直すことだけを考えていたんですね*」と語っている。指導者初期にはメタな視点で指導を捉えることができず，目の前の課題に焦点化され，自分自身も含めた状況を外からモニタリングすることができずにいた様子が語られている。

第二に，常に振り返りながら判断できることである。行動しながら同時並行で自身や状況を振り返って行動の修正をしたり方向性を確かめたりすることができる。換言すれば，反省的実践がなされている状態である。

第三に，問題の本質を見抜くことができることである。本質を見抜くとは，直面した課題解決をする上で重要な情報に気づいたり，複雑に絡み合う問題状況全体の中で，何が根本的な問題なのか，分析・判断することができることを意味する。熟達者は，非熟達者が気づかないような情報やパターンに気づくことができる。それにより，課題解決に直結する行動や方略の策定が可能となる。この点について，世界的に評価の高い賞を受賞したある科学者は，「*どうしてうまくいかないんだろう，ああ，ここの結合がうまくつながってないからだなってなんとなく感じることがありますね。それが後になって当たってることが多いんです*」と語っている。

また，教師を対象とした研究では，熟練教師は新任教師が気づかない授業中の出来事の特徴やパターンを認識することができるといった報告がなされている（Sabers et al., 1991）。この科学者や熟練教師が感じたひらめきや認識は，たんなる勘ではなく，特徴的な情報に気づき，認知的に構造化された知識と照らし合わせながら問題の本質を読み解いていると捉えることができよう。この点に関連し，ある世界的な賞を受賞した科学者は，「*たんなる思いつきでではなく，ちゃんと基礎を理解した知識が必要ですし，そこに勘とやる気が備わって独創性が成り立っている*」と述べている。

このように，基礎基本の裏付けや特定の現象の見方や把握の仕方が問題の本質を捉える上で重要な意味を持つ。

第四に，さらなる探究の継続が可能であることである。さまざまな領域の熟達者の多くが，常に新たな課題を見出し，探究を続けている。この点に関し，現代の名工に選出されたわざ職人が，「*自分なりに現状のものだけをやってたんじゃ面白くない。もっと難しい課題を与えられてそれをクリアするためには何をすればいいかっていうのを常に追いかけてきました*」と語っている。

こうした探究の姿勢を持ち続ける人々は，学ぶ内容の難度を見定め，自身の理解や熟達度を診断し，問題解決に応じた方略をとることが可能である。こうした人々は，探究的な初心者（intelligent novice）と呼ばれる。成長し続けるには，こうしたメタ認知をもったうえで，より困難な課題に挑戦し，達成を追求し，失敗から学ぶ状況に身をおくこと，すなわち探求的な初心者になることは大きな意味を持つ。

以上，熟達者が「できること」とは何かについて，その要素を「知っている」「やり通せる」「見通せる」の三つの要素に整理した上で，それぞれの要素の詳細について見てきた。技能領域における「できること」は，深く実践的に知ることができ，環境に応じて柔軟かつ適応的にやり通すことができ，鳥瞰的な視点で課題の全体を捉え本質を見通すことができるという，一体化された総合的な判断力であった。

次に，そうした熟達体験を経て「できる」ようになる学びの過程について見ていきたい。

2 「できること」の学び

「できること」の視点からひとの学びを捉える上で，どのような学びの体験によって学習者が育っていくのかについて考えることは，教育評価における教育的機能を考える上で非常に重要である。本節では，これまで見てきた熟達者の卓越性がどのような過程を経て「できる」ようになっていったのか，その熟達化過程の詳細について見ていきたい。

熟達は一朝一夕に成し遂げられるものではない。長い年月と反復学習が求められる。したがってひとの学びの評価という視点で熟達を捉える際，①熟達化段階，②学びの体験の量，および③学びの体験の質，の三つの視点が重要である。以下，それぞれについて見ていく。

（1）「できること」の学びの三つの段階

スポーツ，音楽，芸術，科学，職人の匠といったさまざまな領域の熟達者を対象とした一連の研究（Ericsson et al., 1993；Ericsson, 1996；北村，2001，2011，2015；北村他，2005）を参考にしつつ，その熟達化過程を熟達化モデルとしてまとめたものを図 11-4 に示した。図上部グラフの横軸は時間軸による熟達化の三つの段階を，縦軸は熟達度を示している。グラフの曲線は段階ごとの熟達度の変化のイメージを示している。図下部は，熟達体験の三つの要素と，それぞれの熟達段階ごとの要素のキーワードを示している。

図に示す通り熟達化過程は大きく三つの段階に分けて捉えることができる。まず，当該領域の学びの過程に初めて触れ，夢中で没頭する導入期，続いて指導者とのかかわりを通して基礎基本を徹底して学び当該領域の活動に取り組む専門期，そしてより高度な内容の学びを体験する中で当該領域における自分らしさを確立していく発展期である。導入期は自発的な快体験の中で自然な学びが展開される点で特徴付けられることから熟達度はなだらかな直線のイメージで表現されている。専門期は明確な目標に基づいた指導の中で失敗を繰り返しながら個々の目標達成を積み重ね，挑戦と振り返りが繰り返しなされる点で特徴付けられることから，熟達度は緩やかな学習曲線のイメージで示されている。発展期は，より複雑で高度な状況での学びの体験が蓄積されていく熟達段階であり，新たな創造に向けた取り組みという点で特徴付けられ，熟達度は緩やかな学習曲線のイメージで示されている。

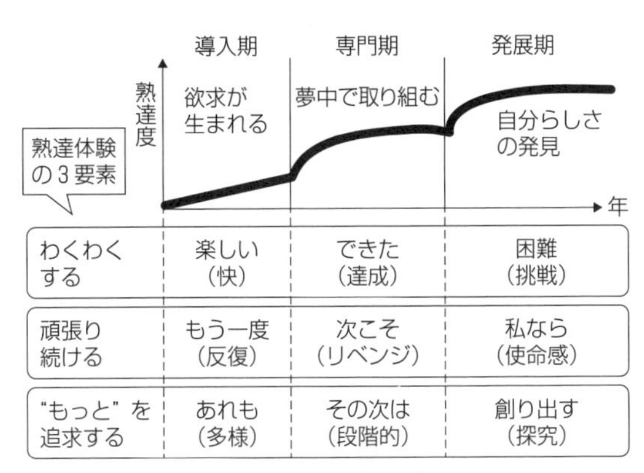

図 11-4　熟達化モデル

（出所）筆者作成。

また，さまざまな領域の熟達者の熟達過程に共通する体験として「わくわくする」「頑張り続ける」「“もっと”を追求する」の三つがあげられる（北村，2015）。「わくわくする」とは，熟達者が当該領域の活動に没頭する中で感じる，楽しさ，喜び，達成感，充実感を示すものである。「頑張り続ける」は，目標の達成に向けて繰り返し行う反復学習，失敗や挫折を経て次の成功をめざす取り組み，自分こそがやり遂げるという意識を持って打ち込む使命感を示すものである。「“もっと”を追求する」は，より多様な体験への好奇心，より高い目標達成の追求や挑戦，さらなる熟達をめざす継続的な探索を示すものである。

それぞれの体験は熟達段階によって異なる様相を示しており，それがキーワードとして図中に示されている。たとえば導入期の「わくわく」は自由な活動の中で楽しくて夢中になる快体験で表現される。専門期ではそれが指導的なかかわりの中で目標の達成をめざして失敗を繰り返しながら乗り越えていく，ある意味で厳しい努力の蓄積によって得られる達成感としての「わくわく」へと変化する。さらに発展期では，より困難な課題の達成をめざして追求していく挑戦や探索と熟考といった創造の体験による「わくわく」となる。このように，熟達段階によって学びの体験の質が異なることから，学習評価という点におい

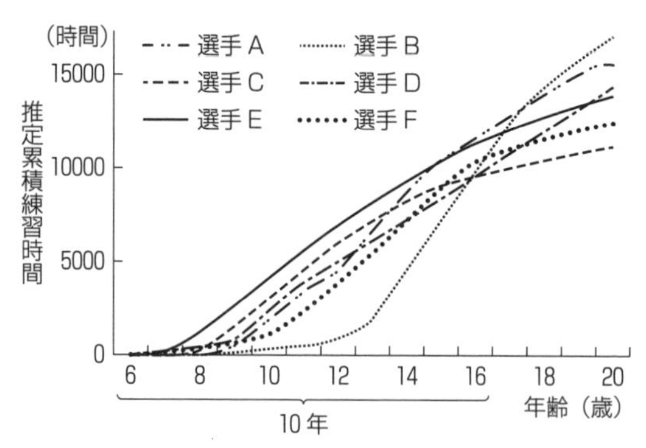

図 11-5　エキスパート・スポーツ選手の推定累積練習時間

（出所）北村他（2005）

ては，図中のキーワードに示されるような学びの体験が導かれる取り組みがなされているかどうかを見極めた上で，その後の学びの取り組みを焦点付けていくことが重要であり，その一つの指標として本熟達化モデルを位置付けることができる。

（2）学びの体験の量的側面

熟達に向けた学びの体験に関し，Chase & Simon（1973）は，卓越したレベルの熟達には10年以上の質の高い学びを要するという10年ルールを示している。さらに Ericsson ら（1993）は，熟達者は卓越性獲得に至るまでに１万時間の質の高い学習（よく考えられた学習：deliberate practice）を蓄積しているとしている。この10年ルール，１万時間ルールで示されるように，「できること」に至るには長い学びの体験が求められる。実際，日本代表スポーツ選手を対象として筆者が行った調査によっても，エキスパート選手は10年の学びの体験を経て１万時間の練習を積み重ねていた（図 11-5）。熟達は長い年月を要する学びの過程である。

（3）質の高い学びの過程

熟達に至る学びの体験は，たんに学習時間や体験の長さが重要というわけではなく，むしろどのような学びの体験を蓄積したかという，体験の質が重要となる（表11-1）。よく考えられた学習を考える上では，こうした体験の質をどう保証するかを視野に入れることが重要である。こうした要件が満たされてこそ，学びの体験の蓄積が意味を持つものとなるのであり，そのこと自体が教育評価活動を意味していると捉えられる。では，スポーツ，音楽，芸術，科学，職人の匠といった領域の指導者はどのようにしてこうした教育評価活動を展開しているのだろうか。言い換えれば，技能領域の指導者はいかに「できること」を評価し育てているのだろうか。次節で見ていきたい。

表11-1 よく考えられた学習の要件とその内容

要件	内容
意欲的	高い動機付けを持って取り組んでいる
意図的	明確な目的を持っている
目的性	何のための学びか理解している
科学的	科学的根拠に基づいている
合理的	行動の理由が説明できる
個別性	個々に合わせて内容と難度が調整される
集中的	定めた時間の中で取り組んでいる
反復性	繰り返し練習・学習している
専心性	良好な心身の状態で取り組んでいる
指導性	必要に応じた適切なフィードバックがある

（出所）Ericsson（1996）を参考に筆者作成。

3 「できること」を育てる

これまで見てきたように，スポーツ，音楽，芸術，科学，職人の匠といった技能領域では，「知っている」「やり通せる」「見通せる」という「できること」の目標を意識した教育活動が熟達段階に沿った学びの体験の蓄積という形で展開されている。そこでは常に学習者自身の「わくわくする」「頑張り続ける」「“もっと”を追求する」という体験が蓄積される形で学習活動が展開されていた。したがって教育評価活動は，一人一人の学習者が，めざす熟達状態に対してどこまで進んでおり，課題はどこにあり，どのような指導的かかわりを通して修正・改善を行い，次なる目標に向かうか，といった評価を学びの体験を通して再確認していく活動と言える。ではどのようにしてそうした教育評価活動を実践しているのだろうか。

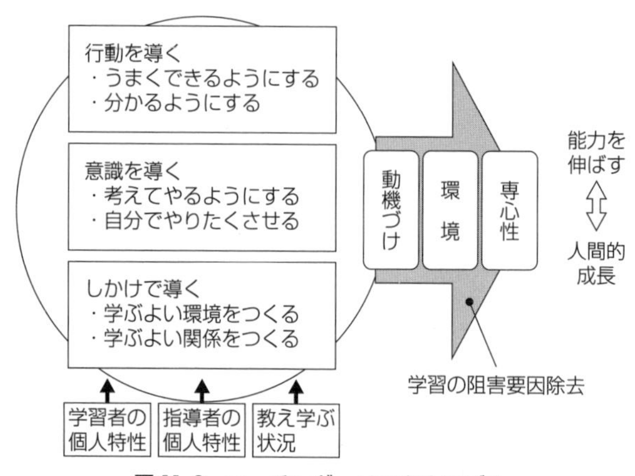

図 11-6　コーチング・メンタルモデル

（出所）北村他（2005）を一部改変。

（1）熟練指導者から見る「できる」評価の姿

さまざまな領域の熟練指導者を対象とした一連の研究（北村，2001，2011，2015；北村他，2005）を基にし，そうした指導者が指導に際してどのような考えに基づいて，どのような指導的かかわりを持つのか，またそうした行動はどのように教育評価活動に位置付けられるかについて，コーチング・メンタルモデルとしてまとめたものを図 11-6 に示した。熟練指導者に共通する指導的かかわりの方向性は，学習者の「行動を導く」「意識を導く」「しかけで導く」によって構成され，質の高い熟達体験の阻害要因を除去する形で機能し，その結果，学習者の能力伸長と人間的成長が達成される。以下，その詳細について見ていく。

（2）行動を導く

熟練指導者がめざす方向性の一つとして「行動を導く」があげられる。これは，特定の具体的な課題解決力の習得をめざす，達成目標の実現に向けた学習者の具体的行動に働きかけていくものである。サッカーＪリーグで指導経験を持つある指導者は，この具体的な行動を導く評価に関する実践について次のように語っている。

「*パススピード，ボールへ向かう姿勢，攻守の切りかえ，サポート，一つ先を考えたプレー，コンパクト，共通理解，コーチング，アグレッシブ，ノーパニック。これがほぼできていれば理想のサッカーができる。この10項目をABCDの4段階で選手達に評価させて確認して練習に入ります。*」（北村，2013）

またスポーツ領域のある指導者は，その年代で求められる基礎基本の徹底した習得をめざした練習行動について次のように述べている。

「*この年代に必要な技術，戦術，ベースになる部分をしっかりこの年代で身体にしみ込むまで繰り返し練習します。*」（北村他，2005）

こうした反復学習によって学習者自身が「できる」ようになる結果も重要ではあるが，そこに至る学びの過程，熟達体験の在りようも評価される。この点についてあるスポーツ指導者はこの点について次のように語っている。

「*わかってるんだけどできない，ではダメ。わかっていて，やろうとしてやってみるのでもダメ。わかっていて，それが自然に自動的にできちゃうのでなければいけない。そこまで反復練習しなければならない。*」（北村他，2005）

反復練習であっても，どこまで，どのようにできればよいかという目標到達性の確認は，練習活動の中で学習者および指導者に可能な形でなされている。

ただし，すべて丁寧に細かいフィードバックを与えるのではなく，学習者自身が自ら考え，振り返り，目標を確認しつつ，学習者の個性も意識した課題設定をしていくような働きかけも熟練指導者によって意識されている。この点について熟練ヴァイオリン指導者は次のように述べている。

「*自分で考えさせるようにしています。たとえば強弱のつけ方等は，私とは違うけどそれはそれでいいと思うし，それが個性になると思うから，何でも私の考えやもってるものを押し付けるんではなくて，本人の個性も大切にしたいって考えています。*」（北村他，2007）

こうした行動は指導者による一方的なかかわりではなく，学習者自身の主体的な取り組みを伴って実現されることで熟達体験となっている。こうした学習者の意識形成に向けた指導的かかわりが「意識を導く」である。

（3）意識を導く

学習者自身の主体的な学習への取り組みは，よく考えられた学習における重要な要件の一つであった。学習者が自覚的に学習へ取り組む姿勢や，そうした取り組みの習慣化をめざす行動に働きかける「意識を導く」という指導の方向性は，熟達体験の深化にかかわる重要なものであり，「外的な指導を学習者自身の内的必然性を持つ学習や努力に転化させる」（梶田，2010）教育評価活動の一側面と捉えることができる。

こうした学習者自身による内面化に関連し，あるスポーツ指導者は次のように述べている。

「*自分で判断することがものすごく大事だから，一見，はいはいって聞いているようで，実は『おれはこうと考えるんだけど，まあ仕方ない，聞いてやろう』って自分の考えを持って聞いているやつはのびる。*」（北村他，2005）

この中で，指導者によるフィードバックを分析的，批判的に捉えつつ，自身の熟達体験のきっかけとして位置付ける学習者による自己評価の様子が語られている。

また，熟練指導者は，こうした学習者による自己評価に向けた内面化に働きかけるさまざまな工夫を実践している。あるスポーツ指導者はこの点に関し，次のように述べている。

「*いつもやることが読まれてたら，次どうせこれだよなんてなっちゃったらわくわくもしないわけで，また違うのが出てきたぞ，みたいな形にもっていくことも大切なんですね。*」（北村他，2005）

変化に富んだ学習課題が提示されることで，以前の課題との違いが意識され，自己評価を迫られ，新たな目標設定がなされている。

こうした「行動を導く」「意識を導く」方向性を持った指導的かかわりが十分に教育的機能を果たす上で，次に見ていく「場で導く」という学習環境設定は重要な意味を持つ。

（4）しかけで導く

熟練指導者がめざす方向性の三つ目として「しかけで導く」があげられる。これは，指導者と学習者との関係性の構築や，質の高い学びの環境設定といった，言わば学びのしかけづくりと言える指導の方向性である。スポーツ領域のある指導者は，質の高い学びに学習者が自然に向かう環境構築について次のように述べている。

「*練習はダラダラ長くはやらない。たとえば，水を飲むときも，完全に休みにはならないようにジョグで行かせる。無理はさせない。うまく休んで，食べて，トレーニングするのがいい。*」（北村他，2005）

また，ある熟練スポーツ指導者は，学習者自身による気づきや集中して取り組む姿勢を喚起させる場の設定について触れ，次のように述べている。

「*いらないボールがグランドの中に転がってないとか，脱いだジャージが落ちていないとか，そういうのだけでも練習に対する緊迫感が出てくると思うんです。*」（北村他，2005）

一方，学びの環境には指導者の存在も含まれる。指導者が学習者にとって最適なひとを育てる環境であるには，指導者自身の意識変革も重要な要素となる。熟練指導者は，一方的に指導者の持つ知識・技能を教示する指導の在り方ではなく，学習者の学習経験を中心としつつそれに対応する働きかけへの意識の転換を行っている。この点について，自身がオリンピック選手としての経験を持つある指導者は次のように語っている。

「*指導で大事なのは自分の経験や感覚に固執しないこと。自分の持っているものを押し付けるのではなく，相手の特徴を生かした伸ばし方を一緒に見つけていく，それが重要。コーチになりたての頃は，私の動き，感覚，練習法をそのまま選手に真似させました。私はこうだったという話をしました。でもなかなか選手は育たなかったですね。*」（北村他，2005）

また，別の指導者は，指導者の存在について次のように述べている。

「*コーチってある意味自分の形をどんなジグソーパズルにも合うように変えられる力が大事だなって思う。Aという選手は一人しかいなくて，B選手と同じ指導スタ*

イルでは合わない。だからそれぞれの選手に合わせて伝えていく。」(北村他, 2005)

このように，指導者自身の意識変容や指導行動の改善を視野に入れた自己評価が内包される形で教育評価活動が展開されることで，熟達体験の質を高める指導的かかわりが継続的に展開され，その全体像はコーチング・メンタルモデルとして捉えることができる。

次節では，これまで見てきた「できること」の評価について整理し，技能領域における評価の在り方について考えてみたい。

4　「できること」の評価

最後に本節では,「できること」を評価する上で重要な点をいくつか取り上げ，考えてみたい。

（1）学習的な要素を含む遊び体験とよく考えられた学習

本章で見てきたように，技能領域の熟達は，総合的かつ包括的であり，多様性と柔軟性に富み，個別的であるがゆえに，そうした熟達体験の中に埋め込まれる評価活動には工夫が求められる。

なぜなら熟達体験は，よく考えられた学習の蓄積によるものであり，その学習活動は，本来的に楽しみを伴うものではなく，主体的に集中して学習活動に没頭し，それを継続することが求められるものだからである。しかし，すべての学習者がそうしたよく考えられた学習に高い意欲を持って自然に没入できるとは限らない。こうした問題に対し，スポーツ領域では，学習的な要素を含む遊び体験（deliberate play）の概念が提唱されている（Côté, 2008, 2009)。これは，遊びとは異なりスポーツ競技のルールが柔軟に設定された練習的要素が散りばめられた遊び活動である。スポーツではあるが，子どもたち各々のレベルに応じて挑戦的かつ楽しく活動することが可能な活動である。表 11-2 は，学習的な要素を含む遊び体験とよく考えられた学習の比較を示している。学習的な要素を含む遊び体験は，活動それ自体が目的であり，楽しさを伴い，柔軟で，多

表11-2 学習的な要素を含む遊び体験（deliberate play）と
よく考えられた学習（deliberate practice）の比較

学習的な要素を含む遊び体験 deliberate play	よく考えられた学習 deliberate practice
それ自体が目的	将来の目標達成が目的
楽しい	すごく楽しいわけではない
練習っぽく装う	真面目に遂行される
行動に関心がある	行動の結果に関心がある
柔軟性がある	はっきりしたルールがある
大人の関与は必ずしも必要ではない	大人の関与は求められる
多様な場で生起する	専門施設で生起する

（出所）Côté（2008）を筆者訳。

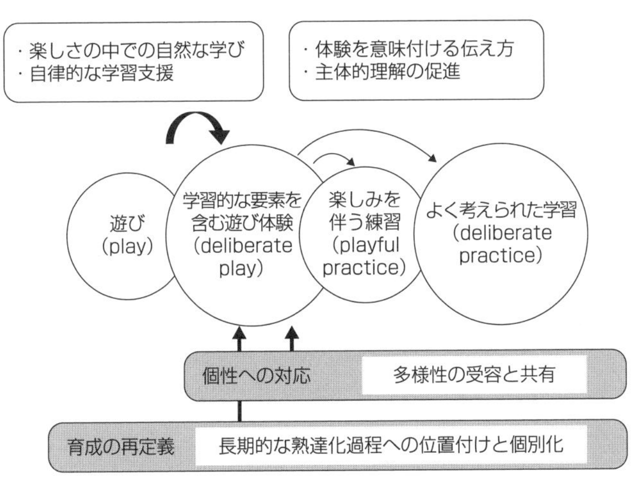

図11-7 deliberate playを通した熟達体験
（出所）北村・種ケ嶋（2020）を参考に筆者作成。

様な場で起こる体験であるのに対し，よく考えられた学習は設定した目標の達成が目的となっていることから，定められたルールの中で集中して活動が遂行され，結果が重視される。すなわちこれらは評価の視点が異なる学習体験である。したがって，学習活動に対する遊び体験を熟達体験の中に位置付けることで，快体験から学びへの志向性が育まれ，努力に基づく主体的な学習活動へと続く形で，熟達化過程の中に育成を位置付け再定義することが可能となっている。この両体験を含め，遊び（play），学習的な要素を含む遊び体験（deliberate play），楽しみを伴う練習（playful practice），よく考えられた学習（deliberate practice）の四つの熟達体験を，自然に移行するよう学習評価活動に位置付けることが重要である（図 11-7)。なぜなら活動そのものが評価の意味を帯びるような一連の学習活動のしかけを設定することが，学びを「できること」へと導くことにつながるからである。

（2）何を評価するか

技能領域の学習活動を評価する際，評価が技能の目標到達性に焦点化された場合，教育評価活動の本来的な意味を見失うことがある。この点に関し，あるスポーツ指導者は次のように語っている。

「*ドリルをやったりテクニックを考える時に，スピードを忘れてることって頻繁に起こるんです。やろうとしたテクニックをものにしたのにスピードは遅くなってるっていうことがよくあります。全体を見てないんですよ。部分的な所だけ見て評価しているんです。*」（北村他，2005）

ここで述べられているように，技能領域の「できること」の熟達は，明確に記述され，目標達成の確認が可能な達成目標にまず指導的な意識が向きがちである。しかしそれによって本質的に追及すべき課題を見失うことも多い。より包括的で総合的な向上目標も意識し，さらにはいつどんな形で効果が現れるかわからないが長い目で見て学力の土台作りに欠かせない体験を与えていくという体験目標を教育評価における目標設定の視野に入れる必要がある。

本章で見てきた「できること」は，熟達者の「知っている」「やり通せる」「見通せる」の三つの要素でまとめることができ，それらはひとを育てひとが育つ学びがめざす一つの方向性として捉えることができるのである。そうした学びの評価は，熟達体験の中に埋め込まれる形でなされる。本質を見失わないよう，常にメタな視点を持ちつつ，学習者の主体的な自己評価活動につなげられるようなしかけと工夫が求められる。

さらに学びたい人のための図書

生田久美子・北村勝朗編著（2011）『わざ言語――感覚の共有を通しての学びへ』慶應義塾大学出版会。

▶比喩的な表現を用いた指導言語としての「わざ言語」を用いることによる，新たな学びの可能性が論じられている。

北村勝朗（2015）『上達の原則』CCC メディアハウス。

▶さまざまな領域のエキスパート300人以上を対象としたインタビュー調査研究により，人が学び上達するしくみが論じられている。

引用・参考文献

米国学術研究推進会議編著／森敏昭・秋田喜代美監訳（2002）『授業を変える――認知心理学の挑戦』 北大路書房。

ブランスフォード，J. D. 他／北田佳子訳（2006）「学際的学習科学の基礎と好機」ソーヤー，R. K.／森敏昭・秋田喜代美監訳『学習科学ハンドブック』培風館，15-29頁。

Bransford, J. D., Franks, J. J., Vye, N. J., & Scherwood, R. D. (1989) "New approaches to instruction: Because wisdom can't be told," In S. Vosniadou & A. Ortony eds., *Similarity and Analogical Reasoning*, Cambridge University Press.

Chase, W. G. & Simon, H. A. (1973) "Perception in chess," *Cognitive Psychology*, 4, 55-81.

Côté, J. (2008) "Play, practice and athlete development," In Damian Farrow, Joe Baker, & Clare MacMahon eds., *Developing sport exertise: Researchers and coaches put theory into practice*, Routledge.

Côté, J. (2009) "The Road to Continued Sport Participation and Sport Excellence," In Tsung-min Hung et al. eds., *Psychology of Sport Excellence*, Routage.

Ericsson, K. A. (1996) "Expert and Exceptional Performance: Evidence of Maximal Adaptation to Task Constraints," *Annual Review of Psychology*, 47, 273-305.

Ericsson, K. A., Krampe, R. T., & Tesch-Romer, C. (1993) "The role of deliberate practice in the acquisition of expert performance," *Psychological Review*, 100(3), 363-406.

波多野誼余夫（1996）「獲得研究の現在」『認知心理学 5　学習と発達』東京大学出版会。

波多野誼余夫・稲垣佳代子（1983）「文化と認知」『基礎心理学 7』東京大学出版会。

生田久美子（2001）「職人の『わざ』の伝承過程における『教える』と『学ぶ』」茂呂雄二編『実践のエスノグラフィ』金子書房。

生田久美子・北村勝朗編著（2011）『わざ言語――感覚の共有を通しての学びへ』慶應義塾大学出版会。

梶田叡一（1986）『形成的な評価のために』明治図書出版。

梶田叡一（2010）『教育評価　第２版補訂２版』有斐閣。

Kitamura, K.（1998）"Talent Development of Elite Athletes in Asian Countries," *Journal of Applied Sport Psychology*, Vol. 10, 114.

北村勝朗（2001）「スポーツにおける構造的練習（deliberate practice）がパフォーマンス獲得に与える影響――異なる競技種目選手を対象とした定性的データ分析を通して」『東北体育学研究』第19巻第１号，8-19。

北村勝朗（2011）「熟達化の視点から捉える『わざ言語』の作用――フロー体験に至る感覚の共有を通した学び」生田久美子・北村勝朗編著『わざ言語』慶應義塾大学出版会。

北村勝朗（2013）「プロフェッショナル・サッカー指導者を対象としたコーチング・メンタルモデルの質的分析」『東北体育学研究』第30巻第１号，3-17。

北村勝朗（2015）『上達の原則』CCC メディアハウス。

北村勝朗・永山貴洋・齊藤茂（2007）「優れた指導者のもつメンタルモデルの質的分析――音楽指導場面における教育情報の作用力に焦点をあてて」『教育情報学研究』第６号，7-16。

北村勝朗・齊藤茂・永山貴洋（2005）「優れた指導者はいかにして選手とチームのパフォーマンスを高めるのか？――質的分析によるエキスパート高等学校サッカー指導者のコーチング・メンタルモデルの構築」『スポーツ心理学研究』第32巻第１号，17-28。

北村勝朗・種ケ嶋尚志（2020）「エキスパート・ジュニアサッカー指導者を対象としたdeliberate play（練習的要素を含む遊び体験）の認識に関する質的分析」『桜門体育学研究』第55集。

岡田猛（2005）「心理学が創造的であるために――創造的領域における熟達者の育成」下山晴彦編著『心理学論の新しいかたち』誠信書房。

Sabers, D. S., Cushing, K. S., & Berliner, D. C.（1991）"Differences Among Teachers in a Task Characterized by Simultaneity, Multidimensional, and Immediacy," *American Educational Research Journal*, 28(1), 63-88.

エピローグ

人を育て，人が育つ評価を

浅田　匡

人が教え学ぶプロセスには，必ず評価という活動が含まれている。それは，人が育てられ，人が育つには評価は不可欠な活動だからである。本書は，人間教育において評価が重要な役割を果たすという視座から，学校教育あるいはさまざまな教育活動における評価を扱っている。そこでは，人が学ぶという心理的な機能「わかる」「できる」「考える」「判断する」「表現する」といったことをどのように評価するか，ということが問題とされている。ここでは，「わざ」を身に付ける，すなわち学ぶということを身に付けるというプロセスにおける評価の役割から，人が育てられ，人が育つ評価の重要性を考えておきたい。

（1）京都花街にみる技能の習得と評価

やや唐突ではあるが，西尾（2007）による京都花街のビジネスがなぜ350年も続くのか？に関するフィールドワークにみられる芸舞妓さんの教育，すなわちOJTによるキャリア形成における評価の役割をみてみよう。

芸舞妓に求められる技能は，日本舞踊や三味線などの基本的技能，臨機応変に接客ができる即興性，そして立ち居振る舞いや行儀作法などの規範，に大別される。これらの技能を「女紅場（にょこうば）」と言われる芸事を学ぶ学校とOJTであるお座敷などの場で芸舞妓は学んでいく。その技能は，贔屓を含めたお客様に評価されるだけでなく，たとえば規範はお茶屋，見習いお茶屋，置屋，のそれぞれのお母さんやお姉さん（先輩芸舞妓）にも評価される。多様な視点から芸舞妓の技能は評価され，それによって技能を習得していくのである（表1参照）。

表１　芸舞妓の技能とその形成にかかわる関係者の役割

<table>
<tr><td colspan="2"></td><td colspan="3">広義の技能</td></tr>
<tr><td colspan="2"></td><td colspan="2">狭義の技能</td><td></td></tr>
<tr><td colspan="2"></td><td>基本的技能</td><td>即興性</td><td>規範</td></tr>
<tr><td colspan="2">関係者</td><td>日本舞踊，三味線，鳴物，笛，唄（長唄・常磐津・地唄・小唄・端唄），茶道</td><td>場に応じた基本的技能の披露，臨機応変の客あしらい，雰囲気を見る</td><td>立ち居振る舞い，京言葉，お化粧，頭髪，着物，花街の習慣，行儀作法</td></tr>
<tr><td colspan="2">お客様</td><td colspan="3">評価</td></tr>
<tr><td colspan="2">お客様（贔屓）</td><td colspan="3">評価・育成</td></tr>
<tr><td rowspan="6">擬似家族</td><td>お母さん
（お茶屋）</td><td>評価・育成</td><td>評価・援助・育成</td><td>手本・評価・援助・育成</td></tr>
<tr><td>お母さん
（見習い茶屋）</td><td>評価・育成責任</td><td>評価・援助・育成責任
（やや重い）</td><td>手本・評価・管理・
援助・育成責任
（やや重い）</td></tr>
<tr><td>お母さん
（置屋）</td><td>評価・育成責任
（やや重い）</td><td>援助・育成責任</td><td>手本・評価・管理・
育成責任
（重い）</td></tr>
<tr><td>お姉さん
（盃）</td><td>手本・育成責任
（重い）</td><td>手本・援助・育成責任
（重い）</td><td>手本・評価・管理・
援助・育成責任
（重い）</td></tr>
<tr><td>お姉さん</td><td colspan="2">手本・援助・育成・競争</td><td>手本・評価・援助・育成</td></tr>
<tr><td>同輩</td><td colspan="3">手本・援助・競争</td></tr>
<tr><td colspan="2">学校（師匠）</td><td>基礎教育責任
（形の指導）</td><td>経験がないため
指導できない</td><td>手本，評価，育成（注）</td></tr>
</table>

注）学校の稽古では行儀作法，京言葉，花街の序列に基づく立ち居振る舞い等の規範が必要となるので，基礎的技能の習得中に，規範も育成される。

（出所）西尾（2007）

また，その技能習得のプロセスはＴ(Ｄ)ＷＣＡサイクル（図１）として明らかにされているが，技能を知識としてではなく，体で覚えることが求められる。同時に一人一人の芸舞妓の学びは人間関係に支えられ，緊密な人と人との関係性の中で能力が磨かれていくという育成の仕組みの中で成立している。女紅場で教えられたり師匠に稽古をつけてもらったりするだけでなく，先輩の様子を「見て」覚え，自分の様子を自己評価（「チェック」）し，さらに教えてもらう（「聞く」「教えてもらう」）。そして，自ら「やってみる」。このサイクルには，

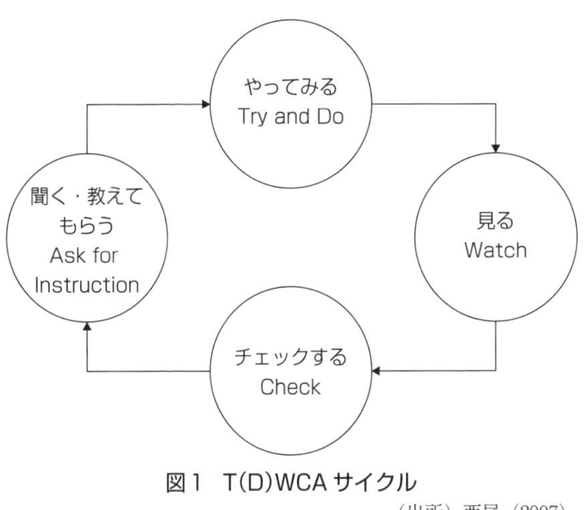

図1　T(D)WCA サイクル

（出所）西尾（2007）

芸舞妓の自己評価が組み込まれている。

したがって，芸舞妓が基本的な技能だけでなく，お座敷という場での即興性や花街での規範や作法を習得して一人前になっていくプロセスには，自己評価とさまざまな外部評価が組み込まれているのである。すなわち，芸舞妓という専門性と人として成長していくプロセスにおいて評価が重要な役割を果たしている。

（2）学校教育における評価：学習の場の評価

このように評価は人が育ち，人を育てるプロセスにおいて重要な役割を果たしているがために，人間教育において評価は鍵になるのである。それは，「評価ははじまりである」ということである。多くの場合，評価あるいは教育評価は「終わり」と捉えられがちである。つまり，教授学習プロセス（授業）の終了後に評価は位置づけられる。しかしながら，芸舞妓が一人前になっていくプロセスにみられたように，評価は「次にどうするか」を示すものでなければならないからこそ，評価が一人一人の学習や成長の「はじまり」となるのである。

一人一人の子どもは，自らが人間的に成長していくために評価が行えるわけではない。主に学校という場で，教師をはじめとする他者からの評価を受けるという経験を通して，評価ということを学んでいくのである。それでは，学校という場において何が評価されなければならないのだろうか。

人間教育の評価を考えるにあたり，まず子どもの学びを規定する，授業，カリキュラム，学校をどう評価するのか，ということを探究している。それらは，一人一人の子どもにとって，自分自身を含めた人的，物理的かつ心理的な学習環境の評価，つまり学習の「場」の評価である。ステンハウス（Stenhouse, 1975）がカリキュラム開発とその評価において教師の役割として「研究者としての教師（Teacher as Researcher）」を提唱したが，一人一人の子どもに応じた授業を行っていくためには具体的な教室での実践を研究しなければならないということであった。一人一人の人間的成長を願う人間教育においてはとりわけ一人一人の子どもにとっての授業，カリキュラム，あるいは学校という視点からそれらを評価しなければならないであろう。

（3）学校教育において何を評価するのか

次に，人間的成長を図っていくために，子どもの何を評価することが求められるだろうか。本書では，学習意欲，「わかること」，「できること」，そしてキャリア発達，自己そのものが，人間教育を展開していくためには少なくとも評価対象としなければならないと考えたのである。それは，梶田（1985）による「自己教育性」の育成と対応する。生涯にわたって自己を教育することができるには，Ⅰ成長・発達への志向（目標の感覚と意識，達成・向上への意欲），Ⅱ自己の対象化と統制（自己認識と評価の力，自己統制の力），Ⅲ学習の技能と基盤（学び方の知識と技能，基礎的な知識・理解・技能），Ⅳ心理的な土台（自身・プライド・心理的安定性）という４領域７側面からなる自己教育に必須のスキル，特性が自己教育性として示されている。それぞれの教科の授業や教育活動において，この４領域７側面が育っていく評価が行われなければならない。

しかしながら，それは子ども自身による自己の気づき（self-awareness）を基盤とすることになるだろう。これに関して，ハーター（Harter, 1988）は，一人一人の子どもが自己イメージを進化させることに重要な他者が大きな影響を持ち，同時に子どもそれぞれの認知発達の変化も自己イメージの変化に結びついていると考え，子どもは「他者が自分自身を評価していること」を認識する能力が発達しなければならないとする。そして自己の気づきにおける発達段階，「私（子ども）はあなた（他者）を評価している」，「私はあなた（他者）が私を評価していることに気づいている」，そして「私は私自身を評価することができる」というプロセスをたどる3段階モデルを示している。そのプロセスにおいて子どもは，他者が持つ自分自身への評価を取り入れ，自分自身の基準に他者の期待や考え（評価基準）を組み入れていく。また，その評価基準に到達できない場合を経験していくことによって，自己批判的能力も発達させていく。さらに，自己と他者を比較することができ，それによって自己の妥当性を示す大きな指標が形成される。このように，自己を観察し，評価し，批判する能力は発達していくのである。すなわち，教師やクラスメートなどの他者との関わりの中で，自己を評価するという能力は発達するのである。それゆえ，教室において，子ども一人一人の自己の気づきを促すことと結びつける評価が人間教育においては求められることになる。それは，自らを高めていこうとする成長動機に基づく自己実現への志向，自己成長的な自己概念を形成していくための何を評価の対象とし，どのように評価するかが，改めて求められることになるのである。

引用・参考文献

Harter, S.（1988）“The Construction of the Self,” In Yawkey, T. D., Johnson, J. E. ed., *Integrative Processes and Socialization: Early to Middle Childhood*, 45-78, Lawrence Erlbaum Associates Publishers.

梶田叡一（1985）『自己教育への教育』明治図書。

西尾久美子（2007）『京都花街の経営学』東洋経済新報社。

Stenhouse, L.（1975）*An Introduction to Curriculum Research and Development*, Heinemann.

索　　引

（人名は末尾にまとめた）

あ　行

か　行

さ　行

た　行

な　行

は　行

ま　行

や　行

ら　行

わ　行

欧　文

人　名

《監修者》

梶田叡一（かじた えいいち）

桃山学院教育大学学長

1941年　島根県生まれ。

京都大学文学部哲学科心理学専攻卒業。文学博士。大阪大学教授，京都大学教授，兵庫教育大学学長などを経て，2018年より現職。中央教育審議会副会長・教育課程部会長などを歴任。

主　著　『〈いのち〉の教育のために』金子書房，2018年。

『自己意識論集（全5巻）』東京書籍，2020年。

浅田　匡（あさだ　ただし）

編著者紹介参照。

古川　治（ふるかわ　おさむ）

編著者紹介参照。

《執筆者》（所属，執筆分担，執筆順，＊は編著者）

＊古川　治（ふるかわ　おさむ）（編著者紹介参照，プロローグ）

西岡加名恵（にしおか　かなえ）（京都大学大学院教育学研究科教授，第１章）

＊浅田　匡（あさだ　ただし）（編著者紹介参照，第２章・第10章・エピローグ）

遠山孝司（とおやま　たかし）（鎌倉女子大学児童学部准教授，第２章・第10章）

細川和仁（ほそかわ　かずひと）（秋田大学教育文化学部准教授，第２章）

河野麻沙美（かわの　まさみ）（上越教育大学大学院学校教育研究科准教授，第３章）

安彦忠彦（あびこ　ただひこ）（神奈川大学特別招聘教授，第４章）

曽余田浩史（そよだ　ひろふみ）（広島大学大学院人間社会科学研究科教授，第５章）

梶田叡一（かじた　えいいち）（監修者紹介参照，第６章）

伊藤崇達（いとう　たかみち）（九州大学大学院人間環境学研究院准教授，第７章）

天谷祐子（あまや　ゆうこ）（名古屋市立大学大学院人間文化研究科准教授，第８章）

三川俊樹（みかわ　としき）（追手門学院大学心理学部教授，第９章）

北村勝朗（きたむら　かつろう）（日本大学理工学部教授，第11章）

《編著者》

浅 田　　匡（あさだ・ただし）

早稲田大学人間科学学術院教授（第２章・第10章・エピローグ：執筆）

1958年　生まれ。

1982年　大阪大学人間科学部人間科学科卒業

1985年　大阪大学大学院人間科学研究科博士後期課程教育学専攻退学

大阪大学人間科学部助手，国立教育研究所研究員，神戸大学発達科学部附属人間科学研究センター助教授を経て，

2002年より現職。

主　著『成長する教師――教師学への誘い』（共編著），金子書房，1998年。

『中等教育ルネッサンス――生徒が育つ・教師が育つ学校づくり』（共編著），学事出版，2003年。

「教師教育からみた教育実践研究の動向」西之園晴夫他編著『教育工学における教育実践研究』ミネルヴァ書房，2012年。

古 川　　治（ふるかわ・おさむ）

桃山学院教育大学教育学部客員教授（プロローグ：執筆）

1948年　生まれ。

1972年　桃山学院大学社会学部卒業

大阪府立公立学校教員，大阪府箕面市教育センター所長，大阪府箕面市立豊中川小学校長，大阪府箕面市立止々呂美中学校長

2010年　甲南大学教職教育センター特任教授

2019年より現職。

主　著『ブルームと梶田理論に学ぶ』ミネルヴァ書房，2017年。

『21世紀のカリキュラムと教師教育の研究』ERP，2019年。

『教職をめざす人のための教育課程論　改訂新版』（共編著），北大路書房，2019年。

『教職に関する基礎知識』（共編著），八千代出版，2019年。

シリーズ・人間教育の探究③
教育における評価の再考
――人間教育における評価とは何か――

2021年3月20日　初版第1刷発行　〈検印省略〉

定価はカバーに
表示しています

監修者　梶田叡一
　　　　浅田匡
　　　　古川治

編著者　浅田匡
　　　　古川治

発行者　杉田啓三

印刷者　田中雅博

発行所　株式会社　ミネルヴァ書房
607-8494　京都市山科区日ノ岡堤谷町1
電話代表　(075)581-5191
振替口座　01020-0-8076

創栄図書印刷・新生製本

ISBN978-4-623-08845-4
Printed in Japan